昭和二十年

第6巻　首都防空戦と新兵器の開発

鳥居 民

草思社文庫

昭和二十年　第6巻　首都防空戦と新兵器の開発　目次

第19章

首都防空戦と沖縄の米軍降伏の噂

（四月十九日～二十日）

三〇二空の死闘

四月十九日午前九時五十二分、東部軍管区に警戒警報がでた。五分のちに空襲警報となった。

敵の編隊は伊豆半島の尖端をかすめ、静かに海面を上下させている相模湾に入った。だが、空をおおう雲の上を飛んできているから、下田や伊東の人びとには鈍い爆音が聞こえてくるだけだ。

侵入してきたのは戦闘機の編隊である。P51だ。四月七日、十二日につづいて三度目の来襲だ。だが、今回はB29爆撃機隊の護衛役としてではない。P51だけの攻撃だ。四機編隊のP51が四組、縦に並んでいる。敵戦闘機隊は雲の下にでた。相模川の河口である。

じつはこの十六機とはまたべつの二隊、それぞれ十六機の編隊が侵入してきている。いずれも横須賀、厚木の飛行場を狙っている。わが方の防空戦闘機を叩くのが目的だ。この四十八機のほかに、さらに四十八機がこれも三隊に分かれて、房総半島の上空へ向かっている。調布、成増《なります》、松戸、立川、所沢、福生《ふっさ》の飛行場を襲おうとしている。

厚木の基地は基地全体が小刻みに揺れているといった感じである。すさまじい轟音と反響音が響きわたっている。鉄紺《てっこん》色の雷電《らいでん》が離陸する。脚を引っ込める。鋭い音を残し、一気に上昇し、雲のなかへ消える。つぎのこれまた鉄紺色の雷電が滑走路を走り、搭乗員が指揮所に手をあげ、たちまち走り抜ける。指揮所の屋上にはためいている小さな旗はZ旗である。

平塚から陸地へ入ったP51の編隊は厚木の飛行場の上空へ来た。夜間戦闘機の月光と銀河は飛行場の隅にある掩体《えんたい》内にすでに隠れている。だが、列線には二機の雷電が残っている。暖機運転は終わっているが、もはや飛びたつことはできない。P51が突っ込んできた。雷電から火炎があがった。

P51の来襲前に、雷電十九機と零戦十機はすでに上空に消えている。そのなかの一機の雷電を操縦しているのが福田英である。

福田英は海軍兵学校の出身である。海軍兵学校に入学したのは昭和十五年十二月だ。昭和十八年九月に卒業した。海軍兵学校は四年の教課であるが、二年九カ月に短縮されていた。同期の六百二十数人のうち、三百人以上が航空へ進んだ。英もそのひとりだった。艦隊実習をやらずに霞ヶ浦航空隊に入った。

英が胸に秘めた英雄は、かれの世代のだれもが敬愛した南郷茂章《もちふみ》だった。南郷は学習院を卒業し、海軍兵学校に入り、航空に進んだのだが、英もまた学習院で学び、そのあとも同じ道を歩んできたから、大先輩の南郷に特別の親近感を抱いてきたのである。南郷は大使館付き武官補佐官としてロンドンに駐在したこともある。背が高く、理知的な目をした好男子であり、竹を割ったような性格だったから、だれからも好かれ、支那事変がはじまってからは敵機十数機を撃墜して海軍航空のエースと謳われたのだが、昭和十三年七月に南昌上空で戦死したのだった。三十九歳だった。そしてそのとき英は学習院中等科の二年生だった。

霞ヶ浦航空隊、霞空《かすくう》の一年三カ月の教程はここでも短縮されて、英と同期の者たちは十カ月半で卒業となった。四十四期飛行学生である。そして英は昨年七月に高雄《たかお》航空隊の教官となり、四カ月あとの十二月、第三〇二《さんまるふた》航空隊へ転任となったのだった[1]。

三〇二空は厚木航空隊の名で呼ばれることもあるが、実際には厚木にはない。厚木の町は相模川の西側にあるのだが、飛行場は相模川の東側にある。そう言えば、これまた川の東岸にありながら、対岸にある厚木の名をとった駅がある。大正の末、神中鉄道が海老名村まで開通したとき、鉄道の重役でもあった海老名村の村長は、新駅の名を厚木にしてしまった。歴史の古い厚木の名は魅力があったようだ。そして飛行場は綾瀬、渋谷、大和といった村々にまたがるのだが、海軍の幹部は新飛行場の名には厚木が似つかわしいとこれまた思ったのかもしれない。

じつを言えば、適切な名前をさきにつけてしまった航空隊がある。三〇二空に隣接する相模野航空隊である。航空機整備の教育をおこなう航空隊だ。二つに分かれ、第一相模野航空隊、第二相模野航空隊となり、一相空、二相空の略称で呼ばれている。

相模野航空隊と三〇二空があるのは相模野台地の一角である。相模野台地は相模川の東側にある台地だ。南北四十キロ近く、東西八キロの広大な台地であり、藤沢北部の断崖で終わっている。

この台地は、南半分にはいくつかの川がこれも南北に流れ、台地を細長く刻み、崖下には古くからの集落がある。だが、台地の上は水利がわるく、地味は痩せ、人は住んでいなかった。楢《なら》や松林、薄《すすき》が生い茂った台地に桑畑が増えた時期があった。アメリカ向けの生糸の輸出が増え、養蚕の好況がつづいたときだった。アメリカの大不況でそれも終わった。

台地に植えられているのはもっぱら麦だ。麦作でたいへんなのは、さつま芋を掘ったあとの十一月の麦の種播きのときだ。台地の畑まで五キロもあるといった農家は珍しくない。一家は午前三時に起き、日が暮れてもまだ働かねばならず、これが十日ほどつづく。

台地に鉄道が敷かれたのは大正末である。神中線が開通して、海老名村に厚木という駅がつくられたことは前に述べたが、昭和はじめに、小田急の小田原線、つづいて江ノ島線がこの台地を縦横に横切ることになった。小田急は江ノ島線沿線の雑木林がつづく八十万坪の原野を買い、郊外住宅地をつくろうとした。昭和六年にはゴルフ場もつくった。

相模カントリークラブと名づけられたゴルフ場のほうは繁昌したが、林間都市建設のほうはさっぱりだった。昭和十六年になって、江ノ島線の東林間都市、中央林間都市、南林間都市の駅名からは都市の字が削られた。

宅地開発には失敗したものの、それより前から台地は大きく変わりつつあった。薄《すすき》の野原や麦畑のあいだに新しい駅がいくつもでき、駅からは砂利を敷いた道路がのび、土煙を巻いて軍のトラックが走り、電車のなかには軍の制服姿の青年を見るようになった。相模カントリークラブから西へ四キロ、小田原線の近くに陸軍士官学校が移ってきたのがはじまりである。昭和十二年のことだ。十八万坪の広さがあり、学校に隣接して広大な百五十万坪の練兵場がある。つづいては練兵場のさき、横浜線の北側に相模造兵廠ができた。ゴルフ場から南四キロのところには、江ノ島線に沿って、前に述べた相模野航空隊がつくられた。昭和十七年のことだ。同じ年にこの近くの三十万坪の畑と雑木林に高座《こうざ》海軍工廠が建設されることになった。

そして昭和十八年四月には、相模野航空隊の隣に厚木航空隊が開隊した。昨年二月に練成部隊だった厚木空は実施部隊に改編となり、三〇二空となった。

四十万坪以上の広大な長方形の基地を東と西に真二つに割って長さ一千六百メートル、幅八十メートルの着陸用滑走路が南北に走っている。このコンクリート舗装の滑走路の両端には何本もの誘導路があり、そのさきに掩体壕がある。

このメイン滑走路と並行して数本の短い滑走路があり、その西側に一相空と二相空の建物がある。三〇二空の主要施設はメイン滑走路の東側にある。離陸用滑走路に並行して格納庫が並ぶ[2]。中央の四棟は鉄骨だが、あとにつくられた六棟は木造である。格納庫の並びより前に突きでて三つの飛行隊のそれぞれの指揮所がある。北から第一、第二、第三飛行隊指揮所である。格納庫のずっとうしろに本部と士官宿舎があり、三千人を収容できる兵員宿舎がある。地下坑道が施設を結び、地下燃料庫、地下修理工場、地下の居住区があり、高座海軍工廠とも地下で結ばれている。広い構内のあちこちに今年に入ってつくられているのが秋水《しゅうすい》の施設である。三〇二空とは関係ない。三一二空の管轄だ。秋水についてはこのあとで述べねばならない。

三〇二空の指揮所は横須賀鎮守府内にある。司令官は生え抜きの戦闘機屋、小園《こぞの》安名《やすな》である。現在四十二歳だ。三〇二空入りを命じられ、はじめて小園の前にでた者は、写真で知る陸軍大将の山下奉文《ともゆき》と似ていると思った[3]。しかし、戦術に手腕があり、独創力あり、政治的野心を持つ小園が似ているのは、昨年十二月に没した末次信正ではないのか。もっともこんな具合に言ったら、霞ヶ関の赤煉瓦内の部局員たちのなかにはいまだ末次の信奉者もいようから、末次提督と小園大佐とをいっしょにするなんてとんでもないと言うかもしれない。

三〇二空は乙《おつ》戦が主体である。

乙戦とはなにかを説明する前に、番号化した航空隊名について語っておかねばならない。実施部隊、要するに作戦航空隊が隊の名称に地名をつけることをやめたのは昭和十七年末のことだった。三桁の数字をつけることになった。最初の三は陸上基地の戦闘機部隊を意味し、つぎの○は所管が横須賀海軍鎮守府であることを示し、最後の数字が偶数なのは特設航空隊だということだ。

そこで乙戦だが、乙戦とは局地戦闘機のことである。防空戦闘機だ。三〇二空には乙戦のほかには丙《へい》戦があるだけだ。丙戦は夜間の防空戦闘機である。甲戦はない。甲戦とは敵の戦闘機と戦う戦闘機のことだ。甲戦の代表機は零戦の後継機、烈風である。だが、烈風の生産は遅れ、どこにあるのもいまは時代遅れとなった零戦である。三〇二空にも零戦は置いてあるが、夜戦用、訓練用である。三〇二空は東京を襲うＢ29と戦うための防空戦闘機部隊なのである。

三〇二空が持っている乙戦は雷電である。定数は四十八機だが、四十八機がそろったことはない。雷電は三〇二空の隣の高座海軍工廠でもつくっているのだが、前にも述べたことがあるが、その生産はさっぱり進んでいない[4]。しかも手持機は故障機が多く、連続して使えば、かならず故障が起き、訓練中に墜落するものもあって、実動機は三十機までだ。そこで甲戦の零戦が加えられている。

丙戦の主力は月光だ。定数は二十四機だが、これも二十四機そろったことはない。月光のほかに、もともとは爆撃機の銀河と彗星、ほかに零夜戦がある。いずれも二人乗りで、操縦員のほかに偵察員が乗る。偵察員は偵察が仕事ではない。夜間飛行をおこない、戦闘するためには、地上と無線連絡をおこない、星を見て位置を測らねばならず、航法と通信をおこなう者が必要となる。夜間戦闘機として月光を使い、B17爆撃機を迎撃させたのが小園安名であり、かれがラバウルを基地とする二五一空の司令のときのことだった。

三〇二空は乙戦と丙戦があることから、第一飛行隊と第二飛行隊に分けている。第一飛行隊は雷電を主力とし、第二飛行隊は月光を主力としている。三つの飛行隊の三つの指揮所があると前に述べたとおり、第三飛行隊までであって、そこにあるのは彗星と彩雲だ。

けっしてその数は多くないが、海軍でこれだけの防空戦闘機を持つ航空隊はほかにはない。そこで三〇二空のこの六十機、陸軍の第十飛行師団の百数十機、ほかに航空隊はまだいくつもあり、加勢できる戦闘機はもう少しあるが、東京、川崎、横浜を守り、横須賀を守り、中島の武蔵製作所を守るのは、これだけの戦闘機とこの地域に分散配置されている七百五十門の高射砲なのである。

二千機の防空戦闘機を持ち、一千機、せめて五百機を東京に侵入する敵爆撃機隊にぶつけることを想像するなど、かつて山本五十六が一千隻の甲標的をそろえることを考えた⑤のと同じく、あるいはまた、海軍省と軍令部の幹部たちが一千六百機の第一航空艦隊の建設を望んだのと同様、これまた夢のまた夢なのである。

福田英は人事局から三〇二空へ転任せよとの電報を受け取り、台湾の高雄から輸送機に乗り、九州の大村に着いた。茨城県の谷田部《やたべ》航空隊へ連絡機の白菊が飛ぶという。これに乗せてもらった。広島の岩国航空隊に用事があるということで、岩国に降りた。岩国を飛びたってすぐ、江田島だと伝声管から聞こえてきた。津久茂《つくも》山、真道《しんどう》山が真下にあり、古鷹山をうしろに背負った真っ黒な建物が目に入り、はっと気がつけば、一年三カ月前には真っ白な外壁だった西生徒館だった。生徒館正面の金色に輝く菊の紋章が瞼に浮かび、つづいて英は瑞穂《みずほ》はどこにいるのだろうかと思った。弟の瑞穂は海軍兵学校の二号生徒だった。

英は、厚木勤務となれば、田園調布のわが家に近くなるから嬉しいと思ったのだが、気になることがあった。雷電に乗せられるのではないかと気がかりだった。

昨年の七月はじめ、銚子の北にある神ノ池空での実用機の教課が終わりに近づいたときのことだった。厚木の三〇二空で講習を受けてきた教官が四機の新型戦闘機に乗って帰ってきた。これまでの日本の戦闘機とまったく違った感じのずんぐりとした紡錘形の胴体、緑のまじった暗い紺色に塗られた戦闘機の周りに学生たちは集まった。かれらに向かって、教官が吐き捨てるように言った。「これは殺人機だ⑥」

十二月二十六日に英は三〇二空に着任して、乗れと命じられたのは、はたして雷電だった。そしてこのとき英のほかに二人の七十二期生が三〇二空に転入し、雷電に乗ることになった。

ところで、英とほかの二人が三〇二空入りする前から、三〇二空で雷電に乗っていた海軍兵学校の同期生がいた。昨年七月末、神ノ池で零戦の術科教程を終えたあと、直ちに三〇二空に赴任した者たちだった。最初は八人いた。じつはかれらのうちの三人が三四六空へ移ることになって、そのあきを埋めることになり、赤井賢行、上野典夫、福田英の三人が三〇二空に来たのだった(7)。

三〇二空の乙戦隊についてもう少し述べよう。

乙戦隊には海軍兵学校で英より一期上の七十一期生もいる。最初は六人いた。かれらが飛行学生卒業のあと、三〇二空に勤務したのが昨十九年の六月末だった。それからわずか一カ月あとに一期下の七十二期生が三〇二空にやってきたということは、前に触れたとおり、七十二期生の海軍兵学校の授業と練習航空隊の教程が一年近く縮められたからだ。

乙戦隊には飛行予備学生出身者もいる。大学、専門学校出身者だ。海軍兵学校の七十一期生、七十二期生とほぼ同じ時期に三〇二空入りしたのは十三期生である。かれらは昭和十八年九月に入隊したが、搭乗員となる者だけで二千百人もいたから、練習航空隊が一度に受け入れることができず、前期と後期に分けた。中練教程と実用機教程はともに短縮され、昭和十九年七月末と九月末に操縦教程を修了した。そこで三〇二空にも、二回に分かれてこの十三期生が着任した。かれらは乙戦隊と丙戦隊に分かれた。

飛行時間の少ない、実戦の経験のないこれら新人のほかに、ソロモン、ラバウルの戦場から戻ってきた生き残りの古強者がいる。いずれも予科練の出身である。かれらが乙戦隊の中核であり、三〇二空の中軸である。

さて、海軍兵学校七十二期生の福田英と同じく、ほかのだれもが雷電は殺人機だという噂を聞かされていた。そしてかれらは雷電の操縦席に坐って、不安を抱いた。前方がよく見えない。雷電がずんぐりとした恰好だとは前に述べたことだが、この太い胴体が前を見えなくさせている。エンジンの外径が大きいからであり、爆撃機の一式陸攻が搭載している大出力の火星エンジンを使うことにしたためだ。防空戦闘機は来襲する敵爆撃機を阻止するのが目的だから、なにより上昇力が優れていなければならない。

だが、視界が狭いのは、空戦のときに絶対に不利だ。こうした批判の多いことから、風防の高さを五センチ増し、幅を八センチひろげた。それでもたいした変わりはない。雷電のひろい座席に坐り、ターコイズグリーンに塗られた操縦室から外を見回す者は落ち着かず、安全帯をゆるめ、中腰になって前を覗く。

いよいよ操縦となって、はじめての者が全神経を集中しなければならないのは、着陸のときだ。雷電の着陸は難しい。ファイナル・スピードが九十キロという高速で進入しなければならず、実用機の訓練でやった零戦に乗っているつもりでエンジンをしぼると着陸姿勢を維持できなくなる。こうして着陸の際の事故は続発してきた。

そして死ぬか、それとも大怪我をするかといった事故となるのは、不時着したときだ。接地のときに速度をゆるめることができないから、小さな障害物にぶつかってもたいへんなことになる。

着地のときと同様、空中で旋回したときに零戦と同じように速度を落とすと失速する。三〇二空に着任した海軍兵学校七十一期生の六人が雷電に乗るための座学に加わって二日目のことだ。操縦訓練をしていた雷電が旋回に失敗し、地上に激突した。操縦していたのは甲飛一期生、飛行歴六年になる石川友年だった⑧。八月二日には、これも歴戦の特乙一期出身の堤光臣が空戦訓練をやったとき、かれ自身のアイデアを試みようとして失敗し、きりもみ状態に陥り、墜落した⑨。

甲飛、特乙について説明しなければならないだろう。甲飛は甲種予科練のことだ。甲種飛行予科練習生である。中等学校卒業者を採用した。甲十三期から中等学校三年在学程度となり、甲十六期から二年在学程度となった。特乙は青年学校修了者である。ついでに言えば、乙種は小学校高等科卒業者であり、丙種は海兵団にいる者からの採用者である。

飛行機乗りになれば、甲種、乙種、あるいはまた予備学生、そんな区別は必要がないにもかかわらず、海軍はしっかりとこの差別の名称を残している。

どうしてなのか。明治の海軍首脳は、英国海軍やアメリカ海軍が築いたカースト的色彩の強い体制を真似して、海軍兵学校出身の士官を上級階級につくりあげ、下士官、兵とは社会的身分が違うものにしようとして、それに成功した。そして兵学校出身の兵科士官は、海軍省、軍令部から、艦政本部、工廠、海軍のすべての機関の主要ポストを占めてきた。

このさきとりあげる機会があろうが、海軍はかれらの「桜の園」、安らぎの場なのである。ところで、この桜の園で厄介な存在となったのが航空部隊である。飛行機の搭乗員は戦艦や巡洋艦の乗組員とはまったく違う。戦艦には、艦長、副長、航海長、砲術長、副砲術長、さらに高射砲長、飛行長がいて、その下にそれぞれ数多くの部下がいる。かれらは協力して、敵艦と戦わねばならない。一人や二人で主砲を射つことはできない。

ところが、飛行機搭乗員はわずかだ。乗員がもっとも多い一式陸上攻撃機や四式重爆機で六人から八人だ。艦上攻撃機や艦上爆撃機は二人か三人、戦闘機は一人か二人で戦い、編隊で戦うといっても四人ぐらいだ。

そこで、海軍のエリート訓練場である兵学校の出身者のみが一段と優れた技倆を持ち、他を圧する勇気を持つといった建前の教義は、飛行機乗りの世界では通用しない。

いくつにも細かく名称を分け、その色分けをはっきりと定め、これを序列制度と組み合わせたのは、兵学校出身の飛行学生卒業者と下士官の飛行機乗りとのあいだのトラブルや対立といった危険な事態が起きないようにするためなのである。

そして海軍幹部の思い通りとなり、飛行機乗りの下士官たちは相互に睨み合ってきた。

昭和五年につくられた飛行予科練習生は、高等小学校の卒業生を応募資格としていた。ところが、昭和十二年に中学校四年修了の者から練習生を採用することになり、これを甲種飛行予科練習生と呼ぶことにした。歴史を持つそれまでの飛行予科練習生は乙種という劣位の名称を付けられたばかりか、あとから入隊した甲種練習生が自分たちよりさきにすいすいと進級するのを見て、ひどく憤慨した。

日曜日にかれらは甲種練習生のクラブを襲い、町でぶつかれば、きまって殴り合いとなった。甲種練習生と乙種練習生との対立と確執は、ずっと今日まで伝統となってつづき、航空部隊内でも双方のわだかまりはつづいている。

B29との決死の戦い

さて、乙戦隊に加わった海軍兵学校七十二期生のうち、最初に殉職したのは武田昌雄だった。十月はじめに防空戦闘の総合訓練[10]をおこなった。武田の乗機のエンジンが不調となり、不時着しようとしたが、失敗した。雷電に搭載されたエンジンは火星23型、つづいては26型だが、いずれも故障を起こしやすい。

武田のクラスメイトたちは明日は自分の番かもしれないと思った。訓練中に死ななくても、やがてB29と戦い、戦死することになる。

B29と戦うための訓練はつづいた。B29は連装の十二・七ミリ口径の機銃を備えた五つの銃座と二十ミリ機銃一門を装備している。こちらがB29の後方から襲えば、十一門の機銃の集中銃火を浴びる。真正面から襲えば、敵は十一門の機銃すべてを使うことはできない。薄い角度の前方上から、それとも前方下からB29を襲う。敵の正面にでて、射程距離に入ったとき、敵機の前部に斉射を浴びせ、旋回して離脱する。そこで狙うのは敵編隊の一番機となる。そして一番機を撃墜してしまえば、敵の編隊は崩れるだろう。味方機は迷いでたつぎの一機に集中攻撃を加える。

雷電の新米の搭乗員は曳航標的を射撃する訓練をおこなった。一千メートルの距離まで近づき、左手に握った機銃の発射レバーを握りしめ、斉射を浴びせた。標的の吹き流しはずたずたに引き裂かれた。こんな訓練を繰り返しているうちに、月並みな言い方だが、乙戦隊の隊員たちは雷電を好きになり、愛するようになっていった。

前に何回も触れたとおり、B29がはじめて関東の上空を飛んだのは昨十九年十一月一日だった。三〇二空の雷電も、陸軍航空の武装司偵も一万メートルの高空を飛ぶB29に追いつくことができなかった。[11] こんな追っかけっこをそのあとも何回か繰り返し、そのたびに失敗した。そしてB29が最初に東京を爆撃したのが十一月二十四日だった。百十機のB29が来襲したのだが、一機も落とすことができなかった。中島飛行機の武蔵製作所を襲ったのだが、相手側も失敗した。十一月二十七日、敵は再び武蔵製作所を襲い、三十日にも来襲したが、敵機を落とすことはまたもできなかった。

三〇二空の乙戦隊がはじめてB29を撃墜したのは十二月三日だった。敵は重ねて武蔵を狙ったのだが、またも工場の被害はたいしたことはなかった。わが方の戦果は大きかった。乙戦隊だけで、三機か、四機を仕止めた。ラバウル帰りの中村佳雄、杉瀧巧、坪井庸三の殊勲だった(12)。

B29と戦うようになって一カ月がたち、だれもがその巨大さに最初のような気遅れを感じないようになったことが、敵機を撃墜できた理由だった。はじめはとてもそうはいかなかった。B17にはじめてぶつかったドイツの戦闘機乗りが怖じ気づくことがあるのを指揮官が説明して、敵の戦車にはじめてぶつかった歩兵が戦車恐怖症にとりつかれるのと同じだと語ったものだった。もちろん、B29はB17よりずっと大きい。B17の全幅は三十二メートルなのだが、B29の全幅は四十三メートルなのである。この巨大な怪物を射ち落とすことができるのだろうかといった不安がさきにたった。

そしてだれもが恐ろしさを感じたのは、B29がこちらを狙い射ってきて、銃口火炎が見えることだった。こちらの二十ミリ機銃の火炎は小さい。そこで敵の機銃は十二・七ミリなんかではなく、三十ミリではないかと皆は疑った。やがて敵の機銃の火炎が大きいだけと知った。敵機の大きさに慣れてくれば、自分があまりにも遠くから射っていることに気づき、左手でスロットル・レバーを握りしめ、ずいと間合いを詰めることになった。

そして兵学校七十一期生や七十二期生、第十三期予備学生の熟練からは程遠いパイロットたちは編隊を組んで勝手な動きのできないB29こそ、自分たちが戦うことのできる相手だと知ったのである。

予科練出身の古強者がB29を撃墜したことで、雷電の搭乗員たちは久しぶりに笑いあい、祝杯をあげた。だが、第二飛行隊の指揮所は憂色に包まれていた。この日、月光も出撃した。犬吠崎東方の海上から「敵発見　攻撃」の無線電信を入れたっきり、鈴木健治と山辺和男の組は消息を絶った。鈴木は海軍兵学校七十二期の出身だった[13]。

それから十二日あとのことになる。十二月十五日は曇りだった。横須賀の防空指揮所から敵機の来襲があるとの情報が何度も入り、三〇二空は朝から落ち着かなかった。高度一万メートルの上空哨戒をおこなうために、二つある雷電分隊のひとつから一個小隊四機がでた。一時間の任務が終わり、午前十時に戻ってきた。午後一時半には入江静則ともうひとりが飛びたった。哨戒時間は午後二時から三時までだが、三十分早く発進するのは、高度一万メートルの哨戒区域に上昇するまでに三十分かかるからだ。

入江静則は海軍兵学校七十一期の卒業だった。雷電隊は二個分隊からなるが、第一分隊の可動機を甲直と乙直の二つに分け、入江は甲直の小隊長だった。乙直の小隊長が同期の寺村純郎だった。

寺村は乙直の部下たちとともに雷電に搭乗待機のまま、発進の命令を待っていた。そのとき無線電話に入江の声が入り、エンジン不調で降着すると告げてきた。雲のあいだから雷電が一機降りてきた。入江だろうかと寺村は思った。その雷電は降着姿勢に入ったが、脚がでていない。それを見た地上員が駆けだし、赤旗を振った。雷電は降着をやり直そうとして、旋回に入った。回りきる前にエンジンがとまってしまったようだった。こちらに灰色の腹を見せ、相模空の格納庫の向こう側に突っ込んでいった。

寺村はしまったと声をだした。肩バンドをはずし、立ちあがり、「いまのはだれだ」と怒鳴った。「入江大尉です」と地上員の答えが返ってきた。生きていてくれと寺村は念じた。

十二月十六日も前日と同様、曇り空だった。寺村は横浜市久保山の火葬場に行った。ありあわせの板を打ちつけた粗末な棺桶がいくつも置かれていて、いやな匂いがした。軍人だということで、さきに焼いてくれたのだが、薪の火力が弱く、長い時間がかかった。かれは入江の骨を拾い、まだあたたかい骨壺を膝に乗せ、車の座席に坐った。

寺村の脳裡に思い浮かぶのは、火葬場にいたあいだと同じように、死んでしまった同期生の面影だった。同室の上野博之が最初に死んでしまった。九月だった。森本和次が十月に死んだ。森本は月光分隊にいた。上野の死のあと、森本は私の部屋に移ってきたのだった。上野の遺品の整理は入江と私がやった。森本の遺品を片付けたのも、入江と私だった。上野が死に、森本が死に、そのあと私の部屋に移ってくる者はいない。ベッドは空いたままだ。

十二月に入って、転出する市村吾郎、中村嘉稔、池田春男の三人の同期生を見送った。丹沢山地の蛭《ひる》ヶ岳から檜洞丸《ひのきぼらまる》が白く輝く、寒い日だった。入江と私の二人だけになってしまった。

そして入江が死んでしまった。死ななくてすんだはずだ。エンジンが不調だったんだ。赤旗なんか無視して、そのまま胴体着陸すればよかったのだ。赤旗を見て、入江は自分のプライドが許さないから、やり直そうとしたんだ。

入江の遺品整理は私ひとりでやらねばならない。ひとり残った私が死んだら、いったい、だれが私の骨を拾ってくれるのだろう。凹凸が激しく、大きく揺れる車のなかで、寺村は入江の骨壺を抱きかかえながら、ずっと思いにふけった⑭。

昭和二十年の元旦は、乙戦隊の隊員は指揮所で飛行服のまま、屠蘇《とそ》を飲み、雑煮を食べた。

一月十四日、月光分隊長の遠藤幸男が戦死した。かれは三〇二空の英雄だった。「B

29撃墜王」の名声を獲得し、新聞には何回となくかれの記事が載った。そしてかれは海軍兵学校卒業の大尉と同格の大尉となっていた。こういうことだ。かれはすでに大尉となっていたが、予科練出身だったから、特務大尉だった。昨年十二月末にかれは正規の大尉となったのだった。

それもこれもB29四機を撃墜したからだった。かれは昨年の八月二十日に北九州上空で中国奥地の成都から来襲したB29三機を撃墜した。かれは三〇二空から大村の三五二空へ派遣されていた助っ人だった。そして厚木へ戻ってからのことになるが、昨年十二月十八日に四機目のB29を撃墜した。

かれは昭和五年に誕生した横須賀航空隊予科練習部第一期生だった。海軍少年航空兵をめざした十五歳から十七歳の少年たち、七十九人のうちのひとりだった。かれはだれにも優る技倆を持ち、勇気もあった。だが、北九州上空でB29三機を撃墜したというのは事実ではなかった。かれの意思とかかわりなく、狼狽し、頭に血がのぼっていた佐世保鎮守府の幹部たちのでっちあげだった。

かれらは、海軍軍人のだれも同じだが、陸軍航空を一段低く見ていた。ところが、陸軍航空が北九州に来襲したB29十数機を撃墜したと新聞紙上で大々的に宣伝していると き、海軍側はなんの発表もできないでいた。このままでは、海軍の面目は丸潰れだった。

しかも佐世保鎮守府の幹部たちがわかっていたのは、軍令部と海軍省が考えていること、望んでいることだった。二カ月前、マリアナ沖海戦で一方的な敗北を喫し、海軍航空戦力の根幹が潰されてしまった。そしてこれこそ、絶対の機密事項であったが、六月のわずか一カ月のあいだに全戦場で一千四百二十人というたいへんな数の搭乗員を失ってしまっていた。やらねばならないことは、国民にたいして、陸軍に向かって、身内の海軍にたいしても、海軍航空が健在であるところをみせることだった。

佐世保鎮守府の幹部は海軍中央のこのような考えを痛いほど承知していた。それに加えて、戦果の検討、判定にまちがいはないのかとだれからかはっぱをかけられたのではなかったか。大村の三五二空に機材と搭乗員を貸していた小園安名からである。

Ｂ29三機に命中弾を浴びせたあと、大村の基地に戻ることができず、済州島の陸軍の飛行場に降りていたのが遠藤幸男だった。かれをＢ29三機を撃墜した勇士としてしまった。

こうして遠藤は「Ｂ29撃墜王」となった。もちろん、このような名声は遠藤にとって重荷だったことはまちがいない。小園安名はといえば、そんな英雄を部下に持った司令官となったのである[15]。そこで遠藤の戦死した日の戦いのことになる。かれと西尾治の組は名古屋の三菱大江工場を襲ったＢ29六十機の最後の編隊が遠州灘へ離脱していくのを見つけ、遅れている一機を追跡した。敵尾部の銃座の効力圏に入るのは承知の上で、うしろ下方から連射を浴びせようとした。だが、さきにやられた。遠藤は西尾を促し、肩バンドと腰バンドをはずし、乗機から脱出した。渥美半島の神戸村の上空だった。だが、落下傘が開ききる前に、二人は地上に落ちた(16)。

敵は飛行機工場にたいする爆撃をつづけた。一月二十七日、午後二時すぎ、B29の梯団が遠州灘を北上してくると三〇二空に知らせが入り、つづいて出動の命令がでた。雷電二十七機が飛びたった。

福田英も雷電を発進させた。実戦に参加するのは二回目か、三回目だったのであろう。厚木の北方へ向かった。B29の編隊は甲府盆地上空から大月へ向かっていると無線電話が告げている。福田はやってくるB29を待ち構えて、八千メートルの高度に位置した。雲はひろがっていて、下は見えない。

このときエンジンがとまった。どうにもならない。層雲の上を飛んでいるので、現在どこにいるのかわからない。雲の下にでたら、時間の余裕はもはやないから、素早く真下の飛行場を探さねばならない。大きく旋回して高度を下げていく。下が見えた。細長い赤い地面を見つけた。まちがいない、あれだと思った。滑走路はぐんぐん近づいてきた。「こいつは助かるか」と自分が自分に尋ねた。「わからないぞ」ともうひとりの自分が答えた。着陸進入の姿勢をとることができた。脚をおろした。着陸はうまくいったと思ったとき、なにかにぶつかり、あわててブレーキを蹴飛ばした。土ぼこりが雲のように飛行機を包み、かれの意識は薄れた。

敵の爆撃機隊はまたも武蔵と大幸の二つの発動機製造工場を狙ったのだが、いずれも失敗した。武蔵を狙いそこねた敵爆撃機隊は第二目標を狙うことにした。東京都内にでたらめに爆弾、焼夷弾を落とそうとした。密集編隊は崩れ、防空部隊がつけいるチャンスとなった。遅れた一機に陸軍の四式戦が正面からくいつき、べつの一機に三〇二空の雷電が真正面から突っ込んで攻撃した。たちまちB29の機首から黒い煙が吹きでた。

三〇二空の第一飛行隊の指揮所では、歓声が何回も湧き起こった。B29の撃墜数が六機、七機、九機と増えていった⑰。そのあいだにも雷電の搭乗員がつぎつぎと戻ってきて、そのたびに快活な声が飛び交い、笑い声が起きた。福田英の乗機は不時着したが、命に別状はないと報告が入り、また歓声があがった。第一飛行隊の未帰還機は福田機だけだった。にこにこ顔の塚田浩に向かって、飛行隊長が見舞いに行ってこいと命じた。

塚田はすぐに機上作業練習機で狭山へ向かった。包帯に包まれた福田は塚田に向かって大丈夫だと言い、塚田は安心しろと言い、すぐに飛行機に乗れるようになると慰めた。福田はうなずき、親に知らせないでくれと言った⑱。

敵、無差別爆撃に切り替える

さて、三〇二空の司令、飛行長、分隊士は、このさきも来襲する敵爆撃隊の十パーセントを落とすことができたら面白いぞと思った。そしてこちらの損害率を三パーセント、二パーセントにとどめることができたら、この本土防空戦に勝ち抜くことができる。

だが、そうはいかないことは、かれら自身が承知していた。敵は着実に戦力を拡大していく。B29の数は増えていく。こちらは雷電隊と月光隊の増強ができない。雷電は一カ月に二十機を生産するだけだ。だが、敵の空襲がはじまって、この生産量を維持することも難しい。じりじりとその戦力を磨《す》り減らしていく。そこで損害率はこちらが増え、敵は減っていく。ガダルカナルにはじまり、ずっと繰り返されてきた航空撃滅戦は、今回も同じ経過をたどり、同じ結末となるのだとだれも口にはださないながら承知しているのである。

ところで、十パーセントの損害率は、同じ戦法をなおもつづけるか、それとも中止するかの選択を迫られる、まさしく分岐点なのである。

敵は戦法を変える力があったから、戦法を変えようとしていた。

損害が増えるばかりとなり、さっぱり成果のあがらない航空機製造工場の爆撃をやめようとしていた。アメリカ陸軍航空隊が名づけたところの「昼間精密爆撃」をやめるつもりだった。

夜間爆撃をおこなうことにする。航空機製造工場は二の次にする。「地域爆撃」をおこなう。軍事施設や軍需工場の所在と関係なしに都市に焼夷弾を投下する。市街地を焼き払い、市民を殺傷し、財物を灰にし、人びとの戦意を破壊する。敵の夜間戦闘機の数は少ないし、夜間戦闘に必要な電探装置を搭載していないから、かならずやこの作戦は成功する。一回の空襲ごとに、一万人から五万人、うまくいけば十万人もの市民に大災厄を与えることができる。

アメリカ陸軍航空隊の幹部たちはこんな論議をつづけた。

前に触れたことだが、敵も味方も同じで、残忍なことを平気でするようになるために必要なのは、慣れだ[19]。軍需工場の精密攻撃に失敗し、人口の密集した市街地に盲滅法に爆弾を落とすといったことを繰り返していけば、市街地を焼き、学校、神社を焼き払うことをはじめからの目的にしてしまって、なんの罪責も感じなくなる。戦死者がつぎつぎとでて、一番機がまたも撃ち落とされるのをこの目で見ることになれば、敵国の町を焼き払い、女子供を焼き殺すことが当たり前だという気持ちになる。

こうして夜間の低空からの都市にたいする焼夷弾攻撃の実験を名古屋で二月二十五日にやってみることにした。

爆弾は積むが、少しでいい。市民を防空壕へ追い込み、民間防空組織の初期防火を妨害するのが目的だ。爆弾倉一杯に焼夷弾を積み込む。二百機を動員できれば、四百トンの焼夷弾を投下できる。

Ｂ29百機ではなく、いよいよ一回の空襲に二百機を超すＢ29が出動できるようになっていた。それどころか三百機を出撃させることができるのも間近だった。こういうことだ。マリアナ諸島のB29の航空団はひとつだったのが、二つとなっていた。昨十九年十一月から日本への爆撃をつづけてきたのはサイパン島を基地とする七三航空団だった。この二月はじめには、テニアン島に基地を建設した三一三航空団が爆撃に加わった。

はじめのうちは、どちらの航空団も、規定の四個連隊のうち、一個連隊を欠き、二個連隊を欠いていた。また各連隊はそれぞれ四個航空隊からなるのだが、二個航空隊、三個航空隊しかなかった。だが、これらの穴はつぎつぎと埋まり、一航空団百九十二機の編制定数まではいかなくても、百二十機、百五十機と在籍機はそろい、二つの航空団の可動機はそれぞれ百機になろうとしていた。

そして航空団はもうひとつ増え、グアム島に三一四航空団を置くことになった。まだ二個連隊しかなく、可動状態にあるのは二十機程度にすぎなかったが、三月になれば、三つの航空団はそれぞれ百機以上、総計三百機の出撃が可能だった。

二百機、そして三百機の夜間焼夷弾攻撃をやってみることのほかに、航空機製造工場の爆撃は低空でおこなうことにした。低空ならば、目標を外すことはない。そのためにはB29の編隊に戦闘機の護衛をつける。日本本土により近い航空基地が必要であり、硫黄島を攻略しなければならない。

念のために言えば、アメリカ統合参謀本部が硫黄島の占領を決めたのは、昨年の十月、B29の東京空襲がはじまる直前のことだった。アメリカ陸軍航空隊は長距離戦闘機のP

51をB17爆撃機の護衛につけることがたいへんに有効であることを、ドイツにたいする爆撃作戦ですでに学んでいた。

そして今年二月のはじめ、太平洋方面のアメリカ海軍の首脳が硫黄島作戦の遂行はいまでもなお必要なのかと念を押したのにたいし、陸軍航空隊の幹部は是が非でもやってもらいたいと言ったのだった。

二月十六日午前七時、関東の沖に近づいたアメリカの空母艦から飛びたったヘルキャット、コルセアといった艦上戦闘機が千葉、茨城の沿岸部に侵入した。そして同じこのときアメリカ海軍のべつの部隊が硫黄島への砲爆撃を開始した。

三〇二空と陸軍の防空戦闘機隊は前日から機動部隊の本土来襲があるとの指示を受け、警戒態勢をとっていた。この朝、三〇二空では、雷電、零戦から月光、銀河までが発進したが、目的はそれぞれべつだった。

月光や銀河は敵の戦闘機と戦うことができない。群馬県前橋の陸軍飛行場に退避することにした。雷電もB29と戦うのが任務であり、退避させたいと首脳陣は考えた。しかも戦闘機と戦う訓練をしたことのない者が大部分だった。丹沢山地へさがり、優位の高空に位置を占め、一撃離脱の戦いをせよと命じた。チャンスがあったらということで、実際には戦うなということだった。敵戦闘機と前に戦ったことのある少数の者を除いて、いずれも埼玉県の児玉飛行場へ退避した。

最初から戦うつもりであり、実際に戦ったのは、零夜戦分隊を率いる荒木俊士だった。敵は波状攻撃をおこない、茨城、千葉、埼玉の飛行場を襲い、午後になって厚木の飛行場を襲った。荒木は厚木西方の上空でヘルキャット一機を撃墜した。だが、べつのヘルキャットにうしろから追われ、かわしきれなかった。被弾した。荒木機は厚木に戻ることができなかった。藤沢の飛行場に着陸しようとして、格納庫に接触した。荒木は頭部に貫通銃創を負っていた[20]。そして零夜戦分隊では、分隊士の杉原基司も戦死した。

雷電分隊では歴戦の東盛雄が機首部を引きちぎられて厚木に戻ってきた。滑空を試み、不時着したが、東は重傷を負っていた[21]。

分隊長と分隊士の戦死は零夜戦分隊に衝撃を与え、とりわけ自信に満ち、熱気にあふれた荒木の死は三〇二空の少なからぬ人びとを打ちのめした。

荒木俊士は小学校のときに、東郷平八郎元帥を敬愛する少年団組織、東郷会に参加した。大人になったら海軍士官になりたいと思った。東京市立一中に入ってからは海軍の飛行機乗りになりたいと考えた。念願の海軍兵学校に入学した。六十七期である。昭和十五年十一月から一年間、鹿島空、博多空、さらに大分空で飛行機の操縦を学んだ。アメリカとの戦争がはじまって、潜水艦伊10の飛行長となり、インド洋の通商破壊戦で活躍し、つづいてアリューシャン列島で戦い、三〇二空ができて、零夜戦分隊を率いるようになったのだった[22]。

同じ零夜戦分隊の森岡寛は海軍兵学校で荒木の三期後輩であり、三〇二空に着任したのは同じ昨年の四月はじめ、二日遅れただけだった。森岡は荒木に協力し、荒木は森岡に相談し、二人は信頼しあう仲だった。一月二十三日の豊橋上空の戦いで、森岡は左手を負傷した。うしろの座席に据えた斜め銃がB29の胴体に命中弾を与えた直後だった。操縦桿を両足にはさみ、首のマフラーをはずし、血が流れる左手に巻きつけ、浜松の飛行場へ着陸した。

B29の十二・七ミリの機銃弾は左手首を貫通していた。相手のB29は火を噴いて墜落したと聞いた㉓。かれは入院していたのだが、病院を抜けだし、厚木基地に戻り、二月十六日の朝は第二指揮所の屋上で分隊長と部下たちの零戦の発進を見送った。その夜、戦死した荒木の遺体を前にした森岡は、兵学校の教官なんかにはなるまい、義手を使ってでも零戦を操縦しようと決意したのだった㉔。

関東の航空基地を襲った敵空母機動部隊は後退しなかった。翌二月十七日、敵の空母機は再び関東を襲った。第二飛行隊と第三飛行隊ははじめから戦わなかった。第一飛行隊の主力は前日に埼玉の児玉飛行場に降り、雪のために戻ることができなかった。第一飛行隊の残っている隊員は零戦で出撃した。そしてこの日、福田英や上野典夫と兵学校同期の赤井賢行が戦死した㉕。

さて、サイパン、テニアン、グアムの三つのB29航空団を統管するようになったグアムの司令官は、二月二十五日の焼夷弾攻撃の実験を、夜ではなく、昼間におこなうことにした。そして名古屋でなく、東京でやることにした。

計画を変更してよい理由があった。二月二十五日には東京は分厚い雨雲におおわれ、夜間の攻撃とまったく同じ状況になると見たからである。B29の偵察用の改造機の搭乗員は日本までの往復のあいだの天候を調べ、雲を撮影し、グアム島司令部の気象の専門家はこれら資料をもとに、十二時間さき、二十四時間さきの日本の天候を予測してきていた。二月二十四日には、北海道の沖には移動性の高気圧がひろがり、台湾東方の海域で発生した低気圧は本州沖へと移動していたから、気象専門家はまもなく関東地方南部は雪になると読んだのである。

二月二十五日の朝、東京の空は鉛色の雲が厚くひろがっていた。午前八時前、敵の艦載機が関東地方に侵入した。敵機は雲の下に姿を現わし、茨城の飛行場と太田、小泉の航空機製作所を攻撃した。午前中に敵機は去り、午後になって細かい雪が降りはじめた。午後二時、B29の空襲がはじまった。三〇二空からは一機も発進できなかった。陸軍の第十飛行師団も出撃できなかった。敵は神田、日本橋を中心と定めて焼夷弾攻撃をおこない、雪の降りしきるなか、市街地二・八平方キロメートル、二万一千世帯を焼いたのである。

三月一日、三〇二空に海軍兵学校七十三期生十九人が着任した。かれらが海軍兵学校に入学したのは対米戦がはじまる一週間前の昭和十六年十二月一日だった。昨年三月に卒業し、八百三十人のうち五百人が航空へ進んだ。霞ヶ浦でかれらは六カ月のあいだ九三中練に乗った。実用機教程に入って、爆撃機専攻の者たちは百里原空で訓練を受けた。そのうち、七人が三〇二空にきたのだが、かれらは第三飛行隊に入り、夜間戦闘機に乗ることになった。

航空へ進んだ五百人のうち、戦闘機専修生は二百人いた。神ノ池空と筑波空に分かれて、訓練した。神ノ池が神雷部隊の基地となり、ここにいた百人は谷田部空へ移って、訓練した。谷田部から六人、筑波から六人、あわせて十二人が三〇二空の第一飛行隊に入った㉖。

第一飛行隊内では、かれらより一期上の七十二期生は塚田浩、上野典夫、片山市吾の三人が残るだけとなり、もうひとり、福田英は負傷して入院していた。七十一期はすでに見たように寺村純郎ひとりが残るだけだった。七十三期の十二人はこうしたことを知っても、たいして驚きはしなかった。同期の艦船勤務に進んだ者は、マリアナ沖海戦、レイテ沖海戦に参加して、すでに何人も戦死していた。たとえばマリアナ沖海戦に参加し、大爆発を起こして沈んだ最新鋭空母の大鳳には十人の七十三期生が乗っていた。

さて、敵の側は二月二十五日の実験を成功と見た。三月九日の夜、いよいよ敵は人口密集地にたいする本格的な焼夷弾攻撃をおこなった。三〇二空からは月光四機が出撃しただけだった。陸軍機が頑張ってB29十四機を撃墜したのだが、快哉をあげるどころではなかった。三十機、五十機を撃墜したとしても、勝利からは程遠かった。九万人以上が焼き殺され、四十二平方キロメートル、東京三十二区の市街地の六分の一が数時間で灰になったのである。

敵は予測をはるかに超す「地域爆撃」の成功に小躍りしたのであろう。作戦のテンポを早めた。三月十一日夜、十三日夜、十六日夜、十九日夜、二十五日夜とたてつづけに名古屋、大阪、神戸、再び名古屋を焼き打ちし、住宅地から商店街、学校と寺がある町々を無惨な焼け野原へと変えていった。

そして四月三日の深夜、再び東京の爆撃に戻った。武蔵製作所を狙ったのだが、うまくいかなかった。つづいて四月四日未明に、B29は中島の小泉製作所と立川飛行機の立川製作所を爆撃したが、これも失敗した。

福田英の戦死

P51が硫黄島からはじめて日本本土に来襲したのは四月七日だった。B29を護衛してやってきた。

開戦直後に海軍航空が南方地域に制空権をひろげる戦いに成功したのは、零戦が味方爆撃機を護衛し、行動をともにしたからだが、そのやり方を踏襲したのが、零戦と同様に爆撃機を長距離護衛できるP51だった。P51はB17、B24の爆撃機編隊の前にたち、側面を守り、ドイツ上空の制空権を確保した。そしてP51は日本本土上空の制空権をも握ろうとした。

この朝、B29の来襲を知って、三〇二空では、第一飛行隊の雷電だけではなく、第二飛行隊、第三飛行隊も出動した。敵B29には戦闘機の掩護があるかもしれない、警戒するようにと横須賀の指揮本部は厚木に通達した。あわてて先任下士官が隊員たちに戦闘機がついてくるかもしれないから注意しろと言った。すでに第一陣は飛びたってしまっていた。試運転中の月光の横に駆けよった地上員が戦爆連合に警戒せよと書いた黒板を頭の上に掲げた。

三〇二空の隊員は伊豆半島の上を東に向かってくるB29の編隊に気づいた。驚いたことにずいぶんと低いところを飛んでいる。高度四千メートルぐらいだ。B29の進路に向かった月光や彗星の搭乗員は敵編隊の横に小型機がついているのを見つけた。

戦闘機の掩護があるかもしれないとの指示を聞いていなかった搭乗員たちはそれら小型機を陸軍機と思いちがいした。そしてもうひとつうかつだったのは、その編隊よりはるかに高くべつの小型機の一隊が飛んできていることに気づかないことだった。じつはB29の横を飛ぶ小型機を敵機だと気づき、背後に回ろうとした者も、後続する敵の戦闘機編隊が高位にいて、先行編隊の弱い後部を守っていることを忘れていた[27]。

いずれの機も加速して急降下してくる敵機にうしろからやられた。彩雲に乗っていた操縦員の安田博と偵察員の佐藤一郎丸がはっと気づいたときには、右翼に集中銃火を叩き込まれていた。後席の佐藤のうめき声が聞こえるだけなので、やられたなと安田は思った。無事に厚木の飛行場に着陸した。救急車に乗せられたとき、佐藤は「暗くなってきた」と言った。指揮所に入った安田は、みなに言われ、肩に裂傷を負っているのを知った。佐藤は戸塚の海軍病院に着く前に絶命した。腰に十二・七ミリ弾が命中、炸裂していた㉘。

厚木にも、ほかの飛行場にも戻らない飛行機は五機にのぼった。第三飛行隊長の藤田秀忠と後席の土屋良夫の二人が乗った彗星が戻らず、雷電に乗った黒瀧健治が還ることなく、月光三機が戻らなかった㉙。

そしてP51を伴っての低空からのB29の爆撃によって、武蔵製作所ははじめて大きな被害を蒙った。

ところで、敵の夜間の焼き打ちにいかなる対策もなく、はじめて登場したP51に手痛い目に遭いながら、三〇二空は持てる力を関東防空のひとつの目的に集中できなかった。よそへ飛行機と搭乗員を貸しださねばならなくなった。四月一日に敵軍が沖縄へ上陸した。連合艦隊司令部は上陸部隊を支援する敵空母部隊に航空攻撃をおこなう計画をたてていた。この攻撃部隊を護衛するために、三〇二空は零戦十二機と搭乗員を鹿児島の笠ノ原へ派遣するように求められた。

第一飛行隊第一分隊長の寺村純郎が行くことになったのだが、飛行隊長の山田九七郎から、雷電を充分に乗りこなせる者は連れていくな、七十二期生はひとりにしておけと指示され、十二機の要請だが、八機にしておけと言われた。寺村にしてみれば、役に立つ者といっしょに行きたかった。単座戦闘機に乗せたら三〇二空で右にでる者はいないと言われる赤松貞明を無理に連れて行くことにした。

赤松貞明は昭和五年に霞空を卒業以来、ずっと戦闘機に乗りつづけ、あらゆる戦場で戦ってきた。かれと同時代の者はあらかたが戦死してしまったから、出撃回数、滞空時間で、かれに優る者はいない。二月十七日に敵空母機が来襲したときには、かれはヘルキャット二機を撃墜した。

七十二期生のなかでは、塚田浩と片山市吾が鹿児島行きを争い、ジャンケンに勝った片山が行くことになった。同じ七十二期の福田英は退院して、厚木に戻ってきたばかりだった。四月七日と八日に分かれ、鹿児島に行く者は厚木を出発した[30]。

四月十二日の朝九時前、三〇二空はＢ29の来襲を告げられた。昼間の攻撃だから、敵は航空機工場を狙うつもりであり、Ｐ51の掩護があるのを覚悟しなければならなかった。雷電と零戦が飛び立った。月光や彗星も発進したが、これは退避だった。はたして武蔵製作所が襲われた。四月七日の十回目の爆撃につづいて、武蔵は大きな損害を受けた。

三〇二空では四人が戦死した。負傷者は一人、三機を失い、二機が大破した[31]。

つづいて四月十三日の夜と十五日の夜に東京は焼き打ちされた。三〇二空は十三日にB29三機を撃墜し、十五日には六機を撃墜したと報告した。三〇二空の戦死者は二人だった[32]。久しぶりの戦果であったが、三月十日につづいて再び町ぐるみ百万人がすべてのものを焼かれてしまったのだから、三〇二空のだれも意気はあがらなかった。

どうにもならないと隊員ひとりひとりが思うようになっている。敵はサイパン島の七三航空団が百八十機、テニアン島の三一三航空団がこれも百八十機、グアム島の三一四航空団が百四十機をそろえ、いずれも航空団定数の百九十二機に近づきつつある。いまや一度に五百機が無差別爆撃をおこなうことができる。ところが、三〇二空の夜戦部隊は相変わらず二十機内外である。しかも昼間にP51の来襲があれば、安全空域に退避するといったことを繰り返し、隊員は心身を磨り減らしてきている。そして雷電隊はB29を守るP51と戦わねばならなくなっている。

P51をやっつけることはできないのか。以前ならP51などとるに足らなかった。昭和十八年十月から十二月にかけて、ビルマ上空で陸軍の一式戦は毎回、来襲するP51を叩き落とし、完勝をつづけた。

ところが、P51はエンジンを取り換えて、面目を一新した。一式戦も、零戦も影が薄くなった。六挺の機銃を備えた新式のP51は向かうところ敵なしとなり、攻撃力の強さからいって、昆虫界のオオスズメバチといった存在となった。大きな羽音をたて、巨大な顎をカチカチと鳴らし、敵に襲いかかってくる。

Ｐ51がとりつけた新しいエンジンは英国のロールスロイスが開発したマーリンだった。捕獲機のマーリンを丹念に調べて、心の底からうらやましく思ったのが、三菱名古屋大江工場の堀越二郎だった[33]。三菱の優秀機、九六式艦戦、零戦、烈風を設計してきたかれは、こんな大きなパワーの液冷エンジンを積むことができるのなら、どんな戦闘機だってつくることができるのにと思ったのだった。雷電にとりつけた大直径の空冷エンジンで苦労したのが、かれだった。

そしてＰ51は火力が大きい。Ｐ51の翼の前面に装備した十二・七ミリの機銃は、Ｂ29にとりつけてあるのと同じだが、防禦に使うのと攻撃に使うのでは大きく違う。

ところで、雷電や零戦が装備しているのは、二十ミリの機銃である。十二・七ミリの弾丸が五十グラムであるのと比べ、二十ミリの弾丸は百二十四グラムもある。威力は二倍と言いたいが、初速が遅く、発射速度が小さければ、二倍の力どころか、二分の一となってしまう。

十二・七ミリの機銃は大きな発射速度を持ち、瞬時に多くの弾丸を射つことができ、Ｐ51の六挺の機銃による弾丸の集中破壊力はこちらの飛行機に致命傷を与える。そして昨年後半にはジャイロスコープ式の射撃照準器がＰ51にとりつけられ、それまで勘が頼りだった見越し射撃が新人にもできるようになった。

新人といえば、P51の搭乗員は訓練を積んでいる。訓練の飛行時間は最低三百時間にのぼる。しかもかれらは編隊を組み、隊形を崩さぬようにして戦い、戦いに参加しながら経験を積み、腕を磨くことができる。

そこでP51に乗っているパイロットは、それこそかつてフィリピンからアラフラ海までの空域を支配した台南空と三空の百機の零戦の搭乗員と同じように、恐いものなしの自信満々なのである。つけ加えるなら、短い期間であったが、そのあいだ向かうところ敵なしだった台南空の副長兼飛行長として力をふるったのが小園安名だった。

四月十九日午前十時二十分になる。

十時前に厚木飛行場を飛びたった雷電と零戦は厚木上空を哨戒せよと指示されている。午前十時二十五分、横浜市保土谷区白根町に住む人びとは、雷がすぐ近くに落ちたようなものすごい音に思わず後ずさりし、首をちぢめた。

町といっても、このあたりは農村であり、三〇二空の周辺の村と変わりがない。つらなる広い丘には麦畑がひろがり、竹藪、楢の林があり、南に向いた崖の下には藁ぶきの農家が点在している。

空襲警報がでたことは知っているが、緑の葉がのびた麦畑のなかで老人が鍬《ご》を動かしている。土寄せだ。畦のあいだの土をさらい、株ぎわに打ち寄せる。一番耕、二番耕、そして四月中には三番耕をすませねばならない。麦のむだな分蘗《ぶんけつ》を土で抑える作業だ。一日かかって一反の土寄せがやっとだ。谷をはさんだ向こうの麦畑でも、男が土寄せをしている。雨が降りだす前に少しでもやっておこうとだれもが思っているのだ。

農家の裏の崖の小道をのぼったさきで、里芋を畑のたて穴から掘りだしている中年の女性がいる。早生の里芋を植えなければならない時期がきている。べつの畑では若い女が夏大根の種を播いている。

突然のすさまじい音に、麦畑にいる人、里芋をとりだしている人はよろめき、そのましゃがみこんだ。真上の空をたいへんな勢いで何機もの飛行機が飛び交い、火が走っていくのを見た。

谷をはさんだそのさきの丘の麦畑にいた人は起きていることがもう少しよくわかった。四機編隊の飛行機と二機編隊の飛行機がぶつかるように交錯したのは、だいぶ向こうの空だった。そしてべつの四機が高いところからこの二機を追って急降下してきたのは、すぐ向こうの空だった。一機は追跡をふりはらい、上昇しようとした。胴体の白いふちで囲まれた日の丸がはっきり見え、操縦している人も見えた。もう一機は旋回して、こちらに向かってくるように見えた。そのとき一機の両翼がもげたようだった。もう一機は火達磨となり、まっすぐ下に向かった。この短い時間のあいだ、編隊を崩さなかった四機は変わらず編隊を組んだまま東の方向を目指し、みるみるうちに小さくなった。身動きできず、うずくまったまま、麦畑の真ん中でただひとりこの戦いを見ていた中年の男はたいへんだと叫びながら、駆けだした。黒い煙が丘の向こうに立ち昇っている。

午前十一時、霞空に勤務する安藤直正は中練の後部座席に整備参謀を乗せて、厚木の基地に着陸した。第一指揮所には安藤のクラスメイトの塚田浩と上野典夫がいた。二人がこもごも安藤に言った。「貴様、あぶないところだった。たったいま、空襲が終わったばかりだ。五分早かったら、P51に食われていたぞ」(34)

雷電がつぎつぎと着陸して、指揮所は賑やかとなった。もうすぐ福田も帰投する、よそへ降りたかなと塚田が安藤に言いながら、曇り空を見上げた。

白根町では大騒ぎだ。派出所の電話は鳴りっぱなしである。警防団員が息を切らしながら麦畑のあいだの道を走っている。二俣国民学校のすぐ近くに飛行機が墜落した。そしてべつの一機は麦畑の丘のはずれにある林のなかに落ちた。立ち木が折れ、黒焦げとなり、そのあいだに翼や胴体が散乱していた。丘の裾にある大きな杉の木に半開きの落下傘がひっかかって揺れていた。搭乗員はその下の草のあいだに倒れていた。生きてはいなかった。頭は血だらけで、飛行服は焼け焦げていた。(35)

福田英だった。ひきちぎりでもしたかのように操縦桿を右手にしっかりと握っていた。同年輩の若者より体が堂々と大きいことが母親の心秘かな自慢のその青年は、あと八日で二十三歳になるところだった。

もう一機の戦死者は寺島道男だった。

午後四時、南関東は小雨が降りだした。白根町も雨が降りだし、遅れて厚木の飛行場にも雨が落ちはじめている。

植草甚一、清沢洌、敵軍が降伏したと聞く

同じ四月十九日、午後四時すぎになる。

新宿も雨となっている。

植草甚一の事務室に宮田徹がやってきた。宮田は隣の新宿東宝劇場の主任である。植草は新宿文化劇場の主任だ。文化劇場も東宝劇場と同じく、東宝系の映画館である。

植草は姉と二人で永田町に住んでいることは前に述べた[36]。東宝の宣伝部や調査部にいたが、人手が不足することから、昨年の秋に日比谷映画の主任となり、二カ月あとに新宿文化へ移ってきた。

甚一はここに勤務するようになった日のことをよく覚えている。昨年の十一月一日だった。この事務室で引き継ぎをやった。主任だった上田龍は横浜宝塚へ転任することになっていた。警戒警報がでた。午後一時すぎだった。あれはなんだろうと上田が向かいの伊勢丹の上空を指さした。甚一もはるか上空をゆっくり動いていく小さな飛行機を見上げた。あとで知ったのだが、はじめて東京の上空を飛んだB29だった。

それから東京への空襲はずっとつづいてきて、四月十三日の夜の大空襲は新宿のそこここを焼け野原としてしまい、日頃なじんできたすべてのものを灰にしてしまった。だが、新宿三丁目のこの一角だけは焼け残っている。

今日は午前中に敵の戦闘機が来襲したが、甚一は遠くの爆音を聞いただけだった。

甚一は宮田徹に、今日からの新しい映画「紅顔鼓笛隊」の客足はどうだ、あいにくの雨だなと言おうとした。こちらが尋ねなくても、宮田がそれを話しだすと思った。ところが、宮田は顔をほころばせ、沖縄のアメリカ軍が無条件降伏をしたそうだが、なにか聞いているかと言った。びっくりしている甚一に向かって、宮田は相好を崩しっぱなしのまま、ほんとうだ、ほんとうだとも、だれもが言っていると語った。

宮田が映画のことなどなにも口にせずに帰っていって、甚一はやっぱりそうだったのかと思った。四月十四日の新聞に「屠る三百十四隻」と載っていた。沖縄の戦いがはじまってから撃沈、撃破した空母、戦艦から上陸用舟艇までの総計だった。そして昨十八日にはその総計はぐんと増え、三百八十数隻となっていた。

一隻に何人乗っているのだろうかと甚一は考えた。空母なら数千人だが、何十人といった船もあるだろう。撃破した船のなかには、乗組員が無事のものがあったかもしれない。一船平均二百人の犠牲がでたということにしてみた。日記につぎのように書いた。

「沖縄敵艦撃沈約四百隻（400×200人＝80,000人）」[37]

沖縄の敵軍が無条件降伏したと聞いて、甚一はその数字を思い浮かべた。沖縄の敵軍が降伏することになって当たり前なのだと思った。

同じ四月十九日である。大森区調布嶺町に住む清沢洌《きよし》は午後七時のニュースを聞き了えた。沖縄では昨日と同じ戦いがつづいている。沖縄の敵軍が降伏したなどとは一言も言わない。今日の沖縄の敵軍降伏の噂はなんだったのだろうとかれは考えた。各紙の朝刊の社説や記事と関連があるとかれは思った。

四月十五日の空襲の夜から停電はつづいていたのだが、今夜は電気がつく。じつは洌の家は十五日の夜、危うく焼けてしまうところだった。その夜、敵機ははじめてかれの住まいの上をつぎつぎと飛んでいった。大森、蒲田の空は真っ赤だった。ザーと夕立のような音が真上でした。畑や雑木林のあいだに家が散在するこのあたりに焼夷弾を落とすことはあるまいと思い、洌は防空壕に入っていなかった。あわてて切り通しの崖に身を寄せた。気がつくと家の屋根、隣の松林、笹竹の垣根が燃えだしている。「お父さん」と息子の瞭に言われて、着ている外套に火がついているのに気づいた。外套をぬいで、叩いて消した。

瞭が「消しましょう」と言い、駆けだした。外套をふりあげ、垣根の火を叩いた。屋根の火をどうしようと思った。だめだと思ったが、梯子を置いてあるところに走った。

梯子をかけて、よじ登ろうとすると火は消えていた。畑を越えた向こうの家が燃え、林のさきの漬物屋が燃え、道をへだてたさきのアパートが燃えている。だが、延焼の恐れはなかった。

翌朝、家の周りを見て歩くと二十個から三十個の焼夷弾の筒が転がり、地面に突き刺さっていた。前夜は、かれは煙と灰で黒ずんでしまっているいくつもの火炎を見ながら、「こんな戦争をやったのはだれだ」と国の指導者にこみ上げてくる怒りを抑えきれなかったのだが、家からわずか数メートルのところに落ちている焼夷弾を見て回ったときには、「神がぼくを助けてくれたのだ」と思ったのだった。

さて、今夜は電気がついたから、かれは各新聞を読み直した。社説と記事のいくつかを切り抜き、日記を書きはじめた。

「今日、『沖縄における敵兵が無条件降伏した』という風説が伝わった。僕も聞き、瞭も聞いて来た。結局そうではなかったらしい。

陸軍は依然として敵を本土に上陸せしめ、そこで迎え討たんとする作戦であるが、米内が頑張って、沖縄の海辺で決戦することになったという。陸軍は最後まで、そういう馬鹿々々しいことを考えているのである。どれだけ真実か」

そして冽は新聞から切り抜いた三月二十三日から四月十八日までの敵艦船撃沈、撃破の一覧表を日記帳に貼り、さらにつぎのように書いた。

「米軍の無条件降伏説が、軍需会社方向に伝わっているのを見ると、おそらくは軍部の宣伝ではないか。各新聞の記事はいずれも『絶好の神機』をいう」

そして洌は毎日新聞の「絶好の機到る」と題するこの日の社説を日記帳に貼った。つぎのような内容である。

「またも大きな戦果が挙った。戦局を判断するうえに、その判断の材料として戦果の持つ値価は絶対的のものではない。あれほどの大戦果が挙っているのに、戦局がなおこのように振わないのは何故であるか、そういう感を深くしたことは、今日まで一再ではなかったのである。しかるにこの度は、挙った戦果が直ちに戦局に影響を及ぼすこととなった。というのは、わが戦果によって撃摧《げきさい》された敵の装備が、彼等の持つ残存全勢力のうちに極めて高率を占めていること、余力尠《すくな》きにも拘わらず、敵は沖縄方面の戦闘を放擲し得ないこと、この方面の戦闘を継続するとすれば、更に大きな損害を被るべきこと等を起因としている。
十六、七日の両日、沖縄島周辺において、わが航空部隊が収めた戦果は、これまでに判明したものだけで五隻の航空母艦、一隻の戦艦を含めて十三隻の撃沈と、戦艦一隻の撃破が報ぜられている。この方面の戦域で敵が余儀なくされた損失は既に莫大なものである。今また以上のものを加えた。数量の大きい点ばかりでなく、撃摧された一艦また一艦は、今や敵にとっては、この度の作戦を開始する当時の十艦二十艦にも相当する貴重なものであるに相違ない。殊に航空母艦の相次ぐ喪失は、基地航空隊の行動圏外に大作戦を展開した彼等にとって、命の綱を断つ程のものともいえよう。しかるにその予備は幾何《いくばく》も残っていない。

敵が沖縄島上に揚げた数万の兵力に対する補給は、彼等にとって一日もゆるがせに出来ぬところであろう。しかし同島へ最も近い敵基地のウルシーからでも、その補給線は二千四百キロに及び、サイパンからは二千五百キロ、真珠湾からは八千五百キロの長きに達する。母艦を次ぎ次ぎに失い、機動部隊の活動を極度に弱くした敵が、この長大な補給線を如何にするか。航空戦こそ彼我の勢いを決する手段であり、その航空戦は、一度彼我の可動機数が平均を破った際、多少でも機数を多く有する側が、飛躍的な好条件に恵まれる。その上、わが特攻隊の勇士たちは、滅敵の機会を追って止むところがない。好機まさにいたるの感はいよいよ深い。万難を排してこの好機を活かせ……」（『毎日』「社説」四月十九日）

つづいて洌は毎日新聞の「敵の〝局地優勢〟覆る」という見出しの記事を切り抜き、日記帳に貼った。そしてつぎのように記した。

「『朝日』十九日、社説に『勝機に立つ試煉』、それからその外に記事二つあり、一は『勝機の把握今にあり』他は『海上勢力ようやく衰頽』とある。二ページしかない新聞に沖縄戦の記事が第一ページの半分以上あり、以てこれを決戦場としていることが判る」

さらにつづいて洌は「勝機の把握今にあり」という朝日の記事を日記帳に貼った。つぎのとおりだ。

「敵が沖縄本島攻略を目指して両方面に機動部隊を出現せしめたのは去月二十三日、ここに沖縄決戦の火蓋が切られたのであったが、爾来既に三旬になんなんとする、殊に本月一日沖縄本島上陸以来のわが空海陸を挙げての総攻撃により敵に与えた打撃は蓋《けだ》し甚大であり、物量を恃《たの》む敵陣にもその海上勢力に受けた大損害により苦戦の色漸く顕著となった、勝機の把握はまさに今にあり、敵船に相ついで炸裂してゆく特攻隊と一体化し、敵撃滅を期すべき神機はわれわれの頭上にある」(『朝日』四月十九日)

洌はさらに日記をつづけた。

「本日から電燈通ず。

『日本産業経済』は『敵太平洋艦隊の主力の掃滅近し』を横大標題に『必勝の神機開く』と。

『読売』も、横の黒面白抜きの大活字で『今にあり勝利の把握』とある」

そして洌は「読売」のこの社説を日記帳に貼り、つぎのようにまとめた。

「右によって軍部が、これを最後と、力を入れていることが明らかだ。

空襲の犠牲者出づ。東洋経済の鎌田君という記者、足をやられて足先を切断したが、それが原因で死去した。死体を入れる棺桶がない。そこで『東洋経済』の別館を取りこわした古材木を以て社員が造った。焼き場を利用することも困難だが、リヤーカーか何かで運ぶらしい。悲劇そのままだ。

　脇村義太郎君が、従来敢闘して助かって来たが、先頃（十三日）にいよいよ焼かれてしまったそうだ。明石照男氏も被害[38]」


　四月二十日の朝になる。大森区東馬込に住む添田知道は今日こそ行こうと決意した。四月十三日の空襲で妻の兄弟や友人たちが焼かれてしまったのではないかと案じつづけ、今日こそ見舞いに行こう、明日は必ず行こうと思っていたのである。

　添田知道は四十二歳になる。父親の唖《あ》蟬坊《ぜんぼう》は演歌師として知られ、ポピュリストでもあった。昨年二月に没した。知道は作家である。昭和十七年から「教育者」という題の長篇伝記小説を書きつづけてきている。

　添田の住む大森は四月十三日は無事だったが、四月十五日には恐い目にあった。火はこちらに向かってきそうだった。灰が目に入って、痛かった。午後十一時ごろだったろう。もうだめだから、荷物をだしなさい、壕に入れて土をかけようと隣の人が言った。いままで敷いてあった布団をたたみ、布団袋に入れた。包みができてみて、壕の入口を通らないと気づいた。小さく包み分けるしかない。やるのがいやになった。焼けてもいいと思った。口が渇き、何度も水を飲んだ。外へでて、周りの火を見て、風向きを確かめた。家へ戻ると、暗いなかで妻が米と醬油を風呂敷に包み、残っていた飯を重箱に詰めていた。

気がつくと頭上の爆音はしなくなっていた。東側の馬込銀座の火はこちらへ向かってこないようであったし、南の炎は強制疎開の空地帯のところでとまったようであった。

さて、今日、四月二十日のことになるが、添田知道は家から自由ヶ丘へでた。駅の周りは焼けていた。四月十五日の空襲の焼け跡だ。三十分待って、やっと渋谷行きの電車が来た。渋谷駅は人で一杯だった。省線はやめにして、地下鉄で上野まで行った。上野駅も人と荷物であふれていた。下谷の焼け跡を歩き、鶯谷にでようとするところで、かれは足をとめた。三月十日未明の空襲の焼死者の墓地である。「不明氏」「不詳」という墓標が並んでいた。かれは手を合わせ、じっと祈った。

日暮里は焼け野原となっていた。駅前の六丁目から北の八丁目の方も、南の二丁目の方も、すべて焼けてしまっていた。焼け跡はひっそりと静まり返り、ときどき風が赤い灰を吹きあげていた。村田万三郎の家はなくなっていた。万三郎は妻キクの兄である。

入方政吉の家はどうだろう。妻の妹の家だ。日暮里警察も焼けてしまっている。焼け野原のさきに何軒かの家が残っている。入方の家の見当だ。残ってる、焼けてないと念じながら歩いた。胸がドキドキした。政吉の家は残っていた。隣まで奇麗に焼けてしまっているのに、入方の家はちゃんとあった。

甥の宏がでてきた。みんな無事かと尋ねた。焼けだされた村田の父さん、伯母さんもうちに来ている、みんな無事だと聞いて、ほっとした。伯父さんのところはと尋ねられ、大丈夫だったと知道が答えた。村田の伯母さんは浦和へ疎開した荷物を取りに行っている。江戸川に家を借り、明後日に移る予定だという話だった。

近所へ行っていた宏の母親が戻ってきた。十三日の夜の空襲の話を詳しく聞かされた。彼女の話を聞いているさなか、警戒警報のサイレンが鳴った。十一時五十五分だ。電気がつかず、ラジオは聞こえない。昼間の空襲はないだろう、偵察機だろうと話し合った。お昼だったが、昼ご飯を食べていってはという挨拶はなくなって久しい。よその家で昼飯や晩飯をあてにする者もいない。

土産に新茶を貰い、姉さんによろしく、無事を祈っていると言われ、同じ言葉を返して、入方の家をでた。知道が気がかりだったのは、今日は休みだという宏に、昨日、会社で沖縄の敵軍が無条件降伏をしたという話を聞いたが、なにか聞いていませんかと尋ねられたことだった。

日暮里から坂本まで歩いた。もと隣に住んでいた清水宗七を訪ねようと思いたち、金杉上町まで歩いた。ここも焼け野原がつづき、清水の家もなかった。避難先の番地を書いた立札があり、わずかに焼け残っている一角がそうだと教えられた。清水は不在だったが、娘さんがいた。立ち話をして別れた。坂本二丁目の停留所から水天宮行きの都電に乗った。九段下の出版社・増進堂に勤める中島のことが気がかりだった。

上野駅で乗り換え、万世橋でもう一度乗り換えた。四谷見附行きに乗り、九段下で降りる。出版社に立ち寄って尋ねた。中島の家が焼けたということ以外、なにもわからないという。飯田橋駅まで歩いた。かれは思わず「おお」と言った。神楽坂は赤い丘に変わってしまっている。神楽坂一丁目、二丁目、三丁目、若宮町、揚場町、すべてない。神楽坂をあがっていく右手に筑土八幡神社がすぐ近くに見える。焼け野原にある立札を探して歩いた。中島の家の焼け跡をやっと見つけた。広瀬照太郎宅へ立ち退きと立札に書いてあった。広瀬は知道も知っている。矢来町まで行く。新潮社が焼け残っていた。知人がいるかと思い、玄関に入ったがだれもでてこないので、名刺を置いてでた。広瀬宅を訪ねた。嫁さんがでてきた。中島夫婦は岩手へ昨日、疎開した。父は静岡へ疎開したのだという。

焼け跡めぐりの最後は日本橋の歯科医の月岡文悟を訪ねると決めてあった。江戸川橋から、洲崎行きの電車に乗った。焼けてはいなかった。疲れ、腰が痛く、腹は空いていた。長椅子に横になって、話をした。高円寺の自宅は無事だという。知道は自分の話をして、十五日の夜の空襲以来、くたびれて、なにをするのもおっくうだと言った。月岡もまた、こんなふうになってはいけないと思うのだが、万事ばかばかしいと思うようになっていると言った。沖縄で敵が降伏したというデマに昨日はふりまわされたとかれは語った。知道は宏の話を思いだした。政府が流したデマではないかと言えば、なるほどとかれが言った。

今日何回目か、無事を祈っているよと互いに言い合い、午後五時すぎにかれと別れた。回数券を一枚貰ってあったから、帰りは省線に乗った。たいへんな混みようだった。やっとの思いで大崎で降りた。風がひどくなり、焼け跡の灰をかきたて、行く手は赤色に閉ざされた。家まで四十五分かかった。

妻の顔を見るなり、「万チャン　焼けたぞ」と言った。声をききつけ、隣家の山本周五郎がやってきた。もらいものだというほうれんそうとさつま芋二本、人参一本をくれた。さっそく、焼け跡めぐりの話をした。

夕食は玉子どんだ。乾燥卵の残りを使ったのだという。海苔をかけた。たいへんにおいしい㊴。

「今月中に戦争が終わるのだったら」

同じ四月二十日だ。

今日は古川緑波は一日、淀橋区上落合二丁目の家にいる。今夜は徹夜で常連の仲間とポーカーをやる予定だから、かれは朝から機嫌がいい。

一昨日の四月十八日には茨城県神栖《かみす》町の神ノ池航空隊へ慰問に行き、昨十九日の昼すぎに帰ってきた。海軍慰問の興行はご馳走があり、ウイスキーの土産があるから、大歓迎だ。なによりも気が楽だ。

それより前の東横劇場の三十一日間の興行はたいへんだった。初日が三月八日だった。二日目が終わって、三月十日未明の大空襲となった。東横劇場は罹災者の収容所になる、芝居は中止という話が最初にあった。ゲラゲラ笑っているときではない、十三日までは休業せよと所管の渋谷警察署の幹部がつぎに言った。一転して、三月十二日には是が非でも幕をあけよと命令された。

ところが、座員もそろっていなければ、裏方も来ていない。十二時半からの一回目はできず、二回目からやった。緑波と劇団員が驚いたのは客席が一杯だったことだ。舞台にでているあいだ、緑波がずっと怒っていたのは、音楽がさっぱりだったことだ。終わってから、どうしてあんなに音がでないのだと指揮者に小言を言えば、楽団員はがっくりしている、死にそうな目にあったり、家を失ったり、多くの人が死んでしまったのを見て、気が滅入っているからだろうと言われ、自分たちの歌も、演技も熱意を欠き、活気を失ったものになっているのかもしれないと緑波は思ったのだった。

かれと座員たちが心配していたのは、座員の向島に住む望月マキと亀戸の谷川久子がついに姿を見せなかったことだった。谷川久子が楽屋に現われたのは三月十四日だった。

無事でよかったとみなは喜んだのだが、東京にはいたくない、山形へ疎開すると彼女は言ったのである。

消息がわからないままなのは望月マキだった。かわいい目をした、あのスマートなモッチャンは焼け死んでしまったのかと緑波が思っていたとき、彼女から葉書がきた。劇団に連絡することができないまま、罹災者のための列車に乗り、新潟へ来ているというのだった。なんだ、人を心配させてと言いながら、よかった、よかったとだれもが言った。三月十八日のことだった。

ところで、座長の緑波は腹の立つことばかりだった。幹部座員が疎開のための荷造りをしなければならないから休ませてくれと言ってきた。疎開する家族を送っていかねばならないから休ませて欲しいと言って、何日もでてこない者がいた。じつは緑波の家でも、三月二十日に妻の夏江と二人の子が福井へ疎開したのだった。二人の女中がついていったのである。そして若い女の子がつぎつぎとやめていった。配役を減らし、代役をたてる毎日がつづき、三月十日の大空襲のあとから、東横劇場の周辺では、第二次強制疎開がはじまって、兵士たちが家屋の取壊しをおこなって、騒然とした雰囲気であり、一日として座長室でゆっくりとできた日はなかった。

興行は十二時半から二回、夕刻六時までだったが、空襲のために一回だけしかできないことはしょっちゅうだった。だが、まったくできなかったのは四日だけだった。四月九日の千秋楽を終えたときには、緑波は無事に終わってよかったと心から思ったのである。

今日は午前中に放送局教養部の江藤という局員が訪ねてきた。アルミ貨の供出を宣伝するためのひとり芝居をやってもらえないだろうかという相談だった。緑波はやろうと言い、粗筋を記した説明書きを受け取った。

そのあと座員の白川道太郎と暁照子の夫婦が来た。芸術と生活を両立させることが難しいといった悩みの相談だった。緑波は暁照子に向かって、歌に専念せよと言ったのだった。

昼食を食べはじめたとき、空襲警報がでた。爆音がするので外へでて空を見上げるとB29が一機真上に近づいてくる。前には偵察にきたと甘く見ていたのだが、一機でも爆弾を落とすようになり、油断はできない。母と女中に声をかけ、壕に入った。B29が通りすぎるのを待って、食事に戻った。

アルミ貨供出のひとり芝居のシナリオを二通り書いた。徹夜になるのに備え、小一時間ほど昼寝した。夕刻、緑波一座の渉外役の上山が来た。東北巡業についての伝言とラジオの「小国民の時間」のサトウハチローの脚本を持ってきた。そして上山の伝言はもうひとつあった。緑波のポーカー仲間の友田と松田に連絡をとったところ、空襲が恐ろしいからやめにしたいと言ったのだという。

ひとりになって、緑波はポーカーができなくなってしまったことに腹を立て、身勝手な連中だと八つ当りした。徹夜のポーカーで家をあけることなんかできなくなっていることを、ほんとうはかれもよく知っていた。一週間前の四月十三日の夜、かれは恐ろしい思いをしたばかりだった。

母と隣家の人たちといっしょにかれは壕に入り、爆弾の炸裂する音、焼夷弾が落ちてくる音をじっと聞いていた。爆音がとだえたとき、外へでてみるとそこここに火の手があがっていた。胸にこたえる爆音がまたも近づいてきて、急いで壕に走り込んだ。

隣組の人たちの声が壕の外でした。もうだめだと言っているのを聞いて、緑波は壕の外にでた。人びとの顔がはっきり見えた。いたるところが燃えていて、明るい。靴のまま二階にかけあがり、洗面所の窓をあけた。目白の丘は火に包まれている。どこも火だ。女子供はここにいては焼死するかもしれない。壕に戻り、母と隣家の二人の主婦、二人の子供に東中野の浜田の家へ避難するようにと言った。浜田の邸の広い庭のさきにある崖には横穴式の防空壕がある。

男たちだけが残った。電信柱にのぼった少年が「中井駅が焼けている。いま、国民学校が燃えている」と叫ぶ。緑波は母のことが心配になった。こっちは頼んだぞと言い残し、東中野へ向かった。昼のように明るい道路に、布団を背負い、荷物を持った人びとがとぎれなくつづく。妻と子供を疎開させてよかったと思った。

浜田の家に来てからも、なおもつづく不快な爆音と渦巻く炎を見ながら、緑波は不安でたまらなかった。今度は家のことが心配だった。やっと空襲警報解除のサイレンが鳴った。よかったと思いながら戻ってみたら、家は残っていた。隣のこれも焼け残った鈴木文四郎の家へ行った。鈴木は朝日新聞の出版総局長である。「なんて不思議なんでしょう」と鈴木夫人が言い、緑波は神のご加護があって焼け残ったのだと思った。これが一週間前の空襲だった。

緑波は母と泊まりにきている友人と夕飯の食卓を囲み、昼のあいだに緑波が母から聞き、かれが母に語った話をもう一度おさらいすることになった。緑波が放送局員から聞き、母が隣組の人から聞いた話である。沖縄の敵が降伏した、戦いは今月中に終わるといった噂がひろがっているのだという、だが、事実ではないらしいといった話である。

今月中に戦争が終わるのだったら、ほんとうにいいのにねと母が言い、戦争はいつごろ終わるのだろうかとつづけ、戦争前に食べていたものを食べることができるようになる日はあるのだろうかと言った。

そして話は食べもののことになり、今頃は蜜豆の季節だと甘いものにも目がない緑波が語り、蜜豆が食べたいと言い、蜜豆にかける白い蜜と黒い蜜のことになり、舟和の黒蜜が一番だと言い、白蜜はシロだが、黒蜜はクロと言わず、アカと呼ぶのだと語り、舟和の女店員の真似をしてみせた。「エエ　アカイッチョウ」と声を張りあげ、母が笑いこけた。

緑波は四十一歳になるが、かれがショービジネスの世界へ入るきっかけとなったのが、この「声帯模写」の特技だった。かれが文藝春秋の社員だったとき、社屋が麴町下六番丁にあったころの話だが、社長の菊池寛、編集部に出入りする横光利一、片岡鉄兵、川端康成の声を自在に真似してみせ、部屋にいる者たちを笑わせたのだった。

緑波は二階にあがって、日記を書いた。

「……メムバーが来ないとなると拍子抜けしちまったぜ。飲むかな、それとも雀《ジャン》と出るかな。外は風強し、こわいと言えば正にこわいがね。夕食六時すぎ、戦争は五月中に片付く、わが軍の大勝利、などの景気のいい噂が大分世間に流布されているそうだ。敏と母上と三人の食事、色々昔の食いものの話。ああ、今ごろは、みつ豆のうまい季節だ。舟和の黒蜜が思い出される。……」(40)


太田正雄も古川緑波と同じように、昨日の四月十九日には沖縄の敵軍降伏の話を聞くことはなかった。小型機の来襲があった午前中は大学病院にいて、午後は大学で講義し、午後四時に家に帰ったのだが、だれからもこの話を聞かなかった。

かれの住まいは本郷の西片町にある。四月十三日の夜は近くが焼かれ、恐ろしい思いをした。かれは翌十四日の日記につぎのように記した。

「抑《そもそ》も戦争は破壊事であり、今の戦争は総力戦争とは人の常に説くところで、よく理解することが出来る。然し大都の又小都の、非戦闘員の多きところに、空より爆弾、焼夷弾を落して家を焼き、人を殺すということは、昔の通念からいうと、政府と雖《いえど》も卑怯ものの業である。今アメリカはその事を行っている。その理由は、一、日本人を軽蔑すること。然しドイツ人に対しても之を行っている。二、唯物主義に徹底していること。三、自己、味方を以て最上のものとするの思想。四、全くの覇道である。覇道とは何ぞや(41)」

今日、四月二十日には、正雄は下村海南の入閣祝宴の集まりにでた。放送協会の会長だった下村は鈴木内閣の国務大臣兼情報局総裁に就任している。正雄はこの集まりで沖縄の敵軍が降伏したという噂があったことをはじめて知った。

出席者のだれかが情報局総裁にこの噂について尋ねたのであろう。なにを聞かれても窮することのない下村だが、さすがに困ったという表情を浮かべたのではなかったか。

夜、正雄は日記につぎのように記した。

「下村海南の入閣祝賀、食十分。昨夜沖縄上陸の敵二十万無条件降伏の訛伝にて市内一帯に大騒ぎありし由。実はこの二三日雨ふり、特攻隊の攻撃思うようにならぬ由。高嶋米峰と八時過かえる。焼出され硯なくて困る由につき上げる約束す。おほばきすみれ(二円半)購い帰る。夜さむし。十時四十五分十四度(華氏五十八度)(42)」

岡本潤も昨日の十九日には沖縄の敵軍が降伏したという話は聞かなかった。かれは大映の社員だ。大映多摩撮影所に勤務している。四十四歳になる。妻と娘の一子がいる。住まいは上板橋だ。

四月十三日の夜は、かれの一家も恐ろしい思いをした。頭の上で焼夷弾がばらばらに散って落ちてきて、あたりは昼間のように明るくなり、焼夷弾の落ちてくる波の寄せるような音にまじって、ドドッという爆弾の破裂音が聞こえてきた。四方は火の海となった。幸いなことにかれの家まで火はこなかった。朝になって、太陽は灰と煙に隔てられ、ボーッと黄土色だった。そしてまだときどき時限爆弾が炸裂した。東上線は不通だったし、疲れはてていたから出勤しなかった。そして四月十五日の夜は、南から東の空がピンクに映えているのを見たのだが、どこが空襲されているのかはわからなかった。

四月十六日は月曜日だったから、撮影所へ行こうと思ったが、疲れていて、でかける元気がなかった。休むことにした。庭に穴を掘った。いざとなったら本を少しでも埋めようと考えたのである。日が暮れて、会社の同僚が来た。同僚は東上線が不通だったから、池袋から歩いて来たのだといい、会社は岡本の家が焼けてしまったのだと思っており、産業報国会からの見舞い金をことづかってきたのだという。岡本はかれに泊まってもらったのだった。

四月十七日には岡本は出勤した。東上線はまだ不通だったから、三キロの道を池袋まで歩いた。新宿まで省線の沿線はどこまでも死と破壊の猛威の跡がひろがっていた。撮影所では会う人ごとにどうやら焼けずにすんだと言い、見舞い金を産報に返した。そしてまた、行きと同じように焼け野原を見ながら家に帰りつくと妙に疲れ、なにをする元気もなかった。嬉しかったのは電気がついたことだった。

十八日は会社を休んだ。行く気がしなかった。十九日には出勤した。東上線は動きはじめていたが、たいへんな混みようだった。池袋までの途中駅は焼けてしまっていて、電車は停まらなかった。撮影所に着いたとき、空襲警報がでた。あわてて防空壕に入った。爆音と高射砲の炸裂音が聞こえた。敵機が二機、撮影スタジオの屋根すれすれに飛んでいったのだという。これがP51だった。

そして今日、四月二十日、かれはシナリオ作家の久板《ひさいた》栄二郎の家を訪ねることにした。久板の住まいは滝野川にある。大塚、巣鴨、駒込の省線各駅は焼かれてしまっていた。都電は通っていないから、駒込から歩いて行ったが、久板の住まいと覚しきところは一面の焼け野原となっていた。焼け跡に人がいたので尋ねると久板は、埼玉の方へ立退いたということだった。

昼近くに家へ帰った。沖縄の敵軍が降伏したという話は、妻が隣組の人から聞いたのか、娘の一子が勤務先の安宅産業で聞いたのであろう。潤は日記につぎのように書いた。「昨夜、ラジオで『沖縄島で敵二万無条件降伏』という放送があり、踊りあがって喜ん

だ者もあったそうだが、それはデマ放送だったという。ヘンなイタヅラをするものだ」(43)

どうして降伏の噂は起きたのか

いったい、どうして沖縄の敵軍が降伏したという噂がひろがったのだろうか。

清沢洌はこの噂がなぜ起きたのかを十九日につづいて今日、二十日も考えた。かれは東京の各新聞のほかに名古屋の中部日本新聞もとっている。それを読んで、名古屋でも同じ噂があったことを知り、昨日考えたように火元はやっぱり軍需工場だったと知った。かれは日記につぎのように記した。

「沖縄戦が景気がいいというので各方面で楽観説続出。株もグッと高い。沖縄の敵が無条件降伏したという説を僕も聞き、瞭も聞いてきた。中には米国が講和を申込んだというものがある。民衆がいかに無知であるかが分る。新聞を鵜呑みにしている証拠だ。これは東京のみではなく地方でもそうらしい。左は十九日の『中部日本新聞』の記事である。新聞で景気のいいことをいって、それを信ずるなというのだ」

洌は「危険な楽観説　軍を信頼、職場へ挙《あが》れ」というその記事を切り抜き、日記帳に貼った。

「敵撃滅の神機は来た、しかしこれで楽観してはならぬ

『沖縄周辺で敵艦隊八割を撃沈した』

『岐阜市では提灯行列用の提灯を造っている』
『ルーズベルトが急死したから○月までには戦争は終る』
などと最近中京をはじめ各地で特に重要工場の工員間にこの種明るい希望的楽観説から出たデマが相当根強く伝えられているが、愛知県特高課では県下各警察署を通じて工場にこの種楽観的風説で増産をゆるめてはならぬと工場幹部を通じ
神機来るの軍発表に勇気百倍し敵撃滅の兵器増産に挺身せよ
と工員の指導に万全を期せしむることとなった
季節的に初夏は青少年工員の危険期で夏になれば能率低下の季節となるところへこれらの楽観的流言影響で折角の神機を自ら取逃すようなことがあってはとこの点厳重な戒心が要望される
中川愛知県特高課長談　楽観的流言は悲観的なものより寧ろ危険性がある、なぜならば増産に悪影響することがあるからだ、沖縄決戦は戦果はあがり神機は来ているのだが戦局は刻々緊迫の一路を辿っている、ルーズベルトの急死は戦争自体になんら影響をもたらすものではないことはいずれも厳重警告しているところだ。況《いわ》んやこの戦局が何月に終って提灯行列が目前に迫るなど楽観的な現戦局では断じてない、われわれは神風特攻隊の崇高な心を心として絶対に軍を信頼し各自持場職場を文字通り前線と心得て遮二無二増産に体当りせねばならない」（『中部日本』四月十九日）(44)

冽が書かなかったことをつぎに見よう。検閲の焦点がずれ、地方新聞は明らかにしてはいけない事実をときに伝えてしまうことがある。これはそうした例であろう。

この記事から見当がつくのは、何者かが各新聞に「絶好の機到る」「敵太平洋艦隊主力掃滅近し」といった記事を載せさせ、さらに航空機工場、電機工場、銃機工場で、そこに働く者たちを集め、沖縄の戦いはあと一押しだ、あともう少し敵艦艇を沈めれば、沖縄の敵地上軍は降伏する、そうなれば提灯行列だと説いて回ったということだ。そして名古屋地区では東京よりも早く沖縄の敵軍が降伏したという噂がひろがっていたのだ。

何者かがなどと言う必要はない。沖縄水域で戦っている主力は海軍航空である。四月十九日の新聞はいずれも連合艦隊司令長官の大きな写真を掲げ、「陣中巡視中の豊田連合艦隊司令長官」の説明を入れていた。海軍省軍務局の幹部から軍需省の航空兵器総局、総動員局の海軍軍人が朝日や毎日の編集局長に語り、東京郊外、名古屋郊外の軍需工場で演説したのであろう。

かれらはいまこそ絶好のときだと語った。発表された戦果通りに敵艦を沈めているのなら、あと一押しと語って当然である。アメリカが和平を申し入れることはありえないとしても、沖縄のアメリカ軍が降伏する事態となって、なんの不思議もない。

ところで、ほんとうの話、この航空攻撃の戦いはどうなっているのか。

海軍は沖縄で、かつてない大規模な航空作戦をおこない、五百機の飛行機をつぎ込みつづけてきた。

一度に五百機の飛行機を使うというのは尋常の攻勢ではない。昭和十六年十二月八日、ハワイ真珠湾を襲った飛行機の総数が三百五十機だった。昭和十八年二月にガダルカナルから撤退したあと、なお一年にわたってソロモン諸島で戦いつづけたが、ラバウルとその周辺に展開した海軍の飛行機は、もっとも多かったときで三百五十機だった。

昨年六月、マリアナ沖海戦に投じた空母機は四百七十機だった。現在、関東地方を守る防空戦闘機は、前に見たとおり、二百機だ。

ところが、沖縄周辺水域の戦いでは、四月六日に陸海軍機合わせて五百機以上を投入した。翌日から、散発的だが、間断のない攻撃を毎日つづけた。そして四月十一日には三百機、十二日には四百八十機、十四日には二百機、十六日には五百機が攻撃を決行した。このうち、五百機、あるいは五百機に近い攻撃を、菊水一号、二号、三号作戦と呼んだのである。

敵は沖縄本島を大きく囲み、高性能の対空用の電探を搭載した駆逐艦とこれを護衛する駆逐艦を何組も配置している。空母からの戦闘機隊がこの上空を哨戒し、空母で待機する戦闘機隊が飛びたつ構えでいる。そして攻撃空母の一団、護衛空母の一団も、それぞれ警戒駆逐艦を周りに置いている。

南九州の基地から飛ぶこちらの攻撃隊は待伏せする敵の戦闘機隊と戦わねばならない。

そして体当り機が最初に発見する敵の艦船は駆逐艦となる。四月六日に体当り機は警戒駆逐艦と護衛駆逐艦十三隻に損傷を与え、二隻を沈めた。

敵の哨戒線を突破し、敵の直衛戦闘機の網の目をくぐり抜けた体当り機の搭乗員は夢に見た敵空母を海原のなかに発見する。体当り機は空母の対空防禦陣を突き進む。

こうして沖縄水域で敵空母十三隻と敵戦艦十隻を撃沈したと発表することになったのだが、この戦果にまちがいはないのか。

この作戦の責任者は第五航空艦隊司令長官の宇垣纏《まとめ》である。鹿屋《かのや》の基地にいるかれは四月十九日付の新聞各紙に目を通した。「新聞は沖縄攻防戦は我に有利なり。今一押にて戦勝の神機なりと大に書き立ててあり(45)」とかれは日記に記したが、なにも書き加えようとしなかった。

発表したほどの損害を敵に与えていないことをいちばんよく知っているのは、ほかのだれでもない、第五航空艦隊司令のかれである。

かれはその戦果が正確でないことを知っている。だが、戦果の審査を厳しくすることができないことも承知している。戦死者にたいする唯一の供養は、かれの体当りが成功したと認めることであり、これから出撃しなければならない特攻隊員の士気を維持するためには、空母への体当りは成功したと発表しなければならないからだ。

もちろん、宇垣だけでなく、連合艦隊の司令部、軍令部、海軍省の幹部たちがこうしたことを知っている。実際の撃沈数は発表数字の二分の一かもしれず、三分の一かもしれないと思っている。だが、今回は昨年十月の台湾沖航空戦とはちがう、敵に大きな損害を与えていることは、敵の空母機動部隊が九州制圧をおこなうことができず、陸軍に頭を下げ、陸軍航空のＢ29に九州への戦術爆撃を頼んでいることからも明らかだと思い、そのように論じてきた。

敵の弾幕を突破した体当り機は敵空母に襲いかかる。四月七日から十六日までのあいだに敵攻撃空母四隻に損傷を与えた。これより前、三月十八日から二十日までのあいだに九州東方海上で四隻の攻撃空母に損傷を与えたのにつづく戦果である。残念ながら撃沈した空母はない。だが、昭和十八年、十九年には、敵空母にこれだけの痛撃を与えたことはなかった。

戦いはこれからなのである。五百機、五百機に近い航空兵力がさらに十日間、大攻勢をつづければ、まちがいなく沖縄の戦いはこちらが優勢となり、沖縄の敵地上軍を降伏に追い込むこともできるのである。あと一押しの大きな希望は嘘ではない。

今日、四月二十日のことになるが、太田正雄が日記に「実はこの二三日雨ふり、特攻隊の攻撃思うようにならぬ由」と書いたことはすでに述べた。正雄は情報局総裁の下村海南から聞き、下村は海軍軍人から聞いた話なのであろう。

たしかに四月十八日と十九日、南九州の基地には雨が降りつづいた。今日になって天気は回復した。だが、五百機、五百機に近い航空攻撃をおこなう計画はない。

沖縄水域への攻撃を敢行してきた第五航空艦隊は、第三航空艦隊から四百機の応援を得て、第十航空艦隊からは三百機をつぎ込み、体当り機を含めて、すでに六百五十機を失い、いまは五百数十機が残るだけだ。そして可動機はずっと少ない。五百機攻撃はもはやできないのだ。

じつは連合艦隊司令部は第五航空艦隊にもはや新たに飛行機を与えないことにしてしまった。こういうことだ。四月十七日、横浜日吉の連合艦隊司令長官の豊田副武《そえむ》は第五航空艦隊長官の宇垣纏に向かって、第十航空艦隊にたいする作戦指揮を解くと命じたのである。

第十航空艦隊について説明しなければならないだろう。第十航空艦隊が編成されたのは三月一日である。十航艦の略称で呼ばれる第十航空艦隊は練習航空隊を集めたものだ。兵学校を卒業し、飛行学生教程に進んだ者が霞ヶ浦航空隊で練習機に乗り、筑波航空隊や谷田部航空隊に移って零戦の操縦を覚えたということは前に述べた。四十近くもあるこのような練習航空隊を統合して十航艦をつくったのだが、その意図について、軍令部総長の及川古志郎は天皇につぎのように申し述べた。

「各種実用機約一千百機、練習機約二千五百機、計三千六百機でございますが、おおむね四月末を目途とし、実用機約七百機、練習機約一千二百機を作戦に充当し得るよう訓練を実施します(46)」

四月末まで待てなかった。アメリカ軍が沖縄本島に上陸した四月一日、十航艦は五航艦の指揮下に入れられることになった。そして前にも触れたとおり、十航艦から三百機が南九州に進出し、この作戦に参加した。だが、実際にはこの参加はすぐにとりやめとなった。

菊水三号作戦をおこなった四月十六日から二日あとの十八日、五航艦の長官、宇垣纏は日記につぎのように記した。

「……本日〇七三〇—〇八三〇間敵B29約六十機来襲、九州四国方面の要地を面爆す。……

昨日GF命令を以て第十航空艦隊に対する本職の作戦指揮を解かれ、現に集中し又集中予定の兵力は其儘とし、前田長官以下司令部は本朝発各地巡視の後霞浦に帰任することとなれり。之れ迄の協力を謝し今後練成に努力し決号作戦に備うる処あらん事を望む(47)」

「GF」とは連合艦隊のことだ。「決号作戦」とは敵の本土侵攻にたいする戦いのことである。十航艦を本土の戦いのために温存することは宇垣もやむをえないと思っているのだ。かれの五航艦の決戦はまもなく少数機によるゲリラ活動に成り下がってしまうが、これもしかたがないと考えているのだ。

では、毎日新聞や朝日新聞の編集局長に向かって、もう一押しだと説いた海軍省軍務局の局員は、十航艦が引揚げたという事実を知らなかったのか。もちろん、承知していたのであろう。それでは、十航艦を温存しようとする軍令部首脳の姑息な決定に腹を立て、いまこそ絶好な機会だと主張し、世論を味方につけようとしたのか。

そうではなかろう。いまこそ絶好の機会だと語った海軍省や軍需省の部課長たちもまた、五航艦長官の宇垣纏や十航艦参謀長の山本親雄《ちかお》と同じように、十航艦は決号作戦に使わねばならないと考えているのである。

どういうことなのか。

清沢洌が昨日の四月十九日の日記に、海軍は沖縄で決戦を意図しているのにたいし、陸軍は本土で決戦をやろうとしているのだと書いたことは前に述べた。だが、これはちがう。十航艦を沖縄水域で使用しないと決めたことからもわかるように、海軍もまた本土で決戦をやるつもりなのである。

とは言っても、ほんとうの話はもう少しちがう。

五航艦の宇垣と十航艦の山本は十航艦の増派はやめるとの命令を受け取って、軍令部と海軍省の幹部たちの肚を読みとることになんの想像力も必要としなかったにちがいない。海軍を守り抜くために十航艦は必要なのだと宇垣と山本は即座に理解し、軍令部、海軍省の幹部たちが考えているのとそっくり同じことをかれらもまた考えたのである。

つぎのようなことだ。

日本がこのさき敗北するのであれば、海軍が滅びるのは同じときでなければならず、それより前に海軍が陸軍に統合されるようなことをけっして許してはならない。海軍を守りつづけなければならない。陸軍の陸海軍統合案をはねつけるためには、どうしたらいいのか。戦いをつづける能力と意欲を持つことを陸軍に見せつけなければならない。前の巻で見たことをもう一度述べよう。

空母飛行隊がマリアナ沖海戦で潰滅してしまい、事実上、連合艦隊が役に立たなくなってしまった昨十九年八月のことだ。陸軍は海軍に任せておくことはできないといった態度をとり、海岸すぐ近くまで押し寄せる敵の軍艦や輸送船にたいし、われわれが戦うのだといったところをみせ、敵艦に接近し、爆薬を投下する舟艇をつくることになった。海軍はこれに対抗した。船首に爆薬を装着した体当り舟艇をつくった。

さらに陸軍が持っていない、海軍のみが持つ、海軍の断固たる決意を示す機関をつくった。体当り兵器の開発から生産、要員の訓練までを指揮する特攻部を海軍省内に新設した。この四月十五日、海軍首脳は特攻部と潜水艦部を合併して、特兵部に衣替えした(48)が、体当り兵器を統轄する機関であることに変わりはないし、陸軍を睨んだ機関であることも同じである。

その翌日の四月十六日、十航艦を沖縄戦に使わないと決めたのも同じことなのである。

本土決戦を一本化しようと説き、海軍の人員、資材、施設の合併吸収を狙う陸軍にたいして、心配は無用、われわれには十航艦の三千機がある、われわれだけの力で戦うことができるとつっぱねるためなのである。

そこで十航艦のことになるが、十航艦には三千機があるというのはたいそうな数字だが、その中味は前に見たとおり、練習機と古い型の実用機しかなく、しかも可動機は少ない。十航艦のすべてを沖縄水域の戦いに投入しても、五百機攻撃の威力と効果を望むことはとうていできない。

鹿屋の宇垣纏は十航艦のすべてが手中にあったとしても、沖縄水域の制圧はできないと承知していたことはまちがいない。だが、霞ヶ関の赤煉瓦内の海軍軍人は、沖縄の水域で敵に与えた損害は相当なものだと思っていたから、十航艦を沖縄水域の戦いに投入できなくなったことを残念に思い、なによりもいま欲しいのは新鋭機なのだと思えば、気にかかっていた問題がまた頭に浮かんだのであろう。潰滅してしまった名発の大幸工場と中島武蔵製作所のことであり、ガクンと落ちてしまったすべての軍需生産のことである。

四月十三日の夜と十五日の夜の空襲のあと、工場、会社に出勤する人びとは半分以下になってしまった。焼けてしまった工場では、わずかな人びとがのろのろと後片付けをやっている。そして東京の南部に住んでいる人は、空襲になって、北の空が赤く染まるのを眺め、こちらではなくてよかったとほっとし、東京の北部に住む人は南の方向の遠い火を見て、あっちでよかったと安堵の胸をなでおろし、だれもが家族と衣服、布団の疎開のことを考えるだけとなってしまっている。

そして霞ヶ関の海軍軍人はやる気をなくした人びとの士気をさらに突き崩す大きな出来事がまもなく起きることを承知していた。オーデル川とナイセ川の左岸に向かって、ソ連軍の砲撃がいっせいにはじまったのは四月十六日の夜明けだった。二時間あとにはソ連軍はオーデル川とナイセ川の渡河をはじめた。オーデル川からベルリンまでわずか八十キロだ。今月中にドイツの戦いが終わってしまう。

赤煉瓦内の論議は、いまこそ国民を奮いたたせねばならない、元気をださせねばならないということになって、だれもが発動機工場や真空管工場で講演をすることに賛成したのであろう。そこにはもうひとつべつの理由もあったにちがいない。海軍がこのような戦いができるのはもはやこのさきないのではないかという思いがちらりとかれらの頭をかすめ、ぜひともこの最後の大反撃、菊水作戦を国民に直接語りたいと思ったのである。

海軍省と軍需省の担当の海軍軍人が手分けして、関東、中京、阪神の軍需工場で説いて回った。特攻隊員の戦いを涙を流して語り、敵に大打撃を与えているのだと説き、諸君は特攻隊員に負けないように働いて欲しいと訴え、みなが頑張りつづければ、沖縄の二十万の敵兵は手をあげて降伏すると叫んで、聞いていた人びとは立ち上がり、長い喝采がつづくことになったのであろう。そして興奮した人びとはそのあと会う人ごとに沖縄の敵軍は降伏するぞと語ることになったのである。

さて、今日、四月二十日である。

植草甚一は日記につぎのように書いた。

「昨日四時より沖縄敵兵4個師団無条件降伏の War-time falsehood 極めて迅速且つ広範囲にひろがる。こんどはすべての人がつかれた。三、四日帝都に敵キは来ないが、疲れがぬけきらない、一寸愕いた、ポスターを描く気もしない(49)」

だれもが甚一と同じような気持ちである。今日、四月二十日に沖縄の敵軍降伏の話を聞いた太田正雄や古川緑波、岡本潤、添田知道といった人びとは少々驚いただけだが、昨日、これを聞いた人たちは今日になっても疲れが抜けきらない。

沖縄の敵軍が降伏したと最初に聞いたときはまさかと思った。ほかの人から同じ話を聞いて、ほんとうのことなのだと思った。あれだけの数の軍艦を沈められて、とうとう敵は音をあげたのだ。これ以上頑張ろうという気持ちをなくしてしまったのだ。

頑張りつづけた甲斐があったとだれもが思った。人が集まっているところでは、万歳三唱しようと口々に言った。万歳の声を聞いて、なんだなんだと人が寄ってきて、とうとうやったかと叫び、もう一度、万歳三唱をした。この素晴らしいニュースをまだ知らない人に知らせようとだれもが思った。焼け跡の防空壕住まいの友人はなにも知らないだろう、どうしても教えてやろうと小雨の中を駆け出した人がいたし、布団を背中に背負った通行人たちに告げる者がいた。

人びとはラジオの臨時ニュースを聞こうとした。特別発表があるはずだった。アナウンサーの興奮を抑えた声はいっこうに聞こえてこなかった。昨日の午後七時には、だれもがラジオの前に坐った。沖縄の敵軍が降伏したというニュースはなかった。そして今朝、新聞をひろげた人びとは、「沖縄の敵へ猛攻続行」という昨日と変わりのない見出しを見て、やっぱりほんとうのことではなかったのだと思った。

人びとの胸中にあった高揚感と希望は薄れていき、消えてしまい、どうする術もない無力感と疲労が残ったのである。

第20章

日独両国はどれだけ助け合ってきたのか（四月二十日〜五月一日）

ルーズベルトとチャーチル

ドイツはまもなく敗北する。日本もやがて敗北する。敗北とはどういうことなのか。敗北した日本は敗北したドイツと同じようになるのか。それともちがうのか。ちがったほうがいいのか。どのような敗北がいいのか。敗北する側がよりましな敗北を選ぶことができるのか。だれもこうしたことを考えようとはしない。だが、こうしたことを考えている人がいないわけではない。

このようなことはこのさきで語るとして、ここで振りかえらねばならないのは、いまや敗北寸前にあるドイツと敗北への道をひた走りに走る日本は、これまでどのように相互に協力してきたのかということである。

日本とドイツとのあいだに共同の戦争計画はあったのか。日本とドイツの指導者は電報をやりとりし、自分の考えを相手に告げ、相互に励ましあったのか。日本軍とドイツ軍の協同の作戦はあったのか。経済面で、両国はどれだけ助け合ってきたのか。

これらのことについてこれから語らねばならないが、敵の側、アメリカと英国がどのように協力してきたのかを簡単に述べておこう。アメリカの指導者と英国の指導者とのあいだはどうであったか。

英国の指導者はチャーチルである。アメリカの指導者はといえば、この四月十二日に病死してしまったが、ルーズベルトであったことはいうまでもない。

一九三九年だから、昭和十四年のことになるが、その年の九月一日、ドイツ軍はポーランド国境を越えた。英国とフランスは九月三日に参戦した。ところが、ドイツとポーランドの戦いは、ドイツ側にソ連が加わって、わずか十数日で終わり、ポーランドを助けるために参戦した英国とフランスが小指ひとつ動かすことができないでいるあいだに、ドイツとソ連はポーランドをきれいさっぱりと分割してしまった。

アメリカの大統領のルーズベルトは英国とフランスがヒトラーと妥協することを考えているのではないかと懸念した。かれは海軍大臣になったばかりのチャーチルに大きな期待をかけ、内閣の一員にすぎないかれに個人的なメッセージを送り、自分に知らせたいことはすべて言って欲しいと告げた。閣内でもっとも強硬な抗戦派と見てのことだ。チャーチルはルーズベルトの求めに直ちに応じた。こうして二人は秘密の情報の交換をはじめた。

米英両国の同盟はずっと強固なのだと思ってきた人びとは、両国が共通の言語と習慣、法律、哲学を持つことから、結びつく必然性があるのだと考えがちである。

だが、これは正しい見方ではない。ルーズベルトとチャーチルが事実上の米英同盟をつくる以前の二十年のあいだ、アメリカの政治家と英国の政治家の関係はぎくしゃくとしていて、どちらも相手を信頼していなかった。どうしてだったのか。アメリカと英国との地位が逆転して、世界政治を形成することに責任を持つ国が英国からアメリカへ移りつつあることを認めようとしない英国の政治家が一方にいて、アメリカが指導者の地位につかざるをえないことに気づかないアメリカの政治家がもう一方にいて、双方が相手に悪感情を持ち、嫉妬心を抱いていたからである。米英同盟の結成はルーズベルトとチャーチルの二人の働きによるところが大きかったのである。

一九四〇年だから、昭和十五年になるが、その年の五月に海軍大臣だったチャーチルは総理大臣になった。まさにドイツ機甲部隊がフランスの防衛線を突破し、空挺部隊がオランダのハーグとロッテルダムを占拠してしまったときだった。

チャーチルはフランスが崩壊すると見てとった。つぎは英国だ。ドーバー海峡を渡って、ドイツ機甲部隊が上陸する。チャーチルはルーズベルトに書面で訴え、直接戦うことはできないとしても、それ以外、あらゆる方法で英国を助けてくれと要請し、英国とアメリカを結ぶ兵站線を守り、ドイツの潜水艦作戦に備えるために、五十隻の駆逐艦の譲渡を求めた。チャーチルはこの手紙のなかで、ルーズベルトが議会と国民を説得するための口実を教えて、いま英国を助けなければ、英国は自国の艦隊をドイツに引渡すような事態になってしまうと言った。大西洋はドイツの海になってしまうぞとの脅しを使えということだった。

こうして五十隻の駆逐艦が英国に渡された。第一次大戦のときにつくられた四本煙突の旧式の駆逐艦だが、潜水艦探知装置を搭載したから、ドイツの潜水艦から船団を護衛できた。そしてそのときドイツの潜水艦はまだまだ少なかった。

さらにアメリカは英国を助けた。爆撃機、練習機からライト社のエンジン、爆雷から機関銃、小麦粉、じゃが芋を英国に送った。英国側は南アフリカで産出される金、さらにウイスキー、高級の毛織物、陶器をアメリカに売って支払ったのだが、たちまち外貨がなくなってしまった。ルーズベルトが昭和十五年十一月に大統領に再選されるや、チャーチルは直ちにかれに手紙を送り、一刻も早く援助して欲しいと懇請した。

ルーズベルトはラジオで国民に訴え、英国が敗北してしまったら、西半球の南北アメリカは銃を突きつけられて生きていくことになるのだと語った。昭和十六年三月にアメリカは軍事援助法を新たに定めた。大統領はアメリカの防衛に必要と考える国に軍需品を貸与する権限を獲得した。こうして大統領は英国に無制限の軍事援助を与えることができるようになった。

翌四月には、前年九月に定めた大西洋のアメリカ警備区域を大幅にひろげた。そしてさまざまな口実をもうけ、アメリカ海軍は英国へ向かう輸送船を護衛することになった。

昭和十六年六月にドイツがソ連と戦いをはじめたことは、チャーチルをほっとさせた。そして十二月に日本はアメリカ、英国と戦うことになった。さっそく十二月の末にチャーチルは戦艦デューク・オブ・ヨークに乗り、アメリカに向かい、ルーズベルトと会談した。八月にこの二人はニューファンドランド沖で会談していたから、二度目の会談だった。

計算してみよう。昭和十四年九月にルーズベルトがチャーチルに最初の手紙を送ってから、ルーズベルトが死ぬ今年の四月十二日まで、二千五十日になるが、このあいだにチャーチルはルーズベルトに九百五十通の秘密書簡を送り、ルーズベルトはチャーチルに八百通の書簡を送り、二人は九回会い、百二十日をともに過ごしたのである。

日本とドイツとの関係の話に戻る。

日本がアメリカと戦争をはじめる昭和十六年十二月まで、日本はドイツになにを期待し、なにを望んだのか。

世界の平和と安定を維持する指導的な大国が、英国からアメリカへ移ろうとしている事実を、英国の政治家、アメリカの政治家が認めようとしなかったり、気づかなかったということは前に述べた。政治家だけでなく、軍人や新聞の論説委員も同じだった。

じつは日本やドイツの政治家、軍人も同じだった。日本の政治家、外交官、軍人、評論家はパックス・ブリタニカの時代は終わったのだと思っていた。そして政治家も、軍人も、大学教授も、英国に代ってアメリカが世界の問題に大きな力を行使するようになることを認めようとしなかった。しかも英国がアメリカに依存して、自国と全世界の植民地を守ろうとしているのを見て、だれもが不快に思った。

アングロサクソンの現状維持勢力に世界を支配させてはならないと新聞の論説委員や歴史学者は考えた。日本は、ドイツ、イタリアと同盟を結び、ソ連もこの同盟に加えようと政治家から社会主義者までが望んだ。前の巻で述べたことだが、ユーラシア大陸を結ぶこの大連合こそ、アングロサクソンの勢力に対抗でき、打ち勝つことができるとだれもが思ったのである。そのとき総理大臣だった近衛文麿がそう信じ、外務大臣だった松岡洋右《ようすけ》がそのように考えた。

ところが、ヒトラーはそうは思っていなかった。四国大連合の夢は瓦解した。

まだその夢が潰れる以前のことになるが、日本が三国同盟を結んだあと、陸海軍は同盟国となったドイツに軍事視察団を派遣したいと申し入れた。陸軍幹部は見事な成功を収めたドイツ陸軍の電撃戦について学ぼうとした。ドイツの戦車の砲塔の構造について知りたいと思った。明治はじめから日本人の耳に馴染み深いエッセンのクルップ工場を見学したいというのは、陸軍、海軍の将校がともに抱く願望だった。テレフンケンやラインメタルの兵器工場を見たかった。無線兵器、射撃兵器をはじめ、工作機械を輸入したかった。ドイツから人造石油製造の技術を導入したいと考えた。

そしてドイツ軍が使い、相手側の英国軍も使用している気配のある電波兵器について詳しく知りたいと思う者もいた。

ヨーロッパではじまった戦争は航空機の戦争であり、戦車の戦争であったが、新たに登場した電波兵器はすでにこの戦争の主役のひとつになろうとしていた。

ここで電波兵器について述べねばなるまい。

「あの餅焼き網のようなものはなんだ」

昭和十三年のことだ。山東省の威海衛の港に英国の巡洋艦が入港した。こちらの軍艦の艦長が英国軍艦の前檣《ぜんしょう》におかしなものがついているのを見て、首をかしげた(1)。かれは部下に向かい、「あの餅焼き網のようなものはなんだ」、写真をとれと言ったのではなかったか。スケッチをして、艦政本部に報告しろとつづけて命じたのであろう。霞ヶ関ではしっかり調べた方がいいなと思った人もいたのだが、いつか忘れてしまった。

同じ昭和十三年の末、アメリカの巡洋艦ニューヨークと駆逐艦リアリーのこれも前檣に餅焼き網がとりつけられた。アメリカ海軍は電波探知機の実験を開始したのだが、これに気づく海軍軍人は日本にはいなかった。

軍艦の檣楼に奇妙なアンテナがついていることに気づき、これを霞ヶ関に報告する海軍軍人が再び現われたのは、昭和十五年はじめになってだ。前年十二月、南アメリカのラプラタ沖でドイツの小型戦艦グラフシュペーが四隻の英国巡洋艦と砲撃戦をおこなった。脱出できないと知って最後にグラフシュペーは自沈した。写真雑誌にラプラタ河口の波間に顔をだすドイツ小型戦艦の残骸の写真が載った。アンテナは檣楼の測距塔の上部前面にとりつけてあった。

　あとになって、そのドイツ戦艦は射撃開始後五分で英巡洋艦を戦闘不能に陥れたということを知り、グラフシュペーは対水上射撃用の電波兵器を備えていたのではないかと考えた海軍軍人がいた。実際には、それは見張り用の電波兵器であり、そのときそのような兵器を装備していたのはグラフシュペーとケーニヒスベルクの二隻だけだった。その兵器はディーゼル主機械の振動のために、故障することが多く、信頼性はまだまだ低かった。

　同じ昭和十五年はじめのことだ。ロンドンに駐在していた陸軍軍人の佐竹金次はイングランドの南海岸を旅行して、奇妙なものを見た。格子状の百メートルに近いアンテナ塔が立っている。フランスの海岸からでも、双眼鏡ではっきり見える無線塔である(2)。こんな巨大なアンテナ塔が英国海峡からドーバー海峡までの海岸にいくつも立っていることをかれは知り、これはなんだろうと思った。そしてアンテナの近くの部落の人びととの話を聞くことができたなら、その高いマストから電波がでて、飛んでくる飛行機のエンジンをとめることができるといった話をだれもが語っているのを知って、佐竹は英国が強力電波の開発に成功したのかとびっくりしたにちがいない。

　海軍が強力電波の研究をしていることは、このさきで述べねばならないが、陸軍も同じ研究をやってきた。電波で飛行機のエンジンをとめるとか、人を殺すといった研究を登戸研究所でおこなってきていた。フ号兵器、マルフ爆弾の開発をおこなったのが登戸研究所であることは前の巻で述べた(3)。

ところで、佐竹が気づいたもうひとつのことは、ロンドンの町を歩いて、空を向いた高射砲の砲身を見ることがあっても、同じように空を向いている大きなラッパを見ることがなかったことだ。四本ラッパの聴音機はすでに倉庫に入れられ、電波探知機を使うようになっているのだとかれは思った。かれはこのことを陸軍省に報告した。

強力電波を除き、ここで電波兵器がいくつもの呼び方で呼ばれてきていることについて触れておこう。一般には電波探知機と呼んでいる。電探である。海軍は電波探信儀と呼んできた。見張り用の電波探信儀、射撃用の電波探信儀である。だが、昭和十五年にはまだこうした名称はなく、当然ながら本体もなかった。陸軍は見張り用のものを電波警戒機と呼び、測的用を電波標定機と呼んできた。

英国はラジオロケーターの名前で呼んできた。ドイツとの戦争がはじまる前のことになるが、英空軍省が設立した電波兵器研究機関の名称がラジオロケーション・センターだった。アメリカでは、陸軍がラジオ・ポイント・ファインダーと呼んだ。海軍はラジオ・ディテクション・アンド・レイジングと呼び、頭文字をとってレーダーの略称で呼ぶようになり、この呼び名がいつか一般的となっている。

さて、佐竹金次は気づいていたのかどうか、その年の八月から九月、英国がドイツ空軍の攻撃を乗り切ることができたのは、このあと語らねばならないが、かれが見たアンテナ塔のおかげだった。

そして翌年、昭和十六年の二月のことになるが、これもロンドンに駐在していた海軍の造兵監督官の浜崎諒造が英国の戦艦キングジョージ五世の写真を東京の艦政本部に送った(4)。かれが自分で撮った写真ではない。アメリカの写真週刊誌が載せた写真である。軍艦の檣楼の測距儀の上にアンテナが装備されていた。

じつはその写真を撮ったのは写真週刊誌「ライフ」のカメラマンであり、その戦艦がニューヨーク港に入ったときに撮ったのである。では、アメリカに駐在する海軍武官や補佐官はこのアンテナに気づいていたのか。

浜崎諒造が写真週刊誌の写真に注目してから一カ月のち、昭和十六年三月二十八日の深夜だった。ギリシャの南端、マタパン岬の沖で、イタリアの戦隊と英国の戦隊が鉢合わせした。英国側は三隻の戦艦と空母一隻、駆逐艦三隻だった。イタリア側は戦艦一隻と巡洋艦三隻と駆逐艦四隻だった。

闇のなかで、英国戦隊は自分たちの針路のすぐ近くを横切ろうとするイタリアの軍艦を見つけた。英国の軍艦は電波による探知装置を装備していたからだ。つづいて探照灯の光束はイタリアの戦隊を捉えた。間髪を入れず、英戦艦三隻は砲門を開いた。電波探知機を持たないイタリアの戦艦、巡洋艦の艦長や砲術長はなんのことか訳がわからなかった。戦艦は逃げのびたが、三隻の巡洋艦と二隻の駆逐艦はたちまちのうちに沈められてしまった。

決戦となるべきものが、一方的な殺戮で終わった戦いから一週間足らずがたったあとのことになる。四月はじめのことだ。ワシントン駐在の海軍武官、横山一郎のところに、イタリアの海軍武官補佐官が訪ねてきた。

駐米武官について説明しておこう。海軍では最優秀の軍人をアメリカに派遣するのが決まりだった。山本五十六、ミッドウェー海戦で戦死した第二航空戦隊司令官の山口多聞が駐米武官だった。横鎮長官、駐米大使だった野村吉三郎、軍令部総長だった永野修身、横鎮長官だった長谷川清がいずれも駐米武官だった。もちろん、横山一郎も有能である。かれは昭和十八年十月から海軍省副官であり、嶋田、米内の海軍大臣のもとで、沢本親雄、岡敬純《たかずみ》、井上成美《しげよし》といった次官に仕えてきている。

イタリアの海軍士官は横山に英国の科学雑誌を手渡した。そのなかに、「飛行機に向けてある種の電波を発射し、その反射電波を捕捉すれば、肉眼で見えなくても、その飛行機の所在を探知できる」という原理が掲載されていると教えてくれた。そしてかれはイタリアの重巡戦隊が英国の戦艦戦隊に突如包囲攻撃され、全滅してしまったことを告げ、このような装置を英国軍艦は装備しているのではないかと語った。

横山はマタパン沖の海戦についてはイタリアと英国のそれぞれが都合よく書き並べた

公式発表を知るだけであり、実際にはイタリア側が大敗したことを知らず、電波探知装置を持った戦隊と持たない戦隊との海戦だとも知らなかったから、イタリアの武官補佐官のこの話にびっくりした。

ワシントンの海軍武官室には、留学生、監督官まで入れて三十人がいて、ニューヨークには軍需物資買付けのための十八人の監督官がいた。この大所帯を統轄し、第一の仮想敵国の情報収集の指揮をとっていた横山がこのときまでアメリカの軍艦に電波兵器がとりつけられていることを知らずにいた。それぱかりか、防空のため、水上艦艇捜索のため、あるいは潜水艦探知のために、アメリカが電波兵器の開発に懸命な努力をはじめたことを、かれは気がつかずにいた。

かれは電波専門の技術官をニューヨークから呼んだ。イタリアの武官補佐官から貰った技術雑誌を見せた。アメリカの軍艦もこの種の電波兵器を搭載しているのではないか、専用のアンテナを持っているにちがいないと技術官が言い、横山がうなずいた。

この技術官がアメリカの西海岸へ急行し、シアトル、サンフランシスコ、ロスアンジェルスの港に在泊する軍艦を調べて回った。戦艦、空母に特殊アンテナがついていることを知った。横山一郎はあわてて東京にこの事実を打電した。(5)

こうして霞ヶ関の海軍省と軍令部の幹部たちは、英国の軍艦にはじまり、ドイツの軍艦、そしてアメリカの軍艦に電波兵器がとりつけられていることを知った。だれもぼんやりした不安を抱くようになった。前年、昭和十五年八月にはじまったドイツ空軍の英本土爆撃が九月末にはずるずると下火になってしまったのは、ドイツの爆撃機と戦闘機の損害が大きかったからだと理解し、英国の防空戦闘機の活躍は電波兵器によるのではないかと考えた者もいたはずだった。

電波による探知で警報を与えるだけでなく、目標とする軍艦や飛行機までの距離をはっきりと計算することができれば、射撃指揮ができるようになると思い、四十キロメートルの距離をへだてて戦艦が主砲を激しく射ち合う戦いで、電波兵器が主役となる日がくるのかもしれないと想像し、このような新兵器の研究、開発を英国やアメリカはやっているのではないかと警戒する者もでてきたはずだ。

だが、霞ヶ関の赤煉瓦内で、これはたいへんなことになるぞと言い、目黒はなにをもたもたしているのだと大声をあげる者はいなかった。

東京目黒の高台に海軍技術研究所がある。艦政本部の外局である。電波兵器の研究開発の総指揮をとってきたのが、この研究所の電気研究部である。

海軍大臣、軍令部総長、そしてかれらの部下たちが電波兵器の開発の遅れにやきもきしなかったのはなぜなのか。電波探知機は数十キロさきの目標を瞬間的に捉えることができる。夜でも、霧があっても、大丈夫だ。こういった話はかれらにとって面白くなかった。電波探知機を利用すれば、充分な精度をもって射撃ができる。こういった話は愉快でなかった。そこでかれらは、会議の席上であれ、雑談のなかであれ、この新兵器の問題を避けて通り、真剣な注意を向けることをしなかった。面白くなく、愉快でなくて当然だった。

軍令部と連合艦隊は主力艦が昼間だけ戦うといった世界海軍の長いあいだの常識をくつがえすための努力をつづけてきていた。主力部隊は薄暮戦と夜戦の訓練をおこない、主砲の夜間射撃をおこなってきた。そして帝国海軍には、まさに海軍のシンボルといってよい優秀な測距儀と観測用望遠鏡と世界第一との自信を持つ見張り能力があった。艦橋に立った見張り員は晴天の夜であれば、大型双眼鏡によって二万メートルさきの軍艦を捉え、戦艦か、巡洋艦か識別できた。そして砲術学校の厳しい訓練の頂点に立つ国宝的存在の主砲射撃手がいた。さらには視界ゼロの闇夜のなかを突進する駆逐艦の必殺の魚雷攻撃があった。これら血と汗の永年にわたる知恵と努力の積み上げに水をさすようなことができるはずはなかった。日本海海戦の勝利にはじまって三十年のあいだに築き上げた海軍の態勢と指導方針に疑問をさしはさむようなことを言うのは、だれにもできないことだった。

では、海軍は電波兵器の研究、開発をしていなかったのか。やっていた。より優秀な電波兵器の開発に不可欠なマグネトロンをすでにつくりあげていた。日本での名称は磁電管である。目黒の電気研究部がやろうとしていたのは、このマグネトロンを利用し、強力電波をつくり、飛んでいる航空機の発動機の活動を妨害し、停止させようということだった。

このような新兵器を開発するのであれば、海軍の全機構、あるいはすでに完成している戦略、戦術を守っていこうとする人たちの不満や怒りを買うことはなかった。こうしたわけで、海軍中央機関内で電波による探知装置が必要だと説いていたのは、ごくわずかな士官だった。

ウルツブルグとコック・ドール

前に述べたドイツ軍事視察団のことに戻る。

陸軍、海軍はそれぞれ二十人の団員を選んだ。陸海軍ともに各部門の第一人者を揃えていたから、出発から帰国まで行動をともにしていたら、双方の団員は個人的に知り合い、共通する多くの問題を検討でき、相手を理解することもできたにちがいなかった。

ところが、陸軍の視察団は自分たちだけで出発した。かれらは昭和十六年の元旦をシベリアの車中ですごした。海軍側は特務艦浅香丸で横浜を出帆した。パナマ運河の防衛状況を調べるのだともっともらしい言い訳をした。昭和十六年一月十六日のことだ。リスボンに到着したのが二月二十日だった。

陸軍視察団の団長は山下奉文、海軍視察団の団長は野村直邦だった。ともに五十五歳、同じく中将、ともにドイツ駐在の経歴があるこの二人が率いる視察団は、それぞれドイツの軍首脳に挨拶し、祝宴にでて、ドイツ軍幹部から軍組織や作戦の説明を受け、軍機関、軍需工場を視察し、ドイツ空挺部隊が占領したベルギーの要塞からダンケルクの戦場を見て回った。

海軍の団員はロリアンにも行った。昭和十六年三月半ばのことだった。フランスのブルターニュ半島にある人口五万人足らずの港町である。二つの港があり、そのうちのひとつが潜水艦の作戦基地となっていた。Uボート艦隊司令長官デーニッツの宴会があって、そのあとUボート基地を見学した。やがてここが日本とドイツを結ぶただひとつの門戸となるのだが、もちろん、このときにそんなことを想像する者はいなかった。

工兵隊と一万五千人の労働者が働いているとのことで、基地の建設はつづいていた。コンクリートの掩体は七メートルの厚さがある。その上を四メートルの格子型のコンクリートで覆ってある。五百キロ爆弾はもちろんのこと、一トン爆弾でも平気だと聞かされた。

そしてその下にあるのが巨大な地下の工廠だった。潜水艦は入口から入り、運搬台に乗せられ、電動ウインチで引っ張りあげられ、地下工廠内の運搬車輛に移る。つぎに電気機関車によって工廠内の指定された場所へ横ばいで運ばれていく。完成すれば、十二隻の潜水艦の修理がいちどにできるのだと告げられた。兵員、工員の宿舎、病院、映画館も地下につくられ、冷房設備を備えているとの説明だった。

海軍の団員たちは感嘆しながら建設中の基地内を見て回り、潜水艦作戦によって英国を締めあげようとするドイツの決意は固いのだと思った。

海軍視察団が電波兵器の実物をはじめて見たのは、ロリアンの潜水艦基地を見学したあとのことだった。専門家だけということで、伊藤庸二ともう二人が行くことになった。

伊藤庸二について述べておこう。

かれは千葉県御宿《おんじゆく》町の生まれで、現在、四十四歳である。かれは東京帝大工学部電気科に入学したあと、海軍委託学生となった。大学を卒業して海軍中尉に任官したのは大正十三年だった。艦隊勤務を終えて、ドイツのドレスデン工科大学に留学した。帰国してかれは海軍技術研究所の電気研究部の技術官となり、たちまちのうちに担当分野の第一人者となった。かれはマグネトロンの研究開発を指揮し、つづいては強力電波の開発の先頭に立っていた。

伊藤庸二ら三人はロリアン郊外の百五ミリ口径の高射砲がいくつも見える基地へ連れて行かれた。海軍用語で言えば、対空射撃用の電波探信儀がここにあった。直径三メートルほどのパラボラ反射鏡が架台の上にのっていて、ぐるぐる回転している。電波の衝撃波を発射し、目標からはね返ってくる電波を捉える。真空管方式で使用波長は五十センチメートルだ。操作するのは二人だ。一人でもできる。電波が往復に費した時間を測り、反射物体の所在を確かめる。この対空射撃測距装置がウルツブルグCの略称で呼ばれるものだった。テレフンケン社の製造だった。
ルール工業地帯を守る高射砲陣地に置かれたウルツブルグはこの前年の五月、エッセン上空の濃い雲の上を安心しきって飛んでいた英国の爆撃機を撃墜してみせ、その評価を一挙に高めたのだった。⑥
伊藤庸二の見学時間はわずか三十分に制限されていたから、あれを尋ね、これを尋ねているあいだにたちまち終わってしまったのだが、伊藤にとっては驚くことばかりだった。⑦海軍にも、そして陸軍にも、射撃用の電波兵器をつくる技術力はなかった。ウルツブルグの技術を導入するしかないと伊藤は思った。だが、充分に見せることもしないウルツブルグの技術をはたして教えてくれるのだろうか。
伊藤の胸中にはもうひとつべつの不安がつきまとっていたはずだ。かれはドイツの電波技術の専門家と話し合った際、ドイツでは強力電波の研究をしているかと尋ねたはずであり、探りを入れたのであろう。というのも、強力電波の研究開発を優先順位の第一位に置き、科学者と技術者をこのプロジェクトに投入していた伊藤は、ドイツ側も当然ながら強力電波の開発をしていると思っていたからである。ところが、満足できる回答をもらうことができなかったのではないか。ドイツ側は勝敗を決定する強力電波の開発をおこなっていることを同盟国にも隠しているのだろうか。隠しているのではなく、ドイツは極超短波の研究を進めていないのかもしれない。もしそうだとするなら、どうしてだろうとかれは首をひねったのではなかったか。

なにはともあれ、いまは電波探知装置だった。伊藤はウルツブルグのことを団長の野村直邦に説明し、どうしてもこれを手に入れなければならないと説き、東京にも、ウルツブルグについての詳しい報告を送った。野村は直ちに伊藤を帰国させることにした。(8)

陸軍の視察団もドイツの電波兵器の実物をぜひとも見たいと思った。じつを言えば、陸軍の電波兵器の開発は海軍よりも進んでいた。陸軍は本土の防空の責任を負っていた。それ故に一刻も早く敵機を見つけなければならなかったから、電波による探知装置をつくるのに、大臣、総長以下だれもが積極的だった。

陸軍では見張り用の電波兵器を電波警戒機と呼んでいることは前に語ったが、昭和十五年にこれをつくりあげた。送信所を設け、そこから離れて受信所を置き、飛行機がこの二つを結ぶ線に近づくか、横切ったときにワンワンとの唸りによって感知することができた。陸軍の関係者はワンワン方式と呼び、(9)「空の鉄条網」と得意になった。

ところで、この「空の鉄条網」のきわめて大きな欠陥は、真上でしか敵を捉えることができず、敵飛行機を百キロメートルさき、二百キロメートルさきで発見できないということだった。この問題は、さらに改良すれば解決できるといったものではなく、技術的変更を必要としていた。

こうして陸軍もまたドイツからの技術援助を望んでいた。陸軍首脳が陸軍科学研究所で昭和十一年から電波兵器の開発の指導をしてきていた佐竹金次を視察団に加え、そのままかれをドイツ駐在官にすると決めていたのも、ドイツの助力を得るのに、専門家に折衝させたほうがいいと考えてのことだった。

陸軍視察団の求めに応じ、ドイツ空軍幹部はいくつもの基地や工場に案内してくれたが、電波兵器の生産工場や研究開発機関を見せてはくれなかった。オランダの海岸にある防衛隊から防空監視の状況の説明を聞いたことがあった。侵入した英機の脱出した航跡が英本土内まで記入してあるのを見て、陸軍視察団の一員が電波兵器の存在があってのことと理解し、質問してみた。説明者はなにも言わなかった[10]。

陸軍の視察団はベルリンに戻って、海軍視察団がロリアンで高射砲と連動する電波標定機を見学したと聞いて、うらやましがった。佐竹金次は、ドイツ側が日本の海軍に特別の好意を示したのは、海軍がシンガポール攻撃を決意してくれることを望んでいるからだと思った。

じつは軍事視察団より遅れて、三月末に外務大臣の松岡洋右がベルリンに来た。ヒトラーと外務大臣リッベントロップが松岡に向かって、シンガポールを攻撃せよと執拗に説いたということは、佐竹の耳にも入っていたのである。

実際にはシンガポールとはなんの関係もなかった。ドイツ語が達者で、ドイツに縁が深い伊藤庸二が強引に頼み込んで見せてもらったのであり、前に述べたとおり、三十分間の見学だった。そしてウルツブルグを譲渡して欲しいとの日本側の正式の申し入れにたいし、空軍総司令官のゲーリングはこれは最高機密兵器で外国には提供できないと素気なかった。高射砲部隊を握っていたのは空軍だったのである。

これが昭和十六年五月のことであったが、同じ月の末、視察団の団員をがっかりさせるもうひとつの出来事が起きた。ドイツの戦艦ビスマルクが英国海空軍に追跡され、それこそ英国艦隊のほぼ半分に追われて、撃沈されてしまった。水上艦艇によって大西洋を制圧しようとしたドイツ海軍の野心は瓦解した。

じつを言えば、野村視察団の団員たちよりも、霞ヶ関の幹部たちのほうがこのニュースにずっと驚いたようであった。

ベルリンの視察団からの報告によって、かれらはドイツと英国の電波兵器がすでに実戦に使われていることを知った。三月のマタパン海戦でイタリアの巡洋艦が電波兵器の利用によって沈められ、今回はドイツ戦艦の撃沈がこれまた英国側の電波兵器によるものではないかとかれらは推測し、はじめてこれはたいへんだと思った。

ほんとうはビスマルクの撃沈は戦いにつきものの偶然が英国側に味方したのであって、電波探知機が勝敗を決めたわけではなかった。だが、その海戦でドイツ、英国の双方の軍艦が電波探知機を使用していたのはまちがいのない事実であったし、ビスマルクを空から追う英国の飛行機も電波探知機を積んでいたのである。そして英国の巡洋艦が夜昼にわたってビスマルクを追跡し、見失いながら、また発見するといったことを繰り返し、三十三時間にわたってそのあとを追いつづけることができたのは、新型の水上探知機を使っていたからだった。

ビスマルクが撃沈されてから半月あとの昭和十六年六月十二日、軍令部第三部長の前田稔は英国大使館の武官、近藤泰一郎につぎのような指示を与えた。

「情報ニ依レバ英海軍ハ電波放射ニヨリ視界外相当遠距離ニアル潜水艦其ノ他艦艇　飛行機ノ方位　距離ヲ探知シ　作戦ニ資シアル如シ　右ニ関シ貴地ニ於ケル観測知ラサレ度《タシ》」(11)

前田稔がロンドンにこのような電報を打ってから一週間足らずあと、六月十八日のことだ。英国政府が電波兵器の存在をはじめて公表した。これを明らかにしたのは、閣僚のひとり、マックスウェル・ビーヴァブルックだった。チャーチル内閣が成立したのは前年五月だが、そのときに新設された航空機生産省の担当大臣となったのがかれだった。航空機の生産を大幅に増やしてみせ、大いに面目をほどこしたのだが、若いときには危ない橋を渡って大儲けをし、第一次大戦中には新聞を経営し、新聞王と呼ばれるようになった政治好きの金持ちだった。

英国では電波探知機のことをラジオロケーターと呼んでいることは前に述べたが、この名前をはじめてビーヴァブルックはマイクの前で喋った。そしてかれはラジオロケーターこそが英国を救った「コック・ドール」だと言った。

「コック・ドール」とはリムスキー・コルサコフの歌劇の題名である。そしてコック・ドールは王城の塔上高く見張りをする金の鶏だ。敵が近づけば、「警戒しろ、用心しろ」と城内の人びとに知らせる。

そしてビーヴァブルックは現在のコック・ドールの研究は一九三五年からはじまり、この開発に大きく貢献したのはロバート・ワトソン－ワットだと述べ、現在、この装置を操作する人員は数千人にのぼり、このさき一万人に達するだろうと語った。

前田稔は英国のラジオ放送のこの中身にびっくりしたにちがいない。秘密にしておけばいいものをなぜわざわざ発表したのだろう。陸海軍のほかの者たちも首をかしげ、こんな放送をしたのは、ドイツとの戦いに自信を持つからなのか、ラジオロケーターのこのさきの技術発展にこれまた自信を持っているからなのだろうかと考えることになったのであろう。どちらの推測もあまり面白くなかった。英国のこの新兵器のことは国民に隠しておいたほうがよいとかれらは思ったようであった。新聞はラジオロケーターが英国を救ったという話を載せなかった。

そのラジオ放送から四日あとのことになる。三百万のドイツ軍はソ連国境を越えた。ヒトラーのこの新しい戦争と英国の航空機生産担当相が語ったラジオロケーターの勝利宣言とのあいだには密接な繋がりがあったのだが、この繋がりに気づいた者は、霞ヶ関の赤煉瓦内にも、陸軍省、参謀本部にも、外務省にもひとりとしていなかったのであろう。

ヒトラーはつぎのように考えたのである。ソ連を敗北させてしまえば、日本の敵はアメリカ一国となる。したがって、アメリカにとって日本はより大きな脅威となる。そこでアメリカによるイギリス支援を未然に防止できる。こうしてイギリスの立場は絶望的なものとなる⑫。

ヒトラーがこんなもってまわった理屈を考えだしたのは、英国海峡横断作戦を断念したことが理由だった。英国侵攻を思いとどまったのはなぜだったのか。ドイツ空軍が英国空軍を制圧することができず、上陸作戦の邪魔になる英国海軍を排除できなかったからだ。そこでビーヴァブルックの語った英国を救ったというラジオロケーターの話と繋がる。

もちろん、英国政府主要閣僚のビーヴァブルックはドイツ軍のソ連攻撃が数日のちに迫っていることを知っていたのである。ついでに言えば、チャーチルやビーヴァブルックが独ソ開戦の不可避であることを最終的に確認したのは、これまた日本の外交電報を盗んでのことだった。ベルリン駐在大使の大島浩はドイツ外相リッベントロップが明かした内容を東京の松岡外相に告げていた。この六月四日と五日付の電報を英国側はすべて解読していたのである。

昭和十五年八月から九月、英国の防空戦闘機が英本土上空の戦いで勝利を収めることができたのは、張りめぐらしたラジオロケーターの情報を中央指揮所で分析し、侵入するドイツ爆撃機と戦闘機を望むとおりの迎撃位置で待ち伏せすることができたからだった。

だが、ドイツ空軍が、零戦のような航続距離の長い戦闘機を持っていたら、英国側のラジオロケーターがどれだけ頑張ったところで、たいした役には立たなかったはずである。しかもその爆撃機が数秒の斉射で破壊される脆い機体に加え、防禦火力が弱く、爆弾積載量が少なく、航続距離が短いために、むざむざラジオロケーターに名をなさしめることになったのだった。

ところで英国政府内の「コック・ドール」について詳しく知る幹部たちは電波兵器の勝利をもう少し自慢したいようであった。英国の科学雑誌「ネイチャー」は六月二十八日号の巻頭に二ページの文章を載せた。

星占い師が持っていたコック・ドールが敵の来襲を告げるといった歌劇「コック・ドール」を再び長々と引用し、つづいては現代のコック・ドールをつくった星占い師はロバート・ワトソン＝ワットなのだと重ねて述べた。

しかし、歌劇のなかの金の鶏は敵の来襲を知らせる役目をしっかり果たすことなく、最終幕では王に襲いかかり、突き殺してしまうのだから、電波探知機成功の話の比喩にはならないのだが、この執筆者はけっこう面白がって好き勝手に筆をとばし、結末には科学は破壊的であると同時に建設的なものだと説き、平和の建設と維持の仕事があるのだと述べ、これを読んだ日本の研究者たちをびっくりさせたのである。

ビーヴァブルックと「ネイチャー」の文章はともにワトソン-ワットを称讃したのだが、かれについてここで述べておかねばならないのは、「ネイチャー」の文章の筆者と「新聞王」が語らなかったことである。

目黒の海軍技術研究所がマグネトロンを開発して、研究をつづけていたのが強力電波であることは前に述べた。このさき記さねばならないが、現在も、技術研究所の島田分室に多くの科学者、技術者を集め、この研究をつづけてきている。

英国の電波研究試験所に勤務するワトソン-ワットが最初に求められたのは、この強力電波の開発が可能かどうかを調べることだった。まったく不可能だとワトソン-ワットは結論をだした。ところが、これだけの回答で終わったのでは面白くないとかれは思った。電波による破壊ではなく、電波による探知ができそうだとかれは考えた。これが一九三五年一月のことだった。二月にかれは電波によって飛行機の探知ができると述べた報告書をだし、距離、方位、高度の測定もできるし、敵味方の飛行機の識別もできると主張した。そしてその年の六月には二十七キロさきの飛行機を探知する装置をつくりあげてみせた⑬。

そしてそれから六年あとのことになるわけだが、軍令部第三部長前田稔の電報を受け取り、ロンドンの日本大使館武官室の仲野好雄はウエストエンドの西にひろがるハイドパークを散策することになった。日比谷公園の十倍に近い大公園であり、西側のケンジントン・ガーデンズに接する一角に高射砲陣地がある。首相チャーチルの娘のメアリーがここに勤務していることは前の巻で述べたが、このときは彼女はまだ入隊していなかった。仲野はアンテナを張った機械を搭載した車輌が何台も並んでいるのを見つけた。その機械がゆっくり回転している。あれがラジオロケーターだと見当がついた。新緑を楽しむふりをして、空中線の構造をしっかりと頭に入れた。電報では、図を入れることができないから、文字で説明しなければならず、六月半ばから七月末までに、電報を何回も軍令部に送った⑭。

東京では、軍令部、海軍省、艦政本部、技術研究所の幹部たちが集まった。伊藤庸二の帰国を待たず、この英国のラジオロケーターをそっくり真似てつくろうということになった。基礎実験からはじめる余裕はなかった。電報で説明してきたとおりのものを試作し、作動させてみようということになった。できる限り早くつくりあげよと命令がでた。目黒の電気研究部内は緊張に包まれた。昭和十六年八月二日のことだった。百十万円の予算を計上し、横須賀鎮守府麾下の艦船、飛行機、工廠が全面的に協力することが決まった[15]。

ここで余計な話、エピソードをつけ加えるなら、英国の電波探知装置と同じものをつくろうとするのであれば、ほんとうはハイドパークでラジオロケーターを盗み見たりするようなことはしなくてもよかったのである。

伊藤庸二がその同じラジオロケーターを充分な時間をかけて調べることができたのだし、自分の手で実際に操作することもでき、このさき触れることにもなろうが、日本の輸送船にはできなくても、ドイツの輸送船に頼めば、日本にこれを送ってもらうことだってできたのである。

こういうことだった。フランスは、英国やドイツとちがい、イタリアと同じ、日本と同じといってもよかったのだが、電波兵器の開発に人材と資金を投じなかった。英国の電波兵器の有効性を知って、これまた日本と同じように、あわてて研究開発をはじめた。だが、急の間に合うはずもなく、英国からラジオロケーターを供与してもらうことにした。

ブーローニュの海岸にこれを置いた。ブーローニュはドーヴァー海峡に面したフランス第一の漁港であり、このときフランスへ派遣されていた英国の十三個の歩兵師団のための補給港となっていた。ドイツ空軍の爆撃に備えて、ここにラジオロケーターを配備したのだが、昭和十五年五月にドイツ軍に捕獲されてしまった。

ところで、ドイツ軍は英国の電波兵器をばかにし、技術陣はこんな幼稚なものと鼻で笑い、仔細に検討しようとしなかった[16]。そこでゲーリングは野村直邦に向かって、ウルツブルグはだめだが、英国の電波探知機を見たいならどうぞ、欲しかったら贈呈しようと言うことを忘れてしまったのである。

電波兵器の装備に懸命なアメリカ

さて、日本の陸海軍がドイツにウルツブルグの譲渡を求めて、断わられ、英国政府がコック・ドールを自慢してみせ、海軍がハイドパークで盗み見たコック・ドールを真似て探知装置をつくろうとしたのは、昭和十六年五月から八月までのことになるが、いったい、アメリカの電波兵器の開発、装備の進捗はどんな具合だったのか。

昭和十三年末に巡洋艦ニューヨークが電波探知機を搭載して、各種のテストを開始したことはすでに述べた。ラジオ、そしてテレビの生産に進出しようとしていたＲＣＡが開発した装置だった。だが、その後の研究開発は遅々たるものだった。

テスト開始から一年半がたった昭和十五年七月のことになる。ワシントン駐在の英国大使のロシァンはチャーチルの指示に従い、ルーズベルトに会い、電波兵器を中心とする秘密軍事技術情報を提供したいと申し入れた。そして秘密保持のために、二、三人の将校と科学者からなる少数の使節団をアメリカに派遣すると約束した。

八月に使節団はアメリカに到着した。団長はヘンリー・ティザードである。飛行機探知のためのシステムをつくれとのワトソン－ワットの提案を引き継ぎ、英本土海岸に飛行機探知網をつくりあげた最高責任者がティザードだった。

同じ月、ニューヨーク州北部のオンタリオ湖畔のウォータータウンにある演習場で電波探知機を使っての演習がおこなわれた。この演習に英国の軍人、専門家のアドバイザーが参加したのであろう。探知装置が侵入機の接近を告げ、防空戦闘機が会敵するために飛び立ち、侵入機に襲いかかった。成績は上々だった。探知装置なしに同じ戦いをするためには、十六倍の数の防空戦闘機が必要となるという結論となった。

アメリカ陸海軍の幹部は新しい兵器によって戦いは新しい時代に入ったとの実感を持った。電波兵器の開発に熱が入るようになった。

前に見たとおり、ドイツの技術者はフランスで捕獲した英国のラジオロケーターをつまらないものとばかにしたが、実際には電波兵器のすべての分野で英国はドイツよりずっと優勢だった。性能を高めるために、また新しい利用方法を求めて、つぎつぎと新しい電波兵器の開発設計をおこない、その展望に自信を持っていたからこそ、英国政府は自分のところのコック・ドールを自慢してみせたのである。

べつの話をすれば、英国側はまだひた隠しに隠している秘密がもうひとつあった。英本土上空の攻防戦で英空軍が勝利を収めたのは、たしかに電波兵器によったのだが、これだけではなく、ドイツ空軍の作戦命令をすべて解読していたからなのである。そして、英国とアメリカは暗号解読の部門でも協力することになるのだが、それはさておき、英国はアメリカとコック・ドールについての情報交換、技術交流をつづけることになった。

はじめからもう一度見よう。

百キロメートル、二百キロメートルさきの敵の飛行機を見つける探知装置をまずつくりあげた。観測者が一方向だけでなく、あらゆる方向を一目で見ることができるような装置はできないものかとの研究がはじまった。目標までの距離と方向をもっと精密に測ることのできる装置の開発を進めた。精度が向上すれば、射撃と連動する装置をつくることができる。

味方の飛行機に特別の応答機をとりつけ、反射波に一定の変形が起きるようにして、スクリーンを見ている観測者が敵味方機の判別ができるようにもした。

水上艦艇は接近してくる航空機を探知するだけでなく、近づく水上艦艇を探知しなければならない。そこでべつの探知装置が必要となり、このための研究をおこなった。

水上艦艇にとりつける射撃用の電波探知機は、荒海の揺れに備え、ジャイロスコープによって安定させた吊り台にのせることを考えねばならなかった。

小さな哨戒艇に探知装置を搭載するためには、装置の小型化が不可欠だった。さらに小型化し、軽量にして、戦闘機にも搭載できるようにしなければならなかった。飛行機に搭載した場合、温度、気圧、湿度の急変に備えねばならず、気密容器に入れるといった研究も進めねばならなかった。

目標を正確に捉え、低空で近づく飛行機を見つけだし、潜水艦の潜望鏡のような小さなものを検出するためには、短い波長、センチメートル波を使わねばならないことは、科学者のだれもが承知していた。ところが、メートル波の探知機をつくるのは易しいが、センチメートル波となると難しい。出力は小さく、能率は悪く、調整は難しく、実験室内で発生させることはできても、これを実用化するとなれば難問の続出だった。まったく新しい技術を必要とした。

英国がアメリカに電波兵器の使節団を送り、両国が技術提携をすることになったことは前に述べたが、十センチ波長、出力一キロワットのマグネトロンの試作品をこのときに英国はアメリカに渡し、大量生産の工程の開発を求めもした。

電波探知機を小型化するといえば、探知装置を砲弾のなかに内蔵させることはできないかといった研究もはじまった。信管自体から電波を放射し、目標にもっとも接近したときに、この反射波を感知し、砲弾を炸裂させる。このために信管のなかに無線の送受信機を組み込むというアイデアだった。命中率は十倍に高まる。だれもこれが成功したときのことを思い描いて、興奮を抑えきれなかった。英国の研究者が試みてなかなかうまくいかず、アメリカが交代してやることになった。

また飛行機用の探知装置のスコープ上に白黒の差が現われ、海岸線、山、家屋の建て込んだ町が大雑把な像になって現われることから、研究、開発をすすめて、前方と下方をはっきり見ることができるような装置をつくろうという研究もはじまった。

そしてこのような新しい電波兵器のいくつかを実戦に使うようになった英国は、その戦訓をすべてアメリカに教えた。アメリカ側では、血の代価を支払ったこれらの報告書をほうっておかなかった。各地の司令官や幕僚たちがこれを読んだ。この新兵器がいままでの戦闘方式、戦術を変えることになるとかれらは理解するようになった。

英国はまた、アメリカの要請に答え、電波探知機をアメリカに供給することになった。英国から送ったが、カナダからも送った。英国はすでにカナダのモントリオールの工場で電波探知機の生産をはじめていた。ＲＣＡやＧＥといったアメリカの大電機会社の生産ラインが動きだすまでのあいだ、英国から供与された電波探知機を利用して、下級士官や兵士たちは新兵器の取り扱いを覚えることになった。

アメリカの前進基地の司令官たちは、いずれもこの新兵器のすばらしい能力にいっぺんに惚れ込んだ。ウォータータウンの実験から八カ月あと、一九四一年だから昭和十六年三月のことになるが、ハワイ陸軍管区司令官のウォルター・Ｃ・ショートは参謀総長のマーシャルに宛ててつぎのように知らせた。聴音機に頼るかぎり、八キロメートルさきの飛行機を捉えるだけだったのが、電波探知機の設置によって、いまや二百五十キロメートルさきの飛行機を捉えることができる。

そしてショートはつぎのような計算を書き加えた。飛行機が一分間に六千メートルを飛ぶのなら、聴音機では一分ちょっとの余裕しかないのに、電波探知機があれば、三十分以上の時間的余裕を生みだすことができる。

ショートはまたマーシャルに内務長官を説得してくれと要請した。こういうことだ。真珠湾から真っ直ぐ西、七キロから八キロのところにあるヘレアカラ山の頂上に探知機を置きたいとショートは望んだ。この山は海岸からすぐ近くにあり、五百七十五メートルの高さがある。ここに探知機を設置すれば、オアフ島の西から南の空に警戒網を張ることができる。ところが、ヘレアカラ山は国立公園のなかにあるから、電波探知機の固定基地を設置するためには、内務長官の許可が必要であり、細目計画を国立公園当局に提示することからはじめなければならなかったのである⑰。

同じようにオアフ島に司令部を置く太平洋艦隊司令長官のハズバンド・E・キンメルもこの新兵器が気に入った。連合艦隊司令長官の山本五十六より二歳年上、そのとき五十八歳だった。仕事熱心で有能な提督だった。

ショートがヘレアカラ山に電波探知装置を設置したいと参謀総長に要請してから三カ月あとの五月末のことになるが、キンメルは海軍作戦部長のスタークに宛て、電波探知機はまだ少ししかないが、きわめて優れた成果をあげていると報告し、太平洋艦隊のすべての艦艇が一日も早く電波探知機を搭載できるようにして欲しいと訴えた。

そしてこれから二カ月あとの八月中旬には、キンメルは電波探知機の供給はハワイを優先順位第一位にしてもらいたいと申し入れ、英国の海軍が持っている敵味方識別通信装置が欲しいと述べ、この装置がなければ、飛行機の敵味方を区別できない、ぜひとも必要だと主張した。

またキンメルは配布された英国の戦訓の報告書から、英国の飛行機が対水上艦船用の電波探知装置を搭載し、夜間に浮上している潜水艦を捕捉していることを知った。この対水上艦船探知装置を一刻も早く欲しいとかれは言った(18)。

英国で開発されたばかりのこの探知機はＡＳＶの略号で呼ばれていた。ＡＳＶは複葉羽布張りのソードフィッシュに搭載された。大西洋と地中海では、ドイツ機の来襲はなかったから、半世紀前のライト兄弟時代の飛行機と大差のないこの旧式機で充分間に合った。

暗闇の海上を飛ぶこのソードフィッシュは浮上している潜水艦を探し求めた。ＡＳＶによる触接反応があれば、つぎに探照灯を照射する。そして潜水艦を見つければ、爆雷を投下したのである。

キンメルのこの要請から一週間あと、八月十九日、海軍作戦部長はかれのいくつかの催促に返事をだし、つぎのように述べた。

敵味方識別通信装置はできるだけ速やかにすべての飛行機にとりつけることを計画している。最初の百基を現在供給中である。さらに英国に三百五十六基を要求し、そのうち五十六基を大西洋艦隊に供給することにしている。

潜水艦用の対水上艦船探知機はすでに発注した。一九四二年一月ごろには供給できる予定である。この装置は、浮上した潜水艦の夜間の攻撃用に設計されており、目標が主力艦の場合には、九千メートルの距離からその方位と距離を正確に測定できる。

哨戒機のすべてにASVを装備することにしている。この計画を促進するため、英国とカナダに発注することにした。カナダ製のASVは、一九四一年十月以降、最初は一カ月に百基だが、つづいては三百基の調達が期待できる。

太平洋艦隊司令長官に海軍作戦部長はこのように書き送った。

見てきたとおり、昭和十六年、アメリカの太平洋艦隊司令長官や陸軍の司令官は、オアフ島の海岸の突端の台地に、あるいは飛行機の機上に、そして水上艦艇、潜水艦に電波探知機を設置することに一所懸命だった。そして十月から十一月、日本との戦いがいよいよ間近に迫ったとかれらが思うようになって、電波兵器を早く送って欲しいとワシントンにいっそうの催促をするようになった。

ところが、日本ではまるっきり逆だった。軍令部次長や連合艦隊司令長官や参謀長がアメリカと戦うことを決意した十月から十一月、防空用の電波探知装置のことを口にしなくなった。飛行機や潜水艦に搭載する電波探知機のことなど忘れたふりをするようになった。陸軍側もまったく同じだった。参謀本部第一部長や南方軍総司令官は電波兵器のことをきれいさっぱり忘れてしまった。

悪戦苦闘をつづける人造石油工場

ところで、同じ昭和十六年十月から十一月、軍令部総長から陸軍大臣、そしてかれらの部下たちのすべてがこれまたきれいに忘れてしまったもうひとつの計画があった。人造石油の開発と製造の計画である。

電波兵器の装備開発にドイツの援助を必要としたように、人造石油の生産にもドイツの助力が必要だった。

人造石油の開発をはじめから見ることにしよう。

航空機と自動車は液体燃料を必要としている。石油が不可欠だ。石油資源を持たないドイツは、石油の供給が断たれる事態に備え、安価で、大量にある石炭から人造石油をつくろうとした。

石炭と石油は親類である。双方とも炭素と水素が結合している。そのちがいは炭素と水素の比率である。石炭は炭素が十に対し、水素が八から九だが、石油では水素が十八となる。そこで石炭を石油に変えるには、水素を加えるか、炭素を抜くか、原子に分解し、組み直すといった三つの方法がある。

水素を加えるのが水素添加法であり、炭素を抜くのが乾溜法、原子を分解し、組み直すのが合成法である。これらはいずれもドイツで開発された技術だった。ドイツと同様、石油を外国からの輸入に頼らねばならない日本は、ドイツの技術を導入して、人造石油をつくろうとした。

これら三つの方法のなかで、乾溜法はそれほど面倒ではなかった。硫安工場や製鉄所が昭和七年から十一年にかけて低温乾溜工場を設置した。

日本窒素の子会社、朝鮮窒素の永安にある硫安工場が、硫安製造用のガスの原料となるコートライトを生産しようとして、ドイツからルルギ式と呼ばれる低温乾溜装置の特許を買い入れたのが最初だった。原料炭一日処理量百五十トンのルルギ式乾溜炉二基を建設して、コートライトを生産した。ほかに低温タールを得た。この低温タールを蒸溜して、軽油と重油をとったのである。

また日本製鉄の輪西《わにし》製作所では、昭和十一年に低温乾溜設備を完成して、コートライトをつくり、その副産物回収のために低温タール工場とガソリン工場を完成して、操業を開始した。

だが、乾溜法は液化収率が低く、投入石炭量の一割以下にとどまるから、採算は合わないし、無駄が多すぎる。本格的に人造石油を生産しようとすれば、水素添加法に頼らねばならなかった。

ドイツのＩＧ《イーゲー》ファルベンが水素添加法による石炭液化の企業化に取組むと発表したのは大正十年のことだった。

ＩＧファルベンは、ドイツ一位であるのはもちろん、世界第一の化学工業会社である。染料、窒素肥料、化繊を生産してきたＩＧは、中部ドイツのライプチヒに近いロイナに水素添加法の工場を建設した。だが、人造石油の生産はなかなか思うようにいかなかった。ＩＧのべつの工場で実験運転が成功したとか、ほかの会社の液化工場で工業生産をはじめたとか、このたぐいのニュースがでては消えた。昭和八年になって、とうとうロイナ工場はガソリンを生産できるようになった。いわゆるＩＧ法と呼ばれる水素添加方式による石炭液化の成功である。

日本では、大正末、昭和のはじめから、企業、大学の二十を超す研究所が水素添加法による石炭液化の実験をはじめていた。そして研究者と技術者はロイナ工場を見学することになった。

ところで、水素添加法の一般的な工程だが、まず石炭を粉砕する。溶剤で溶かし、どろどろのスラリーにする。これを水素ガスとともに反応筒に送り、四百度以上の高温、二百気圧までに加圧し、触媒を使い、液化反応を起こさせる。できた液化油を精製して、軽質油と重質油に分溜する。

水素添加法のプロセスは簡単である。だが、その工業化は難しかった。オートクレーブでの実験に成功しても、連続装置の実験になるとさっぱりうまくいかなかった。理化学研究所、燃料研究所、三菱鉱業、三井鉱山、満鉄の研究者はドイツからの情報や文献を頼りに連続装置を組み立て、悪戦苦闘をつづけていた。

このようなとき、海軍の徳山燃料廠が自分のところの液化技術が実用段階に達したと発表した。そして各企業の技術者、各大学の研究者を集め、連続添化実験を公開してみせた。この工業化試験は成功したということになり、このあと海軍法と呼ばれることになった。そして石炭液化の研究開発を積極的におこなってきた日本窒素と満鉄にたいして、この方式による工場の建設を求めた。

昭和十一年に朝鮮窒素が朝鮮北端の阿吾地に工場をつくることになった。これについては前に詳しく述べたことがある[19]。満鉄は撫順に工場を建設することにした。

そこでもうひとつ、合成法による人造石油の生産はどうなっていたのか。

合成法はドイツのカイゼルウィルヘルム研究所のフィッシャーという研究者がつくったことから、フィッシャー法と呼ばれる。工業化までに十年がかかり、昭和十年に試験運転をはじめた。三井物産のベルリン駐在員がこれを知り、本社に告げた。

三井高修《たかなが》がこの技術に惚れ込んだ。かれは三井十一家のなかで五番目に高い格式の家の当主である。かれはアメリカのボストン大学を卒業し、ずっと三井鉱山の重役であり、三井化学工業の会長である。現在、五十三歳になる。

三井のほかの幹部たちはこの人造石油業への進出が三井の防壁になると思った。この時局に傍観的だ、国策に非協力的だと軍と右翼からの非難が三井に投げかけられ、昭和七年に三井合名理事長の団琢磨が右翼に殺された事件はなおだれもの記憶にあり、三井の首脳陣はひどく神経質になっていたのである。

昭和十一年二月に三井物産は特許を持つドイツのルーアヘミー社と特許権譲渡の契約を結んだ。そして三井鉱山が三池にフィッシャー方式による人造石油工場を建設することになった。

乾溜法、水素添加法、さらに合成法による石炭液化工場ができることになって、つづく昭和十二年一月、政府は人造石油事業振興計画を定めた。七年計画であり、日本と満洲の両国で、最終年の昭和十八年には、その年の石油の推定需要量の半分にあたる二百万キロリットルの人造石油を生産する予定だった。二百万キロリットルのうちの半分は水素添加法によって生産することにし、残りの百万キロリットルのうちの五十五万キロリットルを合成法で、四十五万キロリットルを乾溜法によって生産することにした。

そして昭和十三年一月には帝国燃料興業株式会社がつくられた。帝燃の略称で呼ばれることになる半官半民のこの特殊法人は、人造石油製造に取組む事業会社を保護、育成することを任務とし、七年計画の所要資金、およそ七億五千万円のうちの半分を出資することを定めた。

そして昭和十三年から十四年にかけて、石炭鉱業、石炭化学、石油、製鉄を本業とする会社が、何々人造石油、何々油化工業、何々液体燃料といった子会社をつぎつぎとつくることになった。これらの会社に帝燃は資本参加した。そしてこれら二十を超す会社はいずれも工場の建設にとりかかり、なんら技術的基礎を持たないまま、石炭液化に取組むことになった。ドイツからの技術導入があって、うまくいきそうなのは合成法の工場だった。

先発の三井鉱山は三池に試験工場を建設した。三井はルーアヘミー社との協定で、生産のノウハウと図面の提供、技術の指導を得ると定めていた。三井は数人の技師をドイツに送り、技術を習得させ、工場の建設、運転のためにドイツの技師を招いた。合成法の液化装置の中心となるのが、同じ大きさの、何十と並べる合成炉だった。三池では四十八台の合成炉を並べることにし、その半分をマンネスマンとミッテルドイツに注文した。残りをそっくり真似て国内の機械メーカーでつくらせることにした。

そして三井はルーアヘミー社と日本、満洲華北を適用地域とする包括的な権利譲渡契約を結んだことから、後発の各社の工場建設を助けることができるようになった。滝川、尼崎、満洲錦県で合成法による工場を建設する予定の北海道人造石油、尼崎人造石油、満洲合成燃料といった会社は、いずれも三井の目黒研究所と三池の試験工場に技術者を送った。そしてこれら工場が必要とする合成反応に必要な触媒はコバルトを主成分としたが、これはすべて三池工場内の触媒製造工場でつくることになった。

昭和十三年から十四年、早くも壁にぶつかることになったのは、水素添加式の工場を建設しようとした会社だった。

こういうことだった。

日本が人造石油工場の建設を大々的にはじめたと知り、しかも水素添加法による工場をつくろうとしているのを知って、これに注目したのはドイツのＩＧファルベンだった。前に見たとおり、ＩＧファルベンはロイナに水素添加法による石炭液化工場を完成し、液化油の生産をはじめていた。ＩＧは水添式のために投じた巨額な研究資金と設備投資を回収するチャンスと見た。日本の各社にロイナの水素添加技術を導入するようにともちかけ、特許を供与すると呼びかけた。

ところが、ＩＧファルベンの特許を買おうという会社はなかった。日本窒素や満鉄が徳山の海軍燃料廠が持つ水素添加法の関係特許と技術をもらっていることを知りながら、海軍に技術指導願いをだすことなく、貴重な外貨を使い、ばか高い外国の特許を取得するなど、売国的所業だと海軍幹部が怒るのを恐れたからだった。

そしていずれの会社にも資本参加している帝燃の存在があり、商工省燃料局には海軍軍人が主要ポストに坐っていたから、ドイツに特許を求めることを許しはしなかったし、製造する液化油は海軍に買ってもらわねばならなかったのだから、海軍に楯つくことははじめからできなかったのである。

ところで、小規模なプラントで短期間運転した徳山燃料廠の技術はまだ試験的段階にすぎなかった。それはこのあとで述べるとして、海軍式を採用しさえすれば、ドイツに依存しなくて済むというわけのものではなかった。

日本では反応筒をつくることができなかったからである。

反応筒は水素添加法による装置の心臓である。ばかでかい大きさで、これが何本も必要だ。ロイナ工場の反応筒は三十メートルの高さの防護壁が目隠しになって、外からは見えない。そのなかに入って、二十メートルほどの高さの反応筒がずらりと並んでいるのを見た日本人はいずれも息をのんだ。一本、二本と数えはじめ、十本ほど数えて分からなくなり、またはじめから数え直すことになった。

反応筒は二百気圧から二百五十気圧の高圧、四百度を超す高温に耐えねばならず、水素、タール酸に侵されないクロームモリブデン鋼でつくらねばならない。そして大型の反応筒をつくるには、一万トンの鍛錬機が必要である。

日本国内に一万トン以上の鍛錬機は二つしかない。呉の海軍工廠の一万五千トンの水圧鍛錬機と日本製鋼所室蘭製作所の一万トンの水圧鍛錬機である。もちろん、呉には鍛錬機はほかにいくつもあるが、八千トン、六千トン、四千トンといったもので、室蘭は四千トン、二千トンのものとなる。

室蘭の一万トンのプレスでつくったのが、理化学研究所の水素添加法の実験用の反応筒だった。阿吾地の反応筒をつくったのは呉の一万五千トンのプレスだった。ここで四十トンの反応筒をつくった。二本継ぎとした。撫順の反応筒をつくったのは、呉の海軍工廠と室蘭製作所のプレスだった。

ところで、呉海軍工廠が反応筒をつくったのは、海軍式を導入した二つの最初の実験工場へのご祝儀であって、つづいてつぎつぎとつくるつもりはなかったし、そんな余裕もなかった。その巨大な鍛錬機を使って、大砲の砲身をつくらねばならず、軍艦の側鋼板、そして航空魚雷をつくらねばならなかった。室蘭を頼りにしなければならなかったが、室蘭の大型鍛錬機一台ではどうにもならなかった。

大型プレスをつくらねばならなかった。だが、二千トン、三千トンのプレスをアメリカやドイツから輸入しなければならない有様なのだから、一万トンのプレスを国内でつくることはとうてい不可能だった。

商工省は住友金属工業に高圧反応筒の製作を求め、大型プレスを輸入するように要請した。住友はドイツから一万トン・プレスを購入することにした。ところが、昭和十四年九月にドイツと英仏間の戦いがはじまった。納期が大幅に遅れる見込みとなり、ドイツから買うことを断念した。アメリカのユナイテッド・エンジニアリング社から一万二千トンのプレスの主要部品を買い、国内で仕上げ、組立てることにした。

ドイツ製の一万トン・プレスと比べて、重量、容積ともに大きく、大阪市此花区島屋町の製鋼所内にこれを設置することができないことから、和歌山に新たに製鉄工場を建設することにした。これが昭和十五年一月のことだった。

水素添加法による人造石油をつくる計画の人造石油会社、油化工業会社ははじめから住友金属工業をあてにはしていなかった。ずっとさきになる和歌山製鉄所の完成を待つことはできなかった。

どの会社もドイツに反応筒の製造を求めた。日本ではつくりえない低炭素鋼をつくることができ、強大なプレスを持ち、反応筒をつくってきたのはクルップである。各社はクルップに反応筒を注文した。昭和十三年末には、総計八十基を超した。

ドイツ政府内で意見が分かれた。願ってもない外貨獲得のチャンスだという主張とドイツ国内の人造石油増産計画が一年ほど遅延してしまうからだめだという主張が衝突した。この揺れる天秤の一方に重みを投じたのがＩＧだった。ＩＧの首脳は経済計画の審議に大きな発言権を持っていた。そしてＩＧは日本の各社が自社の特許を買わなかったことに腹を立てていた。ＩＧはクルップが日本向けの反応筒をつくることに反対したのである。

日本側では、商工省、帝燃、そして各会社の幹部たちが、外交折衝によって打開を図るべきだ、ヒトラーに陳情すればどうにかなるといった議論をしていた。

アメリカに役員を派遣する会社もあった。宇部油化工業は宇部窒素工業と沖ノ山炭鉱、そして帝燃が出資してつくられた会社である。反応筒をクルップから購入できず、このような高圧筒をつくることのできるアメリカのメスタ社に発注した。

ほかの人造石油会社もメスタ社に注文をだした。航空用揮発油をつくるための高圧筒十一基の注文をクルップ社からメスタ社に切り替えた東亜燃料工業のような例もあった。注文が高圧筒では、禁輸リストに抵触する恐れがあったから、高圧筒の素材のインゴットでいいと東亜燃料側は言ったのである。

宇部油化工業はメスタ社から反応筒を買うことができず、低温乾溜による人造石油の製造に切り替えることになった。

挿話をひとつつけ加えておこう。

ドイツは日本のために反応筒をまったく製造しなかったわけではなかったようだ。ドイツと英仏との戦いが昭和十四年九月にはじまったあと、日本向けの反応筒を見て、いったい、これはなんだろうと思った日本人がいた。

日本郵船のロンドン支店に勤務することになった高瀬兼吉は昭和十四年七月に横浜から伏見丸に乗った。サイゴンで英国がドイツに開戦したことを知り、紅海に入ったときに、ナポリで下船し、ベルリンに行くようにとの指示を受け取った。昭和十五年一月にベルリンからゼノアへの転任を命じられた。英国がドイツからの積荷はすべて差し押えると宣言したことから、ドイツからの荷物は陸路イタリアに送り、ゼノアから船積みすることにしたからである。まだそのときにイタリアは参戦していなかった。

貨車から降ろされた工作機械や水銀整流機をはじめとする電気機械、鉄筒入りの水銀、ニトロセルローズが倉庫に積み込まれた。まるっきり見当のつかない「大形異形の裸物」は倉庫に入れることができなかったから、埠頭にそのまま置くことになった。直径一メートル、長さ十数メートル、重さ百トンほどのパイプだった[20]。

想像するなら、その反応筒は陸軍の息のかかる液化会社の注文だったのかもしれない。陸軍は海軍式の水素添加法の技術を採用する義務を持たなかったから、IGに技術の供与を求め、多額の技術料を反応筒の代価に上乗せして、反応筒の日本への輸出を認めさせたのかもしれなかった。

もちろん、一本や二本の反応筒ではどうにもならなかった。水素添加法による人造石油によって全石油需要量の四分の一をまかなうといった計画は破綻してしまった。それにしても、年産五万キロリットルの能力を持つことになるはずの先発の阿吾地の工場はどうなっていたのか。

昭和十四年のはじめから、試運転がはじまった。やることはすべて成功し、これまでに大きな苦杯をなめたことのない日本窒素の幹部たちは自信満々だった。ところが、さっぱりうまくいかなかった。石炭を使うことはせず、低温乾溜法でできた重質油を送り込んでの作業であったが、数時間、長くても一日もたず、温度が急上昇し、異常が起き、操業を中止せざるをえなくなった。内径二メートル、長さ十六メートルの大きな反応筒の蓋をあけると、内部はコークスの黒い塊で一杯になっているのだった。

石炭の分子構造といった学問は未発達で、触媒化学も進んでいなかった。試行錯誤を繰り返しながら、うまくいくまでやってみようというやり方であり、作業の途中で工夫改良を重ねていかねばならなかった。

責任者は宗像英二だった。故障が起きたら、必ず知らせよと部下に命じていた。電話がかかってくるとかれは飛びおきた。社宅から工場へ急いだ。反応筒の蓋をあけ、なかを点検するのは、二十メートルの屋上での仕事だった。冬の朝鮮北部の夜はマイナス二十五度まで下がる。そしていつも二十メートルを超す風が吹いている。辛いというより、命がけの作業だった[21]。

さまざまの工夫、改良も実らなかった。徳山の燃料廠が開発した触媒の塩化亜鉛を使っていてはだめだということになった。海軍には秘密で、小型のオートクレーブを使い、新しい触媒探しがはじまった。昭和十五年二月のことだった。

同じ昭和十五年の五月、大牟田の三池石油合成試験工場は試運転に入った。水素添加法による人造石油生産の見込みがたたなくなり、頼りは合成法、そして先発の三池となった。

ところが、あとからあとから問題が起きた。コバルト触媒を使うことになっていたが、これは硫黄にきわめて敏感である。ドイツで原料に使用されている石炭とちがい、三池炭は硫黄分が多い。そこで新たに脱硫装置をつくらねばならなくなった。

合成炉は四十炉で充分ということだったのが、炉数を五十六にしなければいけないということになった。そしてたいへんなことが起きた。日本で製作した合成炉は材質が悪く、工作に欠陥があったことから、熱に弱く、運転を開始して、ほとんどの合成炉の側板に亀裂が生じた。[22] こうしてすべてを取替えざるをえなくなった。昭和十六年一杯かかることになった。

水素添加法のもうひとつの先発工場、満鉄撫順石炭液化工場はどうだったのか。ここも悪戦苦闘をつづけていた。海軍と満鉄の研究を基礎につくられた工場は、昭和十六年一月から試運転に入ったが、設計変更と修理改造がつづき、連続して操業できるようになるのは、昭和十七年下半期になると予測されていた。

ドイツとの同盟に期待した人造石油計画だったが

ところで、ヨーロッパでドイツが圧勝し、フランスが降伏してしまって、日本が孤立した英国に外交圧力をかければ、アメリカは英国を支援し、日本に圧力をかけるようになった。昭和十五年七月から、アメリカは日本にたいして輸出規制をはじめた。工作機械、航空機の部品、高オクタン価ガソリン、航空機用ガソリンの製造機械と設計図、屑鉄といった具合に、輸出禁止品目をじりじりとひろげていった。

昭和十五年九月に日本はドイツ、イタリアと同盟を結んだ。

そして十二月、政府は人造石油の生産計画を大きく改訂した。昭和十二年につくった第一次計画は昭和十八年に二百万キロリットルを生産することを目標としていたことは前に記したが、第二次計画は昭和二十年までに四百万キロリットルを生産することにした。

昭和二十年の石油の総需要量を四百三十万キロリットルと見込み、このうちの三十万キロリットルは新潟、秋田、北樺太の油田から、残りのすべては人造石油でまかなうという計画だった。

水素添加法による人造石油の生産は、前に百万キロリットルだったのを百六十万キロリットルとした。合成法による人造石油は大幅に増産を予定した。第一次計画では五十万キロリットルだったのが、第二次計画では百四十万キロリットルとした。

水素添加法と合成法を合わせて三百万キロリットル、残りを乾溜法と撫順の頁岩油《けつがんゆ》を大増産し、百万キロリットルを生産するという計画だった。

第一次計画を定めた昭和十二年には、だれもが二百万キロリットルの人造石油を生産するのはさほど難しくないと思い、この新しい産業界には自信に満ちたムードがあった。ところが、それから三年がたって、同じ人びとがまったく元気を失ってしまっていた。なにもかもうまくいっていなかった。それなのに、どうしてこの威勢のいい第二次計画をつくったのか。昭和二十年までにどうやって四百万キロリットルを生産するのか。

じつは新しい希望があった。大きな希望だった。海軍、帝燃、そして人造石油、石炭油化の各社の幹部たちは、ドイツと結んだ同盟条約に期待を抱いた。同盟国ドイツからの親身な支援が望めるようになったからだ。

日本とドイツとのあいだの秘密交換文のなかで、ドイツ側は「自国ノ工業能力並ニ其ノ他ノ技術的物質的資源ヲ能ウ限リ日本ノ為ニ使用スベシ」と約束していた。

ＩＧファルベンから技術を導入し、クルップから反応筒と溶接棒を購入し、さらに高圧管弁類を買うことができれば、そして合成法の工場の触媒の問題について、ドイツの友人から貴重な知恵を借りることができれば、かならずやうまくいくと各社の幹部たちは思った。夢はふくらみ、三池と阿吾地が軌道に乗りさえすれば、つぎに滝川と吉林の工場が動きだす、そうなれば人造石油万々歳となるのだと帝燃や海軍省軍需局の責任者たちは思った。

説明をしよう。滝川は北海道人造石油の代表工場だった。合成法による石炭液化工場である。工場の建設を開始したのは昭和十四年六月だった。昭和十七年半ばには完成できるとみられていた。三池が年間三万キロリットルの液化油を生産する予定なのにたいし、二十三万キロリットルを生産する予定であり、一工場としては日本国内では最高となるはずだった。

日本だけでなく、満洲までを含めれば、一位は吉林人造石油だった。資本金にしてからが、ほかの油化工業会社や人造石油会社とは桁がちがった。日本窒素、満洲国政府、それに帝燃が参加して、二億円だった。二位の北海道人造石油が七千万円であって、ほかはどこも三千万円、二千万円だった。吉林の近くにある舒蘭炭田を日本窒素が買い入れ、これを原料炭にすることにしていた。阿吾地の責任者の宗像英二は最高責任者の工藤宏規から「早く阿吾地を完成して、吉林へ行くんだ」とはっぱをかけられていた。だれもが吉林こそが満洲のロイナになると期待していた。

昭和十五年末、人造石油業界の期待を背にして、帝燃理事の大島義満がドイツへ行った。

大島義満は東京帝大の名誉教授であり、人造石油研究の第一人者である。阿吾地工場を建設したときには、かれは多くの助言をした。阿吾地はもちろんのこと、九州から樺太までの石炭液化工場に、かれの教え子たちがいる。帝燃では技術担当の理事であり、現在、六十二歳だ。

さて、大島は反応筒を売ってくれとクルップと交渉した。ドイツ政府、ＩＧにたいしても、四百万キロリットル増産計画への協力を求めた。ところが、手応えはもうひとつ、曖昧な返事を聞くことになった[23]。つづいては陸海軍の軍事視察団が人造石油製造のための援助をドイツ政府に望むことになった。

そして外務大臣の松岡洋右が昭和十六年三月末にドイツを訪ねた。かれは人造石油には詳しかった。同じ内閣の海軍大臣の及川古志郎や商工大臣の豊田貞次郎よりも、ずっと詳しかった。昭和十一年から十四年まで満鉄の総裁だったかれは、やがては満鉄の柱のひとつになると期待されていた撫順石炭液化工場の建設の一部始終にかかわったからだ。ＩＧ式を採用せよと強硬に主張したのがかれだった。前にも述べたとおり、無駄な外貨を使うなと海軍が頑張りつづけ、結局は海軍式でやることになった。試運転にこぎつけたのが、かれがやめたあとの昭和十五年であり、そのあとうまくいっていないことは前に述べた。松岡はヒトラーやゲーリングに向かって、ＩＧとクルップの協力を得たいから、口添えを願うと言ったのではなかったか。

ところが、ＩＧファルベンからも、クルップからも、色よい返事はなかった。

どうしてだったのか。スタンダード石油が反対したからだったのかもしれない。

アメリカの巨大な石油会社、世界中のあらかたの国よりも大きな力を持っているこの帝国は、日本とドイツとのあいだの特許譲渡の問題に介入することができた。

こういうことだった。ＩＧファルベンがロイナに水素添加法による人造石油工場の建設をはじめたときだった。ＩＧファルベンはスタンダード石油と手を握った。資金ぐりに苦しむＩＧはスタンダード石油に資金援助を求め、スタンダード石油はＩＧの技術を手に入れようとしたのである。両社は秘密協定をいくつも結んだ。そしてスイスとの国境にある小国リヒテンシュタインに両社の共同出資による国際ハイドロジェネーション・パテント社をつくった。ＩＧファルベンの特許権をこの会社が持つことになった。(24)

水素添加法の技術もこの特許会社が持つことになり、のちにはフィッシャー法の特許も手に入れ、この会社にはもうひとつの石油帝国、シェルも加わることになった。そしてこの特許会社から特許権を買った企業にたいし、技術の供与、工場設計や工事の監督をおこなう子会社をつくった。ＩＨＥＣの略称で呼ばれるこのオランダのエンジニアリング会社が満鉄や三菱鉱業にＩＧ法による工場建設を勧めていたのである。

昭和十一年、十二年には、日本の企業がＩＧ法を買おうとして、スタンダード石油は反対はしなかった。前に見たとおり、ＩＧ法導入に反対したのは海軍だった。

昭和十三年になって、日本石油がＩＧの特許会社から航空揮発油の製造装置の特許を買おうとしたことがある。スタンダード石油の幹部がアメリカ国務省にお伺いをたてた。国務省首脳は首を横にふり、日本石油はこの技術の導入ができなかった。

同じときに小倉石油の子会社の東亜燃料工業が日本石油と同じように航空揮発油の製造技術をＩＧから購入しようとした。ところが、海軍が徳山燃料廠の技術を使えと主張し、小倉石油はＩＧの技術入手を断念したのだった。アメリカ国務省が横槍を入れることなしに終わったのである。

そして三国同盟を締結したあとのことになる。

起きなかったこと、起きたことの精確な経過はいつか研究者が明らかにするであろうが、現在でも充分に想像はつく。

スタンダード石油の首脳がＩＧ法の特許を日本に与えてよいかとアメリカ国務省の幹部に尋ねたはずだ。国務省政治顧問、東アジアの問題に大きな発言権を持つスタンレー・ホーンベックがだめだと言ったのであろう。この日本嫌いの男は、ゆっくり、ゆっくりと日本を締めあげていくことを楽しんでいたのである。

ところで、日本の人造石油の建設を助けるな、困らせておけと命じた人がもうひとりいたのではなかったか。ホーンベックは自分に相棒がいたことを知らなかったのかもしれない。かれの相棒はヒトラーである。前に述べたとおり、ヒトラーは英国との戦いに日本を巻き込みたいと願い、日本軍に是が非でもシンガポールを攻撃させたいと望んでいた。そのためには、日本を「貧シクシテ怨ミナキハ難《かた》シ」の状況に置いておかねばならなかった。

そして六月二十二日、ドイツはソ連との戦いをはじめた。たとえ反応筒をクルップで製造してもらうことができたとしても、その「大形異形の裸物」を運ぶすべがなくなった。

八月一日、アメリカ、英国、そしてオランダが日本にたいする石油の輸出を停止した。それから数日あと、八月三日か、四日のことであろう。商工省燃料局人造石油課長の榎本隆一郎は海軍大臣の及川古志郎に呼ばれた。かれはびっくりした。もちろん、大臣に直接呼ばれるなんてことははじめてだった。戻ってきて、しばらく考えた。海軍割当ての普通鋼材百万トンのうちの二十万トンを人造石油製造技術設備に投じるというのだから、大臣及川が尋常ならざる決意をしていることは、榎本にもよくわかった。脇村義太郎に来てもらうことにした。榎本は脇村につぎのように言った。海軍大臣から鋼材二十万トンを人造石油工業のためにだすから、緊急に人造石油生産の対策をたてよと指示されたが、どうしたらいいだろう。

榎本隆一郎と脇村義太郎について述べておこう。

榎本は海軍機関学校を卒業してから九州帝大の委託学生となり、燃料学を専攻した。大正末のことだった。それからずっと海軍の、そして日本の燃料政策にかかわってきた。現在は軍需省の石油局長である。四十九歳になる。

脇村義太郎は現在、四十四歳だ。かれは東京帝大の助教授であり、経済政策が専門である。

頭はいいし、勉強家だし、海運と石油に詳しいから、昭和十年に文部省留学生となって英国へ出発しようとしたときには、逓信省、商工省から嘱託になってくれと頼まれ、海軍省からも助言をしてくれと言われたものだった。

昭和十三年二月、かれは大内兵衛や美濃部亮吉、有沢広巳らとともに検挙された。労農派と呼ばれるマルクス主義のグループを支援したという嫌疑だったが、昨十九年九月に控訴院で無罪となった。それより前、昭和十四年にかれは保釈となっていたのだが、大学に戻ることができず、大島義満に誘われ、帝燃に就職した。外国の石油、人造石油の調査をすることになった。最初に命じられた仕事は、ドイツの人造石油生産が実際にどのくらいかを調べることだった。ＩＧファルベンのバランスシートから分析をおこなった。

つけ加えるなら、かれは今年はじめに帝燃をやめ、三月から外務省の嘱託である。四月十三日の空襲で、小石川大和郷のかれの家は焼けてしまった。このことを清沢洌が日記に書いたことは、前に記した。

昭和十六年八月のことに戻る。鋼材二十万トンをなんに使ったらいいだろうと榎本の相談を受け、義太郎は考えた。考えるまでもない。朝鮮北部にある永安工場にはじまって、樺太の内幌工場まで、すでに実績のあるルルギ式の低温乾溜法でいくしかない。合成法、水素添加法をすべて中止し、乾溜法一本に集中すべきだと言った。

低温乾溜法であれば、建設に二年もかかる水素添加工場とちがい、六カ月で完成する。

鋼材一万トンで乾溜設備一基はできる。二十万トンあれば、二十基をつくることができる。これを各地の炭田の近いところに建設する。一年たてば二十万トンの人造石油が生産できる。[25]

榎本隆一郎がうなずいた。歩どまりが悪い、採算がとれないといったことは、この際言ってもしようがない。それ以外にないと思った。商工省、帝燃、海軍の三者会談で、脇村義太郎のこの案を推進することが決まった。

榎本が脇村に相談してから二カ月あとの十月のはじめのことだった。人造石油緊急増産対策が決まった。脇村の計画を十倍にした。ルルギ式乾溜炉を二百基つくることにした。年間の石炭処理能力を二千万トンとし、粗油年間生産高を二百万キロリットルとした。そして日産液体燃料、宇部油化工業、樺太人造石油の三社が担任することにした。[26]

無理な計画だった。炉ができたとしても、原料炭の問題があった。わが国の石炭の総使用量の三分の一にもあたる石炭を順調に供給できるのか。ルルギ式の原料炭は非粘結炭でなければならなかった。ところが、日本内地の石炭はおおかたが粘結性を持ち、低温乾溜炉に使うことができなかった。

粘結炭を使っている低温乾溜工場がなかったわけではない。東京瓦斯の子会社の東京瓦斯化学工業は横浜市鶴見区末広町に工場をつくり、粘結炭を原料とする試みに挑戦した。このために面倒な、デリケートな装置が必要となって、故障の絶え間がなく、修理、また修理の毎日だった。つけ加えるなら、長期の連続運転はついにできず、末広町のこの工場は結局は昭和十七年十月に操業を断念することになったのだった[27]。

肝心なことがもうひとつあった。低温乾溜法によって生産される揮発油と重油は、その品質が悪く、使用してトラブルの絶え間がないことだった。

だが、水素添加法が見込みなく、合成法がだめなら、低温乾溜法に頼るしかなく、なによりも、ボルネオの油田を手に入れるしかない、戦争をするしかないといった気運に歯止めをかけようというのが目的であれば、低温乾溜法で二百万キロリットルの石油を生産するのだと大々的に宣伝しなければならなかった。

帝燃はルルギ式の低温乾溜法の特許権を得ようとした。それまでは各社が一基ずつ特許権を買っていた。包括的な特許権を得ようとして、大島義満と脇村義太郎はルルギ社と交渉し、これをまとめあげた。

ところで、低温乾溜炉の急速建設計画を定めるよりも前のこと、べつの動きがはじまっていた。陸海軍は日本石油から帝国石油、日本鉱業、三菱石油の各石油会社のそれぞれの鉱業所にいる削井、製油技術者の調査をおこなった。そして十月一日、かれらを徴用した。陸軍側はこれら徴用者を千葉県国府《こうの》台《だい》にある独立工兵連隊[28]に集め、海軍側は姫路市にある福島紡績の工場宿舎に収容した。英領ボルネオと蘭領東インドの油田と製油所を占領したら、直ちにこれら技術者を派遣する計画だった。

国の進路を実際に決める人びと、陸海軍の軍務局と作戦部の部局員たちは人造石油をすでに見捨てていたのである。

英国の屈服にすべてを賭ける

陸軍大臣や軍令部総長、そしてかれらの部下たちがアメリカと戦う決意を固めるようになって、ドイツから反応筒を買おうという考えなどどこかへ消え、電波探知機のことなんかまったく口にしなくなった。こうしたことはすでに述べた。

じつはこれらのことよりもずっと重大な問題が登場した。日本がアメリカに戦端を開いたあと、ドイツはほんとうにアメリカに宣戦するのかどうかということだった。

日本がドイツ、イタリアと結んだ三国条約は防衛同盟だった。そこで日本がアメリカに戦いを仕掛けて、戦争をはじめてしまったからといって、ドイツがアメリカと戦う義務はなかった。

駐独大使の大島浩は総統ヒトラーと何回も会っていた。英国と戦え、シンガポールを攻略せよとドイツの最高指導者から繰り返し聞かされていた。だが、かれの口から、日本がアメリカと戦争をはじめたら、ドイツは直ちにアメリカに開戦を通告するとは聞いていなかった。

探りを入れてみなければならなかった。昭和十六年十一月十八日、参謀本部第二部長の岡本清福《きよとみ》はドイツ大使館付きの陸軍武官と会った。

岡本清福は陸軍内で一二を争うドイツ通である。のちの駐日大使オイゲン・オットーが名古屋の野砲連隊に隊付け勤務をしていたとき、岡本は同連隊の大隊長だった。そして岡本はドイツ勤務が長かったから、ドイツ人の友人はオットーだけではなかった。昭和十八年にかれは遣独使節団の団長としてシベリア経由、トルコを通り、ドイツへ入った。現在はスイス公使館付き武官である。五十一歳になる。

第二部長だった岡本は武官のフォン・ベータースドルフと情報交換をつづけていた。岡本は、日本とアメリカとのあいだで近いうちに武力衝突が起きる恐れがあると語り、ドイツとイタリアの参戦を望んでいると言った。フォン・ベータースドルフがうなずくのを見て、岡本はさらにつづけた。日本とドイツがアメリカと戦うようになってのことだが、両国は相互の了解なしに、アメリカ、英国と休戦、講和をしないことを約束する単独不講和の協定を結ぶことにしたいと言った。

ベルリンからの回答は、そのような協定を結ぶというものであったから、(29)日本側のだれもが相好を崩した。外務大臣の東郷茂徳はドイツ駐在大使の大島浩に訓令し、正式に協議せよと命じた。十二月一日、大島はリッベントロップから、「日米戦争がおこれば、ドイツとイタリアは直ちに戦争状態に入る」との約束を得た。そのあと大島はローマへ行き、十二月三日にムッソリーニと会談し、アメリカへの参戦と単独不講和の問題について、了解をとりつけた。

市谷台と霞ヶ関の幹部たちはリッベントロップとムッソリーニの約束を信じようとした。

疑わなかったのか。日本がアメリカとの戦いをはじめて、ドイツとイタリアが約束を破り、アメリカと戦争することなく、冷笑を浮かべて、傍観することになると思わなかったのか。

陸軍と海軍、外務省の幹部たちはそうは思わなかった。かりにドイツがアメリカに宣戦を布告しなくても、必ずやアメリカがドイツに戦いを仕掛けるにちがいないと考えた。

どうしてそう思ったのか。陸海軍と外務省は、日本の戦争相手をオランダだけ、それとも英国とオランダに限定することはできないかを検討したことがあった。スマトラとボルネオの油田だけを制圧しようとしても、シンガポールの英国軍が黙ってはいないだろう。では、英国とオランダの二国だけを敵として、アメリカを敵としないことができるか。フィリピン、グアム島には手をださず、シンガポールと蘭領東インドだけを攻略しようとしても、遅かれ早かれアメリカが日本との戦いに乗りだしてくることはまちがいない。

何回も検討を重ねたが、結論は同じだった。「米英ハ不可分ニシテ　戦争相手ヲ蘭ノミ又ハ英蘭ノミニ限定スルコトハ不可能ナリ」(30)

かれらはドイツと英国との戦いも同じだと思った。アメリカはドイツに宣戦を布告していなかったが、現実にはアメリカの海軍は大西洋の戦いに加わり、アメリカと英国を結ぶ海上交通線の護衛をおこなっていた。しかもアメリカは英国のための兵器廠になっていた。

ルーズベルトは戦いの準備をしているのだ、戦いに踏み切る機会を待っているのだとドイツとイタリアの指導者は覚悟を決めているにちがいないとだれもが考えた。そこで日本がアメリカと英国に宣戦すれば、ドイツとイタリアはまちがいなくアメリカに宣戦するとかれらは信じることになった。

さて、参謀本部と軍令部の作戦部員たちは、開戦の日がいよいよ近づくなか、これで何十回目になるか、またも会議を開き、開戦後にドイツとイタリアと結ぶつもりの軍事協定の中身を決めようとした。

総理を兼任する陸軍大臣、海軍大臣、軍令部総長、参謀総長をはじめ、かれらの部下たちは、いずれもこの軍事協定に大きな望みを抱いていた。

こういうことだった。フィリピン、マレー、シンガポール、蘭領東インドの攻略から、真珠湾の奇襲まで、まもなくはじまる予定の大攻勢のすべては、かれらの頭のなかに入っていた。だが、それらの戦いが昭和十七年春に終わったあとの軍事行動計画はなにも決まっていなかった。はっきりわかっていることは、どのような作戦をおこなっても、あらゆる努力を傾けても、アメリカとの戦いを終わりにすることはできず、消耗戦、持久戦になるということだった。戦いを終わりにすることができるのはドイツであり、ドイツの戦い方にかかっていた。

昭和十六年十一月四日、軍事参議院参議会で、参議官から、戦いの見通しを尋ねられ、軍令部総長の永野修身《おさみ》はつぎのように答えた。

「英米連合軍の弱点は英国にありと考えられます。即ち海上交通路絶ゆれば、英が衰弱し継戦困難となります。英国を餓死せしめて屈服せしむること最も捷径であります。これにさきだち英本土上陸成功すれば更に有利であります。英国を屈服の余儀なきに至らしめ、一蓮托生の英米を圧することはわれわれの着意すべき点でありまして、日独の間でこのような協定を結ぶことは役に立ちましょう[31]」

そして十一月十五日には、大本営と政府とのあいだで、「対米英蘭戦争終末促進ニ関スル腹案」と題し、その方針をつぎのように定めた。

「速ニ極東ニ於ケル米英蘭ノ根拠ヲ覆滅シテ自存自衛ヲ確立スルト共ニ　更ニ積極的措置ニ依リ　蔣政権ノ屈服ヲ促進シ　独伊ト提携シテ先ヅ英ノ屈服ヲ図リ　米ノ継戦意志ヲ喪失セシムルニ勉ム[32]」

まず英国を屈服させるということで、だれもの考えは一致した。ところで、ソ連を屈服させることも軍事協定に載せるべきではないのかとだれかが言った。うなずく人は多かった。市谷台の幹部が秘かに恐れていたのは、ドイツとソ連が突然講和をしてしまうのではないかということだった。

満洲国境にソ連軍が戻ってくることになり、この国境につきもののソ連の軍事圧力に不安を抱きつづけねばならなくなる。

そこで「対ソ戦ヲ継続シテ　成ルベク速ヤカニソ連の屈服ヲ図ル」と定めた。ところが、この項目が面倒な論議を呼ぶことになった。ドイツはソ連を屈服させることができるのか。すでにロシア戦線は厳冬を迎え、ドイツ軍は攻撃をつづけることができなくなっていた。ドイツ軍のつぎの攻勢は雪が消える昭和十七年の五月を待つしかなかった。では、昭和十七年の六月か、七月、ドイツ軍はモスクワとレニングラードを占領して、ソ連を屈服させることができるのか。

じつはこのような議論をする前から、そしてこんな話し合いをしているさなか、陸海軍の幹部のだれもが懸念したのは、軍事協定を結ぶための交渉をドイツとおこなえば、必ずや相手側から、ウラジオストクを占領して欲しい、シベリアを攻撃して欲しいと言われるのではないかということだった。

海軍側は、それこそ連合艦隊司令長官から艦政本部長まで、だれもがソ連と戦うことには絶対に反対だった。南方地域を占領したとして、海軍に配分される鋼材が増えるわけはなく、わずかな鋼材を対ソ戦のために陸軍にむしりとられるようなことになってはたいへんだとみなが思った。陸軍側では、参謀総長から軍事課長まで、ためらいがあった。南方進攻作戦の実施を前にして、うまくいくだろうと思いながらも、もうひとつ、万全の自信がなかった。そこで、マニラ、シンガポール、パレンバンを攻略したあと、直ちにソ連と戦うべきだと主張する剛の者はいなかった。

ドイツ側につけ込まれ、対ソ戦への参戦を求められることになりかねないとだれかれが言い、「ソ連ノ屈服ヲ図ル」の項目を案文から削ろうということに決まった。そしてドイツから対ソ戦への参加を求められたら、「帝国ハ差当リソ連邦ニ対シテハ極力開戦スルコトヲ避ケ　南方作戦ノ徹底的遂行ヲ図ルト応酬ス」と定めた。(33)

こうして軍事協定の草案は「英国ノ屈服ヲ図ル」を載せるだけとなった。(34) もちろん、これで充分なのであり、この項目だけあればよかった。英国を脱落させてしまいさえすれば、枢軸側の勝利は固く、日本の勝利は確かなものになると陸海軍の幹部たちは考えた。

ところで、英国を脱落させるためには、どうしたらよいのか。永野修身が語ったとおり、英本土を海上封鎖し、ドイツ軍は英本土進攻作戦を敢行しなければならなかった。

この軍事協定草案をつくるより二カ月ほど前のことになるが、ベルリン駐在の大使と陸海軍の武官が東京に宛てて、ドイツは英本土上陸作戦の準備を積極的に進めている、この作戦は来年の春から夏には敢行するだろうと告げてきていた。市谷台と霞ヶ関の軍事計画の担当者たちがアメリカとの戦いを決意せざるをえないようになって、はたしてわれわれは最後に勝つことができるのだろうかと思案したとき、かれらが思い浮かべたのはベルリンからのこれらの電報だった。ドイツが英本土に空挺作戦をおこない、上陸作戦を敢行するだろうと言ってきていた。

ほんとうはその中身はまったくのつくりごとだった。

こういうことだった。

昭和十六年八月末、そのとき首相だった近衛文麿がルーズベルトに親書を送り、首脳会談の開催を呼びかけ、日米間の懸案問題を両者のあいだで解決しようと提案した。どういう思惑があってのことか、アメリカ政府が日本からのこの申し入れを発表してしまったから、日本側も公表せざるをえなくなった。

国民は外交政策の大転換があるのかとびっくりし、過激派の人びとは声を潜め、近衛を殺すしかないと語り合うようになったのだが、驚き、そして警戒したのはドイツ政府の幹部たちも同じだった。ドイツの盟友、外相松岡洋右を放逐してしまった第三次近衛内閣はドイツとの同盟を有名無実のものにしてしまおうとしているのだとかれらは見てとった。広言したとおり十月までにソ連を降伏させることができないことがはっきりしてしまったこと、そしてまた、英本土にたいする爆撃をやめてしまったことが重なって、日本におけるドイツへの信頼感は揺らぎつつあるのだとかれらは思った。

たしかに日本のドイツ熱は急激に冷えつつあった。三国同盟調印一周年の祝賀会を開かねばならなかったが、主催団体になり手がなく、大政翼賛会がいやだと言い、東京市がうちがやらされるのかと不平をこぼすといった有様だった。ほっておくわけにはいかないとドイツ政府の首脳は思った。日本を同盟内にとどめておかねばならず、日本をしてシンガポールを攻撃させねばならなかった。

三国同盟調印一周年記念日の九月二十七日に日本人を喜ばせる贈物を与えることをかれらは考えた。その日の数日前から、ヒトラーをはじめ、ドイツ軍の幹部たちは、日本の大使や武官、新聞記者たちに向かって、内部情報を同盟国の友人だけに明かすのだといった調子で、英本土上陸作戦を実施するために上陸用舟艇の生産に努めている、空挺部隊の増強は急ピッチだ、戦車を搭載できるように船舶を改造しているのだと説明することになった。

たとえば海軍武官の横井忠雄は、独ソ開戦のすぐあとにも、ドイツの対英攻撃は間近だと霞ヶ関に書き送ったのだが、三国同盟条約調印一周年のその日には、対英上陸作戦の準備は着々と進んでいると報告し、ドーバー海峡に面したカレーからブーローニュにはドイツ陸軍三個軍団、五十万人が集結し、兵員輸送船は千三百五十隻に達し、新造の快速船の準備も整いつつあり、英国にたいする二百五十の飛行場のうち百個所は大型爆撃機のためのものだと書いてきたのだった[35]。

日米首脳会談はアメリカが反対して、開くことができず、近衛は退陣せざるをえなくなり、アメリカとの関係は悪化をつづけた。そしてアメリカとの戦いを決意するようになった陸海軍の幹部たちは、横井忠雄の電報を思い浮かべることになった。あるいはまた、「独ガ飽迄対英上陸作戦敢行ノ企図ヲ有スルコトハ　ヒ総統初メ独首脳部トノ数次ノ会見ニ依リ本使ノ確信スル所ニシテ……[36]」と書いてきた駐独大使大島浩の電報を取りだして読むことになった。そしてかれらは、「英ノ屈服ヲ図ル」ことによって、これからはじめる戦争を終わりに導くことができると思い、大丈夫だ、なにも心配することはないと考えたのである。

英国を屈服できず、ソ連の崩壊を期待できず

さて、「英ノ屈服ヲ図ル」ことを決めた軍事協定の草案をつくって数日あと、日本はアメリカ、英国、オランダに宣戦した。それから三日あとに、ドイツとイタリアはアメリカに宣戦した。そして日本とドイツとイタリアは共同行動をとることを約束する三国協定を結んだ。「相互ノ完全ナル了解ニ依ルニ非ザレバ　アメリカ合衆国及ビ英国ノ何レトモ休戦又ハ講和ヲ為サザルベキコトヲ約ス[37]」と定めたのである。

つづいてベルリンで軍事協定を結ぶための交渉がはじまった。統帥問題を扱うことから、陸海軍の武官がドイツ軍の幹部と日本側の草案を検討した。

海軍武官は横井忠雄だったが、海軍軍事視察団の団長だった野村直邦がそのままベルリンにとどまり、このあと日独伊軍事委員会の日本側の首席となった。陸軍武官は坂西一良だった。

ドイツ側が具体的な軍事行動を軍事協定に載せるのをやめようと言い、坂西、横井、野村がうなずいた。「米英蘭ノ東亜ニ於ケル主要ナル根拠ヲ覆滅シ　其領土ヲ攻略占領ス」といった条項をすべて削除することにした。そして霞ヶ関と市谷台が望みをかけた「英国ノ屈服」を含むつぎのくだりすべてを削ってしまった。

「帝国ノ南方作戦遂行ト策応シテ　中近東ニ進出シ　戦略態勢ノ強化ヲ図ルト共ニ対英本土攻撃ヲ強化シテ　英国ノ屈服ヲ図ル[38]」

じつはベルリンに駐在する日本の武官たちはドイツ軍首脳から重大な打明け話を聞かされていた。二カ月前の話とはまるっきり違い、英本土にたいする上陸作戦の実施は難しいというのだ[39]。軍事協定に軍事作戦を載せるのをやめようとドイツ側が言いだしたほんとうの理由はここにあった。そこで「英国ノ屈服ヲ図ル」を削ってしまい、釣り合い上、日本がおこなう第一期の作戦を掲げることもやめたのである。

東京では、だれもそうしたことを知らなかった。勝ち戦に興奮している市谷台の幹部たちは軍事協定に戦略目標を掲げてなにがおかしいと声を荒らげた。参謀本部第二十班の班長は昭和十六年十二月二十九日の日誌につぎのように書いた。

「日独軍事協定ニ関シ現地伯林武官ハ無断訓令要綱ヲ変更シ　左ノ如キ請訓ヲ仰ギ来ル
坂西、野村両中将ハ恰モ対独依存ノ権化ノ如シ
一　独伊ノ対英本土攻撃ヲ取消ス
二　独伊ノ太平洋作戦協力ヲ取消ス
三　印度洋ヲ通ズル南方日独伊ノ提携ヲ海軍ノミトス
四　協定ハ独語ノミトス
右ニ対シ峻烈ナルオ叱リノ訓令ヲ発セラル㊵」

市谷台では、上陸作戦はいずれも成功し、つづいての戦いはすべてうまくいき、だれもが意気盛んだった。ところで、気がかりなことがあった。ドイツ陸軍は昭和十四年九月一日にポーランド国境を越えて以来はじめての敗北を喫していた。ソ連軍の最初の冬季攻勢は十二月六日から十二日間つづいた。ドイツ軍の各軍団は手痛い打撃を受けて、敗退し、またつぎのソ連軍の攻撃を覚悟しなければならなかった。

市谷台の幹部たちは考えた。ドイツ軍首脳ははじめての挫折にぶつかり、落ち込んでしまい、このさきの軍事計画をたてる余裕を失っているのかもしれないと思った。

勝利のムードのなかにあったのは霞ヶ関の幹部たちも同じであった。だが、かれらの胸中には、ある不安がふくらむことになった。「英国ノ屈服ヲ図ル」の軍事計画を削ってしまったのは、ドイツ側が「ソ連ノ屈服ヲ図ル」ことをさきだと考え、日本の参戦を

望んでいるからではないかと考えた。

　そして軍令部と海軍省の幹部たちは陸軍が最終勝利への近道はソ連を屈服させることだと思うようになっているのではないかと不安を抱き、つぎのように考えた。市谷台では、南方地域の戦いはもはや心配ないと気を緩め、ソ連との戦いの用意をすべきだと主張する者がでてきているのではないか。参謀本部第一部長の田中新一は市谷台内の会議室で、今度は準備は八分通りできている、この夏こそ、戦うチャンスだと言っているのではないか。

　どうしたらよいのか。「英国ノ屈服」の軍事計画を復活させねばならない。これが陸軍の対ソ連戦の主張を抑える有効な手だてとなる。

　軍令部次長の伊藤整一はベルリンの海軍武官横井忠雄に宛て、英本土攻撃の計画を軍事協定にぜひとも入れるようにと命じた。まだ心配だった。伊藤は横井に国際電話をかけた。表現を多少変えてもよいが、第一項を抹消してはならぬと念を押した。そしてまた、中近東への作戦を主目的とするようにとも説いた。

　ベルリン駐在の陸海軍の武官たちはいずれもあわてた。これからおこなう作戦計画を軍事協定に載せるようにドイツ側に求めた。日本側の草案にあったいくつかの項目を軍事協定に掲げることになったが、「英国ノ屈服」を入れることはできなかった。

「英、米、蘭ノ大東亜ニ於ケル主要ナル根拠ヲ覆滅シ　其ノ領土ヲ攻略又ハ占領ス」

「米英ノ近東、中東、地中海及大西洋ニ於ケル主要ナル根拠ヲ覆滅シ　其ノ領土ヲ攻略又ハ占領ス」

「米英艦隊ノ殆ンド全部ガ大西洋方面ニ集中シタル場合ハ　日本ハ太平洋　印度洋ノ全域ニ亘リ通商破壊戦ヲ強化スルト共ニ其ノ海軍兵力ノ一部ヲ大西洋方面ニ派遣シ　独伊海軍ノ作戦ニ直接協力ス」

「米英艦隊ノ殆ンド全部ガ太平洋方面に集中シタル場合ニハ　独伊ハ其ノ海軍兵力ノ一部ヲ太平洋方面に派遣シ　日本海軍ノ作戦ニ直接協力ス」(41)

昭和十七年一月十八日、三国の代表がこのような内容の軍事協定に調印した。日本側はこの協定の存在自体を秘密にしておきたい肚だった。ソ連が猜疑心を抱くのを恐れてのことだった。ところが、ドイツが三国は軍事協定を結んだと発表してしまった。やむをえず、日本側も発表することになった。

一月十九日の新聞のトップにこの記事は載った。「日独伊新軍事協定に調印」「協同の作戦指導要綱決定」の見出しを掲げていたが、もちろん、協定の中身には触れていなかった。同じ第一面を埋めていたのは、「シンガポール敵空軍主力撃滅」「陸鷲、敵十六機を爆破」「海鷲も二十三機を屠る」といった見出しだった。

連合艦隊参謀長の宇垣纏は一月二十八日にその協定に目を通した。自信家のかれは、二カ月近い攻撃の成果に一層の自信を抱いていた。かれは、赤煉瓦の連中がやっていることを小馬鹿にしていた。日記につぎのように記した。

「日独伊の軍事協定文書昨夜郵送し来れり。内容全く平凡何等特種の事なし。之を称して、待って甲斐無き阿呆鳥と言えり。只独の中東作戦即ち東漸と帝国の西漸を物したるも、其内容更に無し。果して彼実行の成算ありや。之に捉われて戦を左右するは大いに慎むべし。工作機械を貰うとか、飛行機を空輸するとか、少し当《あ》てが大き過ぎる。自主邁進の方針が一番強い。共同の敵だから結局それが一番の効力的協同作戦ではあるまいか[42]」

ところで、協同作戦をやってもらえないかと求めることになったのは、日本ではなく、ドイツだった。日本、ドイツ、イタリアがいたっていい加減な軍事協定を結んで二カ月あとのことだった。つぎの第二段作戦について、市谷台、霞ヶ関、連合艦隊司令部がそれぞれ検討し、互いのあいだで交渉をしていたときだった。

ドイツが日本に望んだ協同作戦は、対ソ戦争と東アフリカ水域での交通破壊戦だった。

昭和十七年三月十二日のことだった。ドイツ駐在の陸軍武官、坂西一良はドイツ陸軍の参謀総長フランツ・ハルダーに招かれた。ハルダーは日本がソ連と戦うことを求めた。バルバロッサと呼ばれるソ連攻略のための作戦計画をつくったのがかれだった。十月までに勝利を収めるはずが、これに失敗し、ソ連軍の冬季攻勢をやっとのことで乗り切ったときだった。

ハルダーは日本に対ソ参戦を要請した。坂西はこれを極秘親展の電報で参謀次長の田辺盛武に伝えた。坂西はさらにつぎの電報でハルダーが語ったことを詳しく伝えた。

市谷台の作戦部と軍務局の課長たちはこの電報を繰り返し読んだはずだ。ハルダーは坂西に向かって「独軍ハ今春以後ソ連軍主力ヲ撃滅シ得ベキモ　ソ連邦ノ崩壊ハ期待シ得ズ」(43)と語っていた。

ドイツ陸軍の最高幹部が昭和十七年中にソ連を降伏に追い込むことができないとはっきり認めているのだ。では、昭和十八年五月から三回目の夏季攻勢をおこない、ソ連を崩壊に追い込む意図なのか。ところが、ハルダーは昭和十八年の三年目の対ソ戦には触れようとしなかった。昭和十八年には大攻勢をおこなうことを断念してしまっているのか。

ハルダーは坂西に向かって、「動的状態」と「静的状態」という曖昧な言葉を使った。かれはこう言ったのである。「独軍ガ全力ヲ挙ゲテソ連軍ニ強圧ヲ加エアル動的状態ノ時期ヲ利用セラルルハ日本ノ作戦ヲ容易ナラシムベキモノト信ズ」つづけてつぎのように述べた。「ソ連軍ガ動的状態ヨリ静的状態ニ復シタル後、日本ガ北方ノ脅威ヲ清算セラレントセバ　其努力ハ前ノ状況ヨリ数倍ノモノヲ必要トスベク……(44)」

ハルダーの語った「動的状態」とは昭和十七年五月から六月に開始される夏季攻勢のことであるはずだ。「静的状態」とは昭和十七年十月、十一月から昭和十八年三月までの冬を指しているわけはない。冬季に日本軍が極東ロシアで戦いを開始するはずがないことは、ハルダーも知り抜いているにちがいないからだ。日本が昭和十七年の夏に戦いを決意しないのであれば、「北方ノ脅威ヲ清算」する二度目の機会は当然ながら昭和十八年の夏となる。

ところが、ドイツ軍は三回目の夏季攻勢を敢行し、ソ連軍を「動的状態」に追い込む、最終決着をつけるとはハルダーは言わなかった。

どうしてハルダーはこのように言わなかったのか。ソ連軍を「動的状態」にすることができるのは、昭和十七年の夏だけなのか。いったい、昭和十八年のドイツの東部戦線はどうなるのか。

坂西一良からのこれらの極秘電報を読み、ドイツ陸軍最高の頭脳が独ソ戦争のこのさきをどのように展望しているかを知って、作戦部と軍務局の幹部たちの顔からは血の気が失せたにちがいない。前年の十月末にアメリカとの戦いを決意したときよりもさらに重大な決断を向こう二、三カ月のあいだにしなければならなくなると思ったからだ。

そのとき、南方地域には三十八万人の軍隊が展開し、バターン半島と北部ビルマではまだ戦闘をつづける部隊があったが、すでに多くの部隊は占領地の兵営のなかにいた。このうち何個師団を南方へ残し、どれだけを満洲、北朝鮮へ移すかを考えねばならず、とりわけ戦車部隊、砲兵、工兵部隊を満洲へ戻さねばならず、参謀本部と陸軍省はこうした問題に取り組みはじめた。

ヒトラーとムッソリーニ

ところで、ドイツが日本に求めた協同作戦は、前に触れたとおり、もうひとつ、東アフリカ沿岸での潜水艦作戦だった。

北アフリカでは、ドイツ軍とイタリア軍が英軍と戦っていた。ドイツは日本に英軍の海上交通線を切断する戦いを望んだのである。

ここでドイツ軍がどうしてアフリカで戦うことになったのかについて述べておこう。というのも、日本とドイツがどのように協力したのかを振り返ろうとするのだから、同じ同盟を結んだドイツとイタリアの連繋がどのようなものであったかを振り返ってみるのも、無駄ではないからだ。

ドイツとイタリアの指導者、ヒトラーとムッソリーニが会ったのは、一九三四年、昭和九年が最初である。戦争がはじまってからも、二人は何回も顔を合わせた。昨年の七月二十日に東プロイセンのラステンブルク近くの総統大本営における会談まで、二人は十三回会った。

前に述べたことだが、アメリカと英国の指導者、ルーズベルトとチャーチルは、ルーズベルトがこの四月中旬に死ぬまで、九回顔を合わせた。

戦争をはじめてから、ヒトラーとムッソリーニが最初に会ったのは一九四〇年六月十八日だった。イタリアが参戦して八日がたっていた。イタリア側は三十八個師団を並べながら、五個師団のフランス軍に阻止され、立ち往生していた。すでにパリは陥落し、ボルドーへ逃げたフランス政府の幹部はドイツに降伏を申し入れ、回答を待っているところだった。ヒトラーとムッソリーニはミュンヘンで会った。ムッソリーニはイタリアの領土要求をヒトラーに認めてもらおうと思ったのだが、ヒトラーはムッソリーニに向かって、フランスにたいして法外な領土要求をしないようにと言ったのだった。

二人がつぎに会ったのは、それから三カ月あとだった。三国同盟が締結されたのは一九四〇年九月二十七日だが、それから一週間あとの十月四日、ブレンナー峠で二人は会ったのである。イタリア語ではブレンネロ峠であり、イタリアとオーストリアの国境にある海抜一千三百メートルの峠である。このあともここで二人は何度も会った。

ヒトラーが戦況を説明し、情勢分析をおこなった。ミュンヘン会談のときから、このときも、そしてこのあとも、二人が話し合って、ムッソリーニはけっして寡黙ではないのだが、ヒトラーが一方的に喋りまくることになった。会談の終わりになって、ムッソリーニはやっと口をはさむことができ、このさきエジプトを攻略するつもりだと言った。

このブレンナー峠の会談から八日あとの十月十二日のことだ。ムッソリーニは受け取ったニュースを読んで、ひどく怒った。ドイツの装甲部隊と戦闘機部隊がルーマニアへ進駐したと知った。ルーマニアはソ連に脅かされ、ベッサラビア地方の譲渡を迫られ、従わざるをえなくなった。そのあとルーマニア政府はドイツに助けを求めたのだった。

ムッソリーニは、ヒトラーと顔を合わせたとき、かれからこのことの説明を受けなかったことを憤慨したのである。ムッソリーニの怒りは収まらなかった。ヒトラーはいつも既成事実を押しつけてくる、よし、ギリシャを攻めよう。ヒトラーは新聞でそれを知ればよい。ムッソリーニは部下にこんな具合に語った。

仕返しをしてやると息巻きはしたものの、ルーマニアの防衛を助けるために、少数の軍隊を送り込むことと、十万の軍隊を集結し、隣国に戦いを仕掛けることとは、まったく違う。

ギリシャを攻撃することをドイツに知らせないわけにはいかなかった。十月二十四日にヒトラーに覚書を送った。「ギリシャにたいして速やかに行動に移ることを決意した」と告げた。そして日付を五日前の十月十九日としたのだった。

今度はヒトラーが怒った。ムッソリーニはブレンナー峠でなぜこのことを言わなかったのか。やたらに戦線をひろげるなと忠告したのに、どうしてギリシャなんかを攻めるのか。イタリアがまっさきにやらなければならないのは、マルタ島を攻略するか、無害にしてしまうことだ。マルタ島は地中海の英海軍の要衝だ。シシリー島のすぐ南にある。ムッソリーニに会わねばならないということになった。

ヒトラーとムッソリーニの会談が開かれたのは一九四〇年の十月二十八日だった。会談地のフィレンツェに向かったヒトラーは、その途中のボローニャ駅でイタリア軍がギリシャに進撃を開始したと告げられた。

ヒトラーは怒りを抑えた。かれはムッソリーニの一番の友人であるといった態度をとろうとした。イタリアが開始したギリシャとの戦争をドイツは全面的に支持するとムッソリーニに言った。

だが、ヒトラーはムッソリーニがやったことを忘れなかった。ムッソリーニに宛てた一番最後になる手紙のなかで、君は私の忠告を聞かなかった。ギリシャを攻撃したがために、君は戦争に敗けたのだと書いた。ムッソリーニはといえば、かれはこのヒトラーの手紙を書類棚にほうりこむことなく、内ポケットに入れておき、ときにそれをとりだし、私がヒトラーに抵抗した最初の人物であることを証明するものだと言ったのだった。

ヒトラーがのちにムッソリーニに書き送るまでもなく、イタリアのギリシャ粉砕計画はまったくの失敗だった。アルバニアに送り込まれたイタリア軍は国境を越えてギリシャ領に攻め込んだが、一週間たたぬうちに押し返され、アルバニアの山岳地帯での戦いとなった。

ギリシャとの戦いの前から、イタリア軍は北アフリカで戦っていたが、一九四〇年十二月に大敗し、四万人が捕虜となり、翌年一月には、リビアに退却したイタリア軍三万人が捕虜となった。

前年十月末のフィレンツェの会談で、ヒトラーが北アフリカに派兵してもよいと言ったのにたいし、ムッソリーニがうんと言わなかったのは、ドイツがアフリカへ影響力をひろげるのを嫌ってのことであったが、そんな呑気なことを言っていられなくなった。一九四一年二月、ドイツはリビアに少数の機甲部隊を送り込むことになった。

そこで英国のほうだが、アフリカに残った最後のリビアのソマリアのイタリア軍を降伏させ、アフリカ領のイタリア領のエチオピアを占領し、エチオピアのイタリア軍も持った。そこでもうアフリカには必要ないということで、一九四一年三月はじめ、エジプトから五万の軍隊をギリシャへ送った。

ところが、四月はじめにドイツ軍がギリシャへ攻め入った。三週間でギリシャ全土を制圧した。わずかな英軍とギリシャ軍がクレタ島へ逃れた。五月二十日、ドイツの落下傘部隊がクレタ島に降下した。十日間の戦いでクレタ島もドイツ軍の手に渡った。

リビアでは、二月に送り込まれたドイツ軍が四月はじめに攻撃にでた。フランスで戦い、見事な戦いぶりをみせたエルヴィン・ロンメルがこの戦場でも変幻きわまりない機動戦をおこなった。イギリス軍はエジプト領内へ退却した。英国側はドイツ軍の海上補給路を切断しようとした。マルタ島の英軍艦と航空機はリビアへ向かう輸送船を攻撃し、ロンメル軍の補給を断とうとした。ドイツは潜水艦部隊と空軍を地中海へ派遣し、補給線を確保しようとした。

さて、リビアが戦場であるかぎり、住民の数は八十万人ほどだから、補給と砂漠での戦いの上手下手で勝敗は決まった。だが、エジプトでは、一千七百万人が住んでおり、エジプト人の動きを無視するわけにはいかなかった。

エジプトの歴史に触れておこう。エジプトが英国に占領されたのは、日本の明治十年代のことだ。そして第一次大戦のあとには、エジプトは名実ともに英国の保護領となった。昭和十四年だから、一九三九年のことになるが、その年九月、英国はドイツと戦いをはじめるや、直ちにエジプトの国王と政府に圧力をかけ、ドイツと断交せよと迫った。やむなくエジプト政府はこれに従った。だが、国王、政府、執政党、かれらの胸中はこのあと揺れ動くことになった。英国の味方について、英国から独立を図るのが得策か、それとも英国の敵の味方について、英国をエジプトから叩きだすのが最善の道かもしれないと思い悩むことになった。力が正義であり、勝つほうにつかねばならなかった。

言うまでもなく、このような分かれ道に立ったのはエジプト人だけではない。この戦争がはじまってから、たとえばパリとヴィシーで、ルーマニアのブカレストで、ハンガリーで、ブルガリアで、あるいはジャワ島で、フィリピンで、南京、北京で、政治家、軍人、活動家、世論形成家、秘密警察官たちは分れ道に立ったとき、勝つ側と信じる道を選び、枢軸国側についた。そしていま、間違った道を歩んでしまったと苦悩している者がいるし、いまいる所からうしろへ戻ろうと必死にもがいている者がいる。すでに破滅の道の最後に行きついた者もいる。

そして現在、分かれ道に立っている者もいる。よその国のことではない。日本のことだ。このさきで述べねばならないが、どちらの道を選ぶべきかと思案している政治家、高級軍人がいる。

エジプトの話に戻るなら、エジプト政府は、英国の圧力によって、ドイツとの外交関係を断絶した。つぎにイタリアが英国とフランスに宣戦した。今度は英国はエジプト政府にたいし、イタリアに宣戦せよと迫った。エジプト側は拒否した。イタリアが勝つと思ったからである。英国は脅しをかけ、内閣を総辞職に追い込んだ。そして英国はスエズ運河とカイロ、アレキサンドリアを軍事占領し、海軍艦艇を送り込み、オーストラリア、インド、南アフリカの部隊があとにつづいた。

英国軍は優勢となり、イタリア軍は退却して、英国支持を選んだエジプト人政治家は自分が英国についたのが正しかったとほっとした。ところが、ギリシャとクレタ島がまたたくまにドイツ軍の手に渡ってしまい、北アフリカではドイツ装甲部隊がこれまたあっというまにリビアを席捲し、エジプトへ侵入してきた。多くのエジプト人の政治家や活動家がやがてアレキサンドリアまでドイツ軍が進撃してくると思うようになった。

古代には首都だったこともあるアレキサンドリアはエジプトの海の玄関である。ドイツ軍がアレキサンドリアを制圧してしまえば、つぎにスエズ運河を攻略しよう。マルタ島の英軍は補給路を断たれ、降伏せざるをえなくなり、マルタ島に備蓄された石油が手に入れば、イタリア海軍は息を吹き返すことになる。

エジプトだけではない。中近東と呼ばれる広い地域で、多くの政治家と軍人たちがドイツの最終勝利を信じ、ドイツの支援を得て、英国の支配からの脱却を望むようになった。

一九四一年五月のはじめ、英国の保護領であるイラクで、イラク軍隊がバグダードに駐留する英国軍を攻撃し、追い払った。英国はインドからインド人部隊をイラクのバスラ港に上陸させた。そして英国の委任統治領であるパレスチナからも英国軍をイラクへ向かわせた。五月末にはバグダードを再占領した。

つづいて六月には、英国軍と英国側に加担した自由フランス軍がシリアとレバノンに進撃し、ヴィシー政府に忠誠を誓っているフランス駐留軍を攻撃し、激しい戦いとなった。

同じ月の二十二日、ドイツ軍が国境を突破し、ソ連領内に攻め入った。世界中の人びとが息を呑んだなかで、ほっと息をついたのが英国政府だった。さっそく、イラン占領の計画を実施することになった。

イランはイラクやほかの半独立国や植民地とちがって、中近東からインド大陸までのあいだのただひとつの独立国であり、二十万の軍隊と小規模ながら海軍も持っていた。そしてイランはドイツと親しく、同盟国といってもよかった。テヘランにはドイツの使節団が駐在し、大勢のドイツ人専門家が各部門で助言していた。

英国は新たに同盟国となったソ連と協議し、イランをどう始末するかを決めた。八万のソ連軍と五万の英国軍がイランを南北から攻撃した。九月半ばには英国軍とロシア軍はテヘランを占領した。イランの国王を退位させ、インド洋にある小島、モーリシャス島に幽閉した。

さて、ドイツは新しいソ連の戦線にすべてを注ぎ込むことになったから、北アフリカへ送る航空機は減少し、補給も減った。一九四一年四月に大きな打撃を受けて退却した英軍は立ち直り、今度はドイツ軍とイタリア軍がリビア領に後退することになった。

そして十二月に日本はアメリカと英国に宣戦した。二カ月のちには、三万人の日本の攻撃部隊がシンガポールに上陸し、八万五千人の守備部隊を圧倒した。アジア最大の英軍基地の陥落によって、大英帝国は大きく揺らいだ。

北アフリカでは、ドイツ軍とイタリア軍が優勢となった。エジプト内では、英国軍は撤退せよ、英国と手を切れという主張が再び強まり、親英政権打倒を叫ぶデモに発展し、英国寄りの政府は退陣し、親枢軸派の政府が誕生した。英国があわてた。新首相を直ちに罷免せよとファルーク王に迫った。王が逡巡していると英国はいつもながらの手荒い方法をとった。戦車をともなった歩兵部隊が宮殿内に押し入った。

英国、アメリカの側、そしてドイツ、日本の側も中近東に注目していた。アメリカ政府の担当官のなかには、最悪の事態を考える者もいた。エジプト、スエズ運河を喪失する、つづいてシリアを失う、モスル油田、ペルシャ湾の喪失、必然的に英米両国はインド洋をも喪失することになる。

日本とドイツでは、陸海軍の作戦参謀や外務省の関係官はつぎのように予測した。英国軍は中近東の独立運動や反英運動を抑えることができなくなる。各地のインド人部隊は故郷へ帰ると主張し、反乱を起こす。インダス川の上流からコモリン岬までインドの全域で、英国人は出ていけと叫ぶ声が起きる。三百万人が住むカルカッタの町では暴動が起き、ボンベイの凱旋門上にはオレンジ色のヒンズーの旗がひらめくことになる。インド洋は連合艦隊が支配するようになり、日本とドイツとのあいだで戦略物資の輸送が可能となる。

こうした夢がかなえられるかどうかは、地中海の英軍の最大の基地、アレキサンドリアを奪取できるかどうかにかかっていた。

問題は兵站だった。イタリアは石油不足に悩み、イタリアとリビアを結ぶ輸送船と海軍艦艇の数は少なかった。たとえ輸送船を増やすことができても、リビアのベンガジとトブルクの二つの港の荷揚げ能力は貧弱だった。ほかに港はなかったから、補給は砂漠のなかの長い道路に依存しなければならなかった。

だが、北アフリカの戦いでは、ドイツ軍やイタリア軍より、英軍の兵站のほうがはるかにたいへんだった。

英国とアメリカはアレキサンドリアとスエズ運河を守り抜こうとした。兵員、火器、戦車、弾薬をエジプトに送り込むことになった。輸送船団はアメリカ東海岸から、あるいは英本国から大西洋を南下して、アフリカ南端の喜望峰を回り、モザンビーク海峡を北上することになった。

モザンビーク海峡はモザンビークとマダガスカル島とのあいだの海峡である。スエズ運河が開通する以前、ヨーロッパの港とボンベイ、カルカッタ、ペナン、香港とのあいだを往き来する船はモザンビーク海峡を通ったものだった。

エジプトへの増援軍と軍需品を運ぶ輸送船団はモザンビーク海峡を抜け、紅海に入り、スエズ運河を通り、ポート・サイドにでて、ここで護衛艦隊に守られ、アレキサンドリアに到着した。

枢軸国側はこの兵站線を切断しなければならなかった。英国の輸送船団をポート・サイドからアレキサンドリアとのあいだで沈めてしまえばよいのだが、イタリア海軍にこれを期待できず、ドイツ空軍にスエズ運河を閉塞する力がなかった。めざましい戦果をあげた日本海軍に頼むしかなかった。

ドイツと協同作戦をしない

昭和十七年三月二十七日、軍事委員会の日本側の首席委員である野村直邦がドイツ海軍作戦部長のフリッケに招かれた。

フリッケは語った。「戦局の現段階では、敵味方の攻防の主目標は、中近東、スエズ、エジプト方面にあると思う。三国側としては、この方面にたいする敵側の防備補給がまだ充実しないうちにすみやかに要地の占領を完了したいと思う。中近東へドイツ軍が進出するためにも、一刻もすみやかに東部地中海、スエズ、アレキサンドリア、エジプトを制圧することは、枢軸側今後の作戦上に戦略的先制の利をもたらすものと思う。よってこの際、独伊側のエジプト進攻に策応して、日本海軍はアフリカ東岸を北上する敵側の補給動脈を撃滅する作戦を実施してもらいたいと思うので、特別の考慮を願います」[45]

野村はこの作戦を重要だと思い、直ちに本国の意見を質し、回答すると約束した。だが、これは困ったとかれは思った。海軍は潜水戦隊をアフリカ東海岸沖へ派遣できるのか。

野村は空母加賀の艦長をやったあと、潜水学校の校長、第二潜水戦司令官をやったことがあったから、潜水艦には詳しかった。昭和十七年三月末、潜水艦の数は九十隻ほどあった。だが、昭和はじめにつくられた潜水艦は、目に見えない部分が腐蝕しはじめており、故障の絶え間がなかった。これら老朽潜水艦数十隻と機雷敷設用の潜水艦を除いて、アフリカ東海岸沿いに遠征でき、戦うことができる潜水艦は三十隻しかなかった。これら新鋭の潜水艦は敵艦隊を監視、偵察し、襲撃することを任務としていた。昭和九年から十年、かれが司令官だったときにおこなった研究と訓練も、すべて潜水艦を艦隊決戦場での戦いに加えることを目標としたものだった。真珠湾で敵戦艦を沈めはしたものの、敵の空母、重巡洋艦はなお健在であり、潜水戦隊は艦隊決戦のために必要だった。

これらの潜水艦を海上交通線の破壊に使おうなどと考える者は霞ヶ関にはいないはずだった。ドイツ側を喜ばせるような回答は東京からは届かないと野村は思った。

海軍作戦部長との会談から三日あとの三月三十日、野村は海軍作戦課長のワグナーを招いた。私見だがと前置きし、潜水戦隊の派遣は難しいと言い、機動部隊を派遣するにしても、護衛駆逐艦の洋上補給が困難だから、派遣部隊の編成には苦心すると思うと言った。

ところで、陸軍のほうはハルダー参謀総長にどのような返答を送ったのか。

すでに見たとおり、市谷台の幹部たちは、日本が参戦しなければ、対ソ戦はやがて膠着状態に陥るといった予測をハルダーがたてていると知り、大きなショックを受け、さて、どうしたらいいかと迷っていた。だが、首脳部は決断できなかった。曖昧な返事をだしたのであろう。ドイツ側からさらに催促があった。外相のリッベントロップが大使の大島浩に向かい、日本が対ソ戦に加わることを望むと説いた。

市谷台の幹部たちは自分がいくじなしと思われるのではないかと互いに気にした。ごまかしを並べた。いったい、ドイツが真に望んでいるのは、ソ連との戦いなのか、それとも海上交通の破壊戦なのかと問うた。参謀本部は坂西一良にこれを尋ねた。四月一日に坂西からばかに浮っ調子な返事が届いた。

ドイツの戦争指導の大本はヒトラーの胸三寸で決まる、ヒトラー総統はいまだかつて日本に注文がましいことを言ったことがない、ドイツの一海軍部長、外務大臣の希望を意に介する必要はない(46)。

四月七日に軍令部はその「一海軍部長」に返事を送った。日本海軍の作戦の重点は米海軍を撃滅させることにあると述べ、交通破壊戦に回す潜水戦隊はないと言った。それでもドイツを失望させまいとして、インド洋作戦を重視しており、積極的な案を計画中だとつけ加えた(47)。

当然ながらドイツ海軍首脳陣はひどく不満だった。

ところで、市谷台の陸軍幹部たちは坂西の電報を読み、ヒトラー総統は日本になにも求めていないと聞いても、胸のなかの鉛の玉は消えはしなかった。

英国を屈服させることができないのなら、ドイツは全力をあげてソ連を降伏に追い込まねばならない。ところが、昭和十七年中にソ連の崩壊を生みだす作戦計画は持たないのだとドイツ陸軍の参謀総長は言い、昭和十八年になっても、ソ連を敗北させることはできないと仄めかしているのだ。昭和十八年、そして昭和十九年には、ドイツはどのような戦いをすることになるのか。米英軍はヨーロッパ大陸のどこかに上陸することにならないのか。ドイツ軍はこれを叩きだせるのか。

ドイツが二正面で地上戦を戦うことになる以前に、日本は参戦し、黒龍江を強行渡河し、トーチカ地帯を一気に突進し、沿海州を制圧する。極東ロシアを攻略し、ドイツと力を合わせ、ソ連を降伏させてしまわねばならない。

かれらが南方から満洲に航空部隊と陸軍部隊を引き戻す計画をたてていることは前に述べた。だが、だれも決心がつきかねた。対ソ戦を回避したら、悔いを千載に残すことになると思いながら、かれらは思い悩むことになった。

海軍側はどうであったか。嶋田繁太郎、永野修身、そしてかれらの部下たちの不安はこれまた大きかった。かれらが恐れていたとおり、ドイツは陸軍に対ソ戦への参加を呼びかけてきた。

そしてかれらの最大の不安は陸軍が勝手に戦いをはじめてしまうことだった。前年の十六年の六月から七月にかれらが抱いた不安とまったく同じだった。かれらが連絡会議でソ連との戦いには絶対反対だと言っても、関東軍と参謀本部がしめしあわせ、満洲国境で戦いをはじめ、相手がしかけてきた戦争だと言い逃れ、しゃにむに戦いにもちこむ恐れがあった。

霞ヶ関の幹部たちの憂慮は大きかったが、対策はあった。満洲国境の雪が溶けるより前に、大規模な戦いを南太平洋か、インド洋でやると決めてしまうことだ。そうすれば陸軍はかれらの秘密の計画をお蔵入りにせざるをえなくなる。

じつは、これは前年の昭和十六年の七月にかれらがやったことだった。その月のはじめから陸軍が大動員をおこない、七十万の大軍を満洲と朝鮮北部へ送り込もうとしていることは、クレムリン以上に霞ヶ関を不安に陥れた。かれらは対ソ戦を絶対に阻止しようとして、インドシナ南部へ軍隊を派遣すべきだと説いた。

海軍首脳はアメリカが対日全面禁輸の対抗策にでるかもしれないということには目をつぶった。ともかく、そうなってしまったら、陸軍の対ソ戦を完全に潰すことができる。かれらはこんな具合に考えた。陸軍幹部はソ連とは戦いたくないのが本心であったから、サイゴン進駐計画に賛成した。

それから八カ月あとのことになるわけだが、軍令部と海軍省、連合艦隊司令部は、大量の陸軍部隊を必要とする作戦計画をつぎつぎと打ちだした。マニラやシンガポールから満洲に陸軍部隊を戻させないようにするためだった。

オーストラリア全域を制圧すべきだと海軍側が説いた。陸軍がそんな輸送船の余裕はないと反対すれば、オーストラリアの一部でいいと主張を変えた。ハワイを攻略しようという主張もでた。セイロンを占領しよう、サモア島へ進攻しようという計画も登場した。

勝ち戦がなおもつづくなかで、壮大な軍事計画を論じていれば、いい気持ちにはならないまでも、だれも背中合わせの不安を忘れることになった。市谷台の幹部たちは、対ソ戦よりも重大な戦いをやらねばならないのだと思っているふりをした。そして実際にはやる勇気のない対ソ戦の計画を脇へ押しやったのだった。

そして最初にやることになったのがミッドウェー島の攻略だった。海軍主導の作戦だった。敵の太平洋にいる空母三隻を否応なしにひきずりだし、すべてを叩き潰すことを連合艦隊の第一の目標としていたのが、逆に敵の罠に陥ち込み、主力空母四隻を失う惨憺たる敗戦となった。サモア島の攻略どころではなくなった。参謀本部は軍令部からこれを聞き、敵の反攻は意外に早いかもしれないと考え、泣いても、笑っても、対ソ戦をやることはできなくなったと思った。

もう一度前に述べたことを繰り返そう。アメリカとの戦いをはじめてすぐに陸海軍幹部が知ったのは、ドイツが英本土進攻の力を持たないということだった。そして戦いをはじめてから三カ月あとには、ドイツはロシアに決定的な勝利を収める現実的な希望を持っていないことを知った。

そして日本がドイツの求める協同作戦を敢行できないなら、ドイツはどうなるのか。

最終的にドイツは負けてしまうのかと考えてはいけないことを恐る恐る考えた者もいたはずだ。だが、市谷台、霞ヶ関でこれらの問題を真剣に検討したことはなく、陸海軍のあいだで討議したこともなかったのであろう。

それこそ宇垣纏が日記に書いたとおり、「自主邁進の方針が一番強い」とだれもが考えることにして、自分を瞞すことになったのである。

電波兵器を無視して

ドイツ側は協同作戦をやるようにと日本側に何回も要請をつづけたのだが、日本とドイツとのあいだの経済協力はどうであったか。

前に述べたとおり、アメリカとの戦いをはじめる前、日本はドイツから電波兵器の見本と製造図面の譲渡を望んだ。そしてまた、反応筒が欲しかった。水素添加法による人造石油製造技術の入手を望んだ。いずれもうまくいかなかった。そしてアメリカとの戦いを決意したときには、軍令部の第一部長、陸軍の参謀次長、だれもかれもが電波兵器や反応筒のことを忘れてしまったような態度をとり、忘れたふりをしたことは、これも前に記した。

戦いがはじまってからは、どうであったか。参謀総長も、海軍大臣も、電波兵器や反応筒のことなどほんとうに忘れてしまった。

スマトラのパレンバンにあるプラジュー製油所は三カ月以内に復興する。バリクパパンとタラカンの石油はすぐに使える。連合艦隊の燃料はもう心配はない。どれもこれも威勢のいい話ばかりだった。そして電波兵器なんか恐れるに足らないと連合艦隊の幹部たちは意気軒昂だった。電波兵器はまだ実戦の役に立ちはしないと参謀本部の幹部たちも思った。

ほんとうはどうだったのか。

まず電波兵器について述べよう。

目黒の海軍技術研究所で、数少ない研究員が対空警戒用の電波兵器の開発に取り組み、それこそ秒針の進む音が耳のすぐうしろから聞こえてくるようなあせりのなかで、必死の努力をつづけていたのが、昭和十六年の夏から秋のことだった。同じ時期にアメリカはどうであったか。前に述べたことだが、オアフ島の陸海軍の司令官はワシントンに向かって、対空警戒の電波兵器がさらに欲しいと言い、すべての軍艦に射撃用の電波兵器を搭載したいとせきたて、哨戒機に電波探知機を積みたいと矢の催促をしていた。

そこで戦争がはじまったときには、アメリカの太平洋の最大の海空軍基地があるオアフ島は、充分すぎる電波探知装置で守られるようになっていた。

ところが、日本側はこちらに電波探知機がないのなら、相手も持っていないということにしてしまった。軍令部がハワイ水域へ向かっている連合艦隊に「×日ヲ十二月八日トス」と告げた十二月二日、同じ軍令部がホノルル領事に調べるように命じたのは、真珠湾上空に阻塞気球があがっているかどうかということだった(48)。

当然ながら軍令部はオアフ島の電波探知設備がどこにあるかをとっくに調べておかねばならないはずだった。見張り用の電波兵器は六個所に配置されているらしいと知ったら、目黒の研究者の意見を聞かねばならなかった。見張り用の電波探知機の電波は、海面すれすれに走るときには、海面からの反射電波と重なり合い、互いに打ち消しあって、スクリーンに写ることはないと知ることになったはずだ。そこで攻撃隊に向かって、オアフ島の海岸線まで十五メートルの超低空で飛べと命令すればよかったのである。

攻撃はどんな具合におこなったか。第一次攻撃隊百八十三機はオアフ島の東北四百四十キロのところで六隻の空母から発進した。ハワイ地方時間で午前六時だった。高度は三千メートルを保った(49)。二時間近く飛び、順調にいけば午前七時五十分頃には攻撃を開始する。

午前七時少し前、オアフ島の最北端にある陸軍の電波探知装置のスクリーンを覗いていたひとりの電測手が空中線の動きをとめて、「おい、これはなんだ」と相棒の電測手に叫んだ。スクリーンには大きな白い雲のようなものが浮かびあがっている。

故障かなと思った。つまみを回し、調整した。正常である。光の幅の長さとその明るさから、訓練でよく承知していたことであったが、それは一機や二機ではなく、おびただしい数の飛行機であることに疑いの余地はなかった。この百機以上の飛行機の大群は二百十キロさき、北三度東の方向にあり、まっすぐこちらに向かってくる。味方の飛行機なのか、それとも敵機なのか。この白い雲をじっと見詰めていた二人はうなずきあい、ひとりが送話器をとった。

当直の下級士官が「ほっておけ」と言ったとき[50]、攻撃部隊の奇襲が成功することは決まった。そしてそのときハズバンド・E・キンメルと山本五十六の運命と評価は入れ替ることになった。

なにはともあれ、真珠湾の攻撃が成功していちばんほっとしたのは、まだ実用にはほど遠い試製機であったが、対空見張り用と対水上見張り用の電波探知機をつくりあげたばかりの研究者たちだった。電波兵器は、敵の側でも、まだ完全な兵器になっていないのだとかれらは思い、これからはもう少し落ち着いて研究、開発、テストに取り組むことができると思ったのだった。

だが、ほんとうの話をすれば、戦いをはじめた昭和十六年十二月、その最初の一カ月のあいだに、敵の電波探知機は、海軍が築きあげた戦術のひとつ、潜水艦作戦をがたがたに壊してしまっていたのである。

そして悲劇的なことは、真珠湾奇襲が実際には失敗に終わるはずだったことを、連合艦隊司令部の参謀、軍令部の幕僚たちがまったく気がつかなかったように、潜水艦作戦がうまくいかなかったのはなぜだったのか、そのときはもちろん、そのあとも、かれらが気づかなかったことなのである。

前に述べたことだが、アメリカと戦うにあたって、潜水部隊は艦隊決戦の一員だった。潜水艦乗りはいずれもこの戦いの主役となってみせるつもりだった。潜水部隊はパナマ運河、サンフランシスコ、真珠湾を監視、偵察して、アメリカの主力艦隊の所在を確認することになっていた。そして敵艦隊が出撃したら、潜水部隊は追跡し、機会があるごとに敵の主力艦を攻撃し、艦隊決戦をおこなう戦域に敵艦隊が到着するまでに、敵の戦力をこちらと同じか、それ以下にしてしまおうという算段だった。

さて、戦いがはじまり、敵の主力艦を真珠湾で沈めてしまったあと、潜水部隊はオアフ島を取り囲んだ。真珠湾へ急行を命じられ、あるいは戻ってくるであろう敵空母と重巡洋艦を待ち伏せした。

真珠湾口の監視をつづけた潜水艦はそれぞれの持ち場にとどまり、昼のあいだは潜水し、潜望鏡をだして敵艦を探し、夜は浮上して哨戒することにしていた。

ところが、敵機の警戒は想像を越えていた。昼間はまったく浮上できなかった。夜になって浮上するとまもなく敵機の爆音が聞こえ、こちらに近づいてきた。充電する時間もなく、敵艦の監視をつづけることなどとてもできなかった。

戦いがはじまる前、アメリカ海軍作戦部長がオアフ島の太平洋艦隊司令長官に宛てて、哨戒機のすべてに電波探知装置を搭載させると約束したことは前に述べた。そして昭和十六年十二月、オアフ島の二つの航空基地にある哨戒用の飛行艇はすべてＡＳＶを搭載していた。

ＡＳＶの電波の波長は長い。短い波長を使わなければ、目標を効果的に検出できない。だが、実用に耐える短い波長の探知装置をつくることができなかった。そこで波長の長い電波を使ったのだが、精度は低くても、暗闇のなかで接触反応があるという利点だけで浮上中の潜水艦には通用した。

潜水艦を脅すには飛行機の絶え間のない爆音だけでよかったのである。こちらの潜水艦は飛行機から投下される爆雷を恐れ、潜航することになる。潜水艦に不可欠なのは機動性である。敵艦を発見できず、追跡することもできず、海中にとどまるしかないのなら、一個の機雷にも劣ることになる。訓練や演習ではつねに見事な成果を収め、潜水艦戦に関するかぎり世界一と思っていただけに、潜水艦の乗務員はもちろんのこと、潜水艦隊の司令官、そして軍令部、海軍省の幹部たちは、潜水部隊が一隻の敵艦も沈めることができなかったことに大きなショックを受けた。ハワイ封鎖作戦に参加した二十七隻の潜水艦のうち、敵艦を攻撃できたのはたった一隻だった。

だれもが敵側の厳重な警戒に驚くだけだった。敵の哨戒機が電波探知機を搭載していることに気がつかなかった。

ところで、アメリカ側は日本海軍の哨戒索敵を任務としている九七式大艇が電波探知機を搭載していないことから、昼間だけしか活動できないことを承知していた[51]。

そこでつぎのような戦いをした。二隻の空母、ヨークタウンとエンタープライズがサモア島を出撃した。マーシャル群島の六つの島を狙うことにした。真珠湾、グアム島、フィリピンと叩かれっぱなし、負けつづけだったから、宣伝できるような攻撃をおこない、味方の士気を盛りあげようとしたのである。

エンタープライズははるかに遠回りをして進むことにした。ヨークタウンのほうは直進することにしたから、ギルバート諸島からの日本の哨戒機に発見される恐れがあった。そこでヨークタウンは夜のあいだはギルバート諸島へ突進した。夜が明けると反転した。九七式大艇に見つかっても、ギルバート諸島から遠ざかっていると思わせた。そして日が暮れれば、またマーシャル群島へと進んだ。奇襲に成功し、クェゼリン、ルオット、ヤルート、マキンの島々の日本の小艦艇と飛行機を爆撃したのだった。

これが昭和十七年一月末のことだった。

さて、日本がアメリカ・英国と戦いを開始し、ドイツがアメリカに宣戦を布告することになって、ドイツは日本の技術士官に三十分だけ見せた射撃用の電波兵器を日本に供与することになった。

仮装巡洋艦と柳船が日本に

「ヒトラー総統はマレー半島に山下将軍が敵前上陸したと聞いて、ウルツブルグを天皇陛下に差しあげると言って、その譲渡を命令したのだ」と聞かされたのは、日本無線の設計次長の津田清一である。昭和十八年にウルツブルグの技術指導のために潜水艦で日本に来たハインリッヒ・フォーダスから聞いた(52)。

陸軍の技術駐独武官の佐竹金次がドイツ側から電波兵器について詳しい説明を受けるようになったのは昭和十七年二月になってのことだったから、ヒトラーは、日本軍がマレーに上陸し、シンガポールを攻略したことに喜び、大使の大島浩に向かって、ウルツブルグを譲渡しようと言ったのは事実だったのであろう。

坂西一良や佐竹金次はウルツブルグをドイツの輸送船で運んでもらうことを望んだ。じつはドイツの輸送船がドイツの港と日本の港とのあいだを往復していた。

この輸送船について述べる前に、ドイツの武装商船について語ろう。いまも多くの日本人が記憶しているエムデンやウルフの衣鉢を継いだ偽装商船である。仮装巡洋艦とも呼ばれた。ドイツ海軍の呼び名は補助巡洋艦である。

日本がアメリカと戦うようになる以前の昭和十五年には、六隻の武装商船が大西洋やインド洋で暴れ回り、英国とその同盟国の輸送船五十四隻を沈めた。これらの武装商船は大西洋だけでなく、太平洋でも獲物を求め、日本の港をも利用した。

この武装商船のなかに、シッフ45と呼ばれる船があった。もともとは三千三百トンの商船だった。改装して、十五サンチ砲六門、魚雷発射管五基、高射砲と水上機一機を搭載していた。ドイツの港をでて、ソ連の砕氷船の助けを借り、北極海を航行し、ベーリング海峡を抜けでた。

ここでシッフ45はソ連船に化け、太平洋を南下した。マリアナ諸島から西進して、カロリン諸島のヤップ島に近いラモトレク環礁に入った。昭和十五年七月にドイツの港をでてから三カ月がたち、すでに十月半ばとなっていた。

礁湖内は日本海軍が浚渫《しゅんせつ》してあったから、五千トンまでの船は停泊できる。日をおいて、つぎつぎと船が入ってきた。補給船のクルマーランド、シッフ45と同じ武装商船のシッフ36が入ってきた。つづいてもう一隻、レーゲンスブルグという補給船が来た。シッフ45とシッフ36は二隻の補給船から燃料と食料の補給を受けた。そしてシッフ36が監禁していた拿捕《だほ》した船の船員をほかの船にも配分した。各船の幹部は集まり、つぎの作戦計画もたてた。

日本船に化けたこれらの船が礁湖内でこんなことができたのは、もちろん、日本海軍の暗黙の了解があってのことだった。

レーゲンスブルグはこのあとなにくわぬ顔で横浜へ戻ったが、ほかの三隻はしばらく共同行動をとることにした。昭和十五年十二月にはギルバート諸島に近いナウル島を襲った。燐鉱石を積み取りにきていた五隻の貨物船を沈めた。そのあとビスマーク諸島のエミララ島で捕虜を釈放した。

このあと三隻はそれぞれ単独行動をとった。追手の目をくらますためにシッフ45は南氷洋へ向かった。暴風圏を越え、白銀の海に入り、ロス海で日本の捕鯨船団と行きあった。操業していた日新丸船団はこのドイツ船は英国の巡洋艦に追われて逃げてきたのだと思った。ドイツは同盟国だったし、なによりもドイツは採った鯨油を一手に買ってくれる上得意だったから、日新丸の船長は最上等の鯨油をシッフ45に贈ったのだった。昭和十六年二月のことだった。

同じ月に、シッフ45、シッフ36とべつの戦いをしていたシッフ33がアラビア海でイギリスの巡洋艦に沈められた。だが、それより前の一月、シッフ33は英国とノルウェーの捕鯨船十一隻を拿捕し、そのうちの十隻をドイツへ送っていた。ドイツの仮装巡洋艦の狙いは鯨油だった。南氷洋で獲れるひげ鯨の油はマーガリンとショートニングの原料となる。昭和十五年から昭和十六年、日本水産と大洋捕鯨がかつてない大きな利益を計上できたのも、生産した鯨油のあらかたをシベリア鉄道経由でドイツへ輸出したからだった。

シッフ45のことに戻れば、北氷洋を通過するといった大冒険をやったにもかかわらず、さっぱり戦果にめぐまれなかった。やっと昭和十六年八月に英国船を沈め、つぎに錫、マンガン鉱、ゴムを満載したオランダ船を拿捕した。沈めることなく、捕獲要員に指揮をとらせ、ともに航海をつづけた。つづいて英国の大型船とゆきあった。たいした積荷はなかったので、撃沈した。

横浜からの補給船ミュンスターランドと南太平洋でおちあい、補給を受け、いよいよドイツへ戻ることにした。帰りはポルトガル船に化け、昭和十六年十一月末に母港のハンブルグ港に投錨した(53)。

それから少しあと、昭和十七年一月にドイツの港を出港したのがシッフ10である。シッフ10も十五サンチ砲を六門、高角砲を六門、魚雷発射管五基、水上機一機を搭載していた。貨物船の船員として四十人ほど、ほかに三百五十人近くが乗り組んでいた。戦闘員のほかに、停船を命じた敵の輸送船に乗り込む臨検士官と部下たち、戦略物資を積んでいれば船ごと奪わねばならないから、操舵手、機関長、無線士を五組、十組と揃えていたのである。

シッフ10は真っ直ぐ南氷洋へ向かった。前年のひげ鯨の漁期にシッフ33が南氷洋で大戦果を挙げたことから、もう一度、人造バターの原料を大量に獲得しようとした。シッフ10の偵察機は捕鯨船を探したが、見つけることはできず、捕鯨母艦とキャッチャーボートとのあいだの交信を捕えることもできなかった。南大西洋に戻り、昭和十七年三月から四月のあいだに五隻の貨物船を沈めた。

つぎに英国籍のナンキンという名の貨物船を拿捕した。メルボルンをでて、インドのボンベイへ向かう途中の船だった。錫、羊毛、厖大な食用肉を積み、外交行嚢もあった。撃沈することなく、横浜へ回航させることにし、士官たちを乗り込ませた。横浜港へ到着したのは七月中旬である。

そしてシッフ10は、例の補給船、レーゲンスブルグとインド洋の定められた場所で出会い、必要物資の供給を受けた。シッフ10はそのあと六月から七月に二隻のタンカーを拿捕し、二隻の貨物船を撃沈した。二隻のタンカーはそれぞれ七月と八月に横浜港に着いた(54)。

こんな具合にドイツの仮装巡洋艦が大西洋からインド洋、太平洋で活躍していたとき、ドイツから真っ直ぐ日本の港に来る貨物船があった。

昭和十七年三月のことだった。日本製鉄社長の豊田貞次郎と幹部たちをびっくりさせる出来事が起きた。

こういうことだ。日本製鉄は室蘭市仲町に製鉄所をつくった。昭和十四年から十六年半ばまでに七百トン溶鉱炉三基を完成させ、火入れもおこなった。さらに平炉を建設して、鉄鋼一貫態勢を整えた。建設が遅れていたのが分塊圧延工場だった。

製鉄所の新設となれば、主要設備、主要機械はドイツに注文するのが決まりだった。

分塊圧延機はドイツのデマーグ社から買うことにした。昭和十三年九月に契約が成立したが、一年あとの昭和十四年九月にヨーロッパの戦いがはじまってしまった。機械はできあがっていたが、輸送できなくなった。そこで室蘭製鉄所はアメリカのメスタ社に新たに注文し、昭和十五年一月に契約した。ところが、その年の六月にアメリカは機械類の日本への輸出を禁止した。国内の会社に機械の製造を頼まねばならなくなった。東京芝浦電気の子会社、芝浦共同工業にその準備を依頼することにした。だが、当てにはしていなかった。室蘭製鉄所は分塊工場の建設を断念したというのが本心だった。そして対米戦争がはじまった。

　さて、昭和十七年三月、日本製鉄本社と室蘭製鉄所の幹部たちがびっくりした出来事になる。圧延機、剪断機、その他の機械が神戸に着いていると告げられた[55]。そんなことがあるはずがない、なにかの間違いだろうとだれもが思った。デマーグ社の製品が到着している、ほんとうに室蘭が注文した機械類だとわかって、だれもがうーんと驚き、さすがにドイツのやることだと感嘆した。

　同じように感じいったのが陸軍の首脳だった。そのとき総理大臣であり、陸軍大臣を兼任していた東条英機が神戸港の埠頭でこれら重量物の山を見て、あれはなにかと尋ねた。かれは九州視察へ向かうところだった。あるいはかれは港に錨をおろしているドイツの船も見たのかもしれない。前年の九月から数えて、五隻目か、六隻目の「柳《やなぎ》船[56]」

だという説明も聞いたにちがいない。柳船はドイツと日本を結ぶ輸送船の秘匿名だった。

これより少し前のことか、それとも少しあとのことか、東条はもうひとつのことを知ったのであろう。満洲松花江につくられた東洋一という巨大なダムがある。豊満ダムである。そこに据えつけられる予定の発電機のうちの二台をドイツのファイト社に発注していた。ドイツは英国、フランスと戦うことになった。一台目の発電機はシベリア鉄道で送られてきた。発電機が満洲里に到着したときには、独ソ戦争がはじまっていた。二台目の発電機は諦めていたのだが、柳船で送られてきたのである。(57)

東条はドイツの船乗りの大胆さに感服するのと同時に、このさき必要とする軍需品をドイツから獲得できると思った。

昭和十七年の同じ三月のことだが、陸軍の関係者たちは昭和十七年度の航空機生産計画をたてるのに忙しかった。勝ち戦はつづいていたが、だれもが航空機の生産を二倍、三倍としなければならないことを痛いほど知っていた。その月、昭和十七年三月の生産総数は練習機を含めて四百機足らずだった。昭和十八年三月の生産能力は、工場を二十四時間フル操業とし、どれだけ知恵をしぼっても、二倍とはならなかった。七百五十機までだった。

航空機の生産を二倍にできないのは、発動機の生産を二倍にできないからだった。発動機増産の最大の障害は、発動機の歯車をつくるのに必要な歯車研削盤の不足を筆頭に、各種の高級工作機械が足りないことだった。日立精機をはじめ、工作機械製造会社は、たとえばプラット・アンド・ホイットニー社の歯切機械をモデルに同じものをつくろうとしていたが、なかなか思いどおりにいかなかった。

ドイツから工作機械を輸入すればよいと陸軍の幹部たちは考えた。陸軍大臣は神戸港で大きなロール機を見たのだし、五月には柳船タンネンベルグが神戸港に入り、これに乗っていたドイツ国防省兵器局員のパウル・ニーメラーバが鋼板貫通に威力のある新発明の弾丸の模型と図面を陸軍次官の木村兵太郎に手渡すといったこともあって(58)、だれもが柳船に過大な期待を抱くようになっていた。

三菱、中島を中心とする航空機用エンジンを製造する会社が、必要とする工作機械の種類と数を列挙した。総計二千七百台にのぼった。多すぎるということで、陸軍航空本部が歯車研削盤百六十台、フライス盤百三十台、内面研磨盤百十台、横中ぐり盤百台といった具合に決めていき、一千台にしぼった(59)。

海軍も一千台の工作機械を輸入することにしようとした。陸海軍合わせて二千台の工作機械である。

日本の輸送船はただの一隻も、インド洋、大西洋を渡って、ドイツの港に入ることはできなかったし、はじめからやる気もなかった。虫のいい話だったが、すべてドイツの輸送船で運んでもらう算段だった。

陸軍は海軍とも話し合い、ドイツから鋼材、アルミニウム、船舶をも購入しようということにもなった。虫のいい希望は際限もなく膨らんだ。鋼材三百万トンから三百五十万トン、アルミニウム十万トン、船舶三十万トンが欲しい、この交渉をすすめよとドイツ駐在の陸海軍武官に告げた[60]。

ウルツブルグのことに戻るが、日本側はぜひとも封鎖突破船でこれを運んでもらいたいとドイツに申し入れた。ドイツ側は反対し、輸送船では捕獲される恐れがあり、最高機密兵器の運搬は潜水艦でなければならないと言った。

軍令部が潜水艦をだすことにした。昭和十七年一月に竣工したばかりの大型潜水艦、伊30が四月二十日にマレー半島西海岸のペナンを出港した[61]。搭載している零式小型水上偵察機はドイツに贈与することになっていた。ドイツに求められていた航空魚雷の設計図も積んでいた。真珠湾でアリゾナその他、マレー沖でプリンス・オブ・ウエールズを沈めた九一式航空魚雷である。じつは柳船でこの魚雷七十本を送ったばかりだった[62]。

「沿海州を占領すべきだ」

ところで、市谷台と霞ヶ関の幹部たちはヒトラー総統が天皇陛下にこの電波兵器を贈呈するといった話にあわてただけのことで、いっとき騒いだこともすっかり忘れてしまい、電探なんか役に立ちはしないと相変わらず思っていた。

たとえば軍令部と艦政本部は水上射撃用の電波探信儀をつくれと海軍技術研究所に命じはしたものの、つくれるものならつくってみろといった意地の悪い態度だった。測角精度〇・一度以下、測距精度百メートル以下でなければならぬと言った。重量、容積、信頼性についての要求も苛酷をきわめた。電気部の技術士官の松井宗明は小学生に大学入試の問題をやれというようなものだと呆れ、そして怒った。

松井宗明は海軍兵学校を昭和九年に卒業したあと、昭和十五年から十七年まで大阪帝大理学部で物理学を学んだ。そのあと海軍技術研究所で電波兵器の研究をおこなってきた。現在、三十一歳になる。

見張り用の電波探信儀についても、軍令部や連合艦隊司令部はなんの関心も持たなかった。昭和十七年四月はじめに機動部隊はベンガル湾へ出撃した。セイロン沖で敵機に不意打ちされた。爆音が聞こえたと思ったとき、空母赤城の艦首をはさみ、両側に大きな水柱が立った。そして重爆撃機のグレンハイム九機が赤城の頭上を通りすぎようとしたとき、やっと高角砲は射ちはじめた。対空見張りを増やさねばならないとだれもが語ったのだが、警戒用の電波兵器が必要だとは考えなかった。英国の誇る重巡洋艦を二隻、空母と駆逐艦を一隻ずつ、ほかに二十三隻、十一万トンの輸送船を沈めたではないか、うさんくさい兵器がどうして必要なのかとみなは思った。

つづく五月はじめの珊瑚海海戦は史上はじめての空母戦だった。相撃ちの刺しちがえで終わった。機動部隊と連合艦隊の幹部たちは戦いには運不運があると自らを慰めたのだが、だれも内心、敵もなかなかやると舌を巻いた。

だが、ほんとうは敵の力量や技倆が優れていたわけではなかった。敵が持っていた電波兵器がこちらを苦しめたのだった。こちらの眼はラバウルから飛ぶ哨戒の飛行艇だった。わがほうが有利のようであったが、そうではなかった。敵の空母や巡洋艦の電測室のスクリーンは三十キロさきの飛行艇を写しだしたから、直ちに空中の警戒機に指令は伝えられ、飛行艇は撃墜された。こうして敵味方がそれぞれ相手を見つけたのは同時となった。それから三十六時間にわたって戦いはつづいたのだが、日本の飛行士の優れた技倆と飛行機の優秀さは、敵の持つ対空捜索用の電波兵器と空母のいちばん高いヤードにとりつけられた敵味方識別装置によって相殺されてしまった。

もしも敵空母が空中を捜索できる電波兵器を持たなかったら、わがほうの練達の搭乗員百五十人がむざむざ殺されることはなかったのだし、敵空母一隻だけでなく、残りの一隻も撃沈できたことは間違いなかった。

だが、海軍首脳は相変わらず正確になにが起きたのかを気づかず、電波兵器のことを気にしてはいなかった。海軍があわてなければ、陸軍幹部ものんびりしたものだった。南方各地で綿花の栽培から集荷までをするといった計画をたて、手回しよく専門家や技術者を送るといったことはやっても、シンガポールやマニラ周辺に残っていることは確実の敵の電波兵器を徹底的に探そうとせず、調べようとしなかった。

五月はじめの珊瑚海海戦につづいて、ミッドウェー沖で日米双方の空母が再び戦った。この六月はじめの戦いは一方的な敗け戦に終わった。敵の空母すべてを沈めようとしたのが、こちらの正規空母四隻と二百人に近い歴戦の航空機搭乗員を失うという思ってもみない結果に終わることになった。

軍令部と海軍省の幹部たちはだれもが悲嘆と無念さを胸中に押し隠そうとした。結果として、ニューカレドニア攻略作戦を断念しなければならなくなった。もちろん、ソ連と戦うどころではなかった。軍令部の幹部は正規空母四隻を失ったことを参謀本部の次長にそっと告げたのである。

そして軍令部第一部長と部下たちはこのさき攻勢作戦をおこなうことができるだろうかと思案し、空母部隊の再建策をたてるのに忙しかった。北アフリカの戦場のことなど注意する者はいなかった。ドイツ側に要請されていた東アフリカ沖の交通破壊戦のことを、真剣に考える者はいなかった。

六月二十二日、野村はフリッケから東アフリカ沖における日本海軍との協同作戦の実施を重ねて求められた。そのあと霞ヶ関から野村宛てに東アフリカ沖で潜水艦作戦をやるとの電報が届いた。だが、フリッケはそんな小規模な作戦ではなんにもならないとたいへんに不満だった[63]。

陸軍のほうはどうであったか。参謀本部の部長から部員まで、ドイツとの協同作戦のことはつねに頭の片隅にあり、戦って、はたして沿海州を一挙に制圧し、ソ連軍の背後に回り、極東ソ連軍を壊滅できるのだろうかとそれこそ何十回も考えた。考えをつづければ、二万人の将兵を殺してしまったノモンハンの戦いをだれもが思いだした。戦うべきだと言いだせなかった。だが、戦わないことがどんな結果を巻き起こすだろうかと考えれば、戦わないと簡単に決めることができなかった。ソ連と戦うか、戦わないかを最終的に決めねばならない時点である六月を迎えて、かれらは迷いに迷っていた。

ところが、自分の決断力のなさを悔やまずにすむことができ、自分の臆病さをくよくよ思いわずらうことから逃れることができるようになった。海軍が主力空母を失ってしまって、太平洋正面が安泰でなくなってしまったから、対ソ戦は思いとどまるしかないと自分に言い訳ができるようになった。

そしてドイツとソ連との和平を日本が仲介するといった計画をだれかが持ちだした。三カ月前の三月はじめに「現情勢ニ於テハ独ソ間ノ和平斡旋ハ之ヲ行ワズ(64)」と「戦争大綱」に明記させ、外務大臣東郷茂徳の和平仲介案に反対したのが陸軍であったことなどきれいに忘れてしまった。参謀本部の第一部長が日独ソの提携がいちばん必要なのだと語り、独ソ和平こそが日本とドイツにとってもっともいい方策だとだれもが説き、日独両国は「英国ノ屈服」に努力を集中すべきだと主張することになった。そして特使をドイツに派遣しなければならないといった論議がしばらくのあいだつづいた(65)。ところが、ドイツ政府の幹部にこれを切りだして、ヒトラーの怒りを買う恐れがあり、日独関係の悪化をもたらすことになるかもしれないといったべつの主張に人びとがうなずくことになった。

ドイツ側はどうであったか。

日本はミッドウェー島の攻略を中止したが、同じとき、昭和十七年六月六日と七日にアリューシャン列島の要地、アッツとキスカの両島を占領したことは、ドイツ政府の首脳を喜ばせた。日本陸軍はウラジオストクの攻略に先立ち、米ソのあいだを遮断する作戦にでたと思ったのである。

ところが、日本陸軍が北方へ進撃する気配のないまま、じりじりしながら、その甲斐もなく待ちつづけていたリッベントロップは、六月二十四日、大島に会った。ソ連を討つべきだと説いた。七月九日にもリッベントロップは大島に向かい、回答はまだ来ないのかと催促し、中国の重慶支配地域にアメリカの爆撃機の基地ができたように、ウラジオストクにアメリカの爆撃機が送り込まれるぞと言い、一刻も早く沿海州を占領すべきだと説いた(66)。

日本の正式の回答はやっと七月末になって大島のところへ届いた。大島は対ソ戦に加わるべきだと思っていたから、ソ連とは戦わないという遅れに遅れたこの回答に憤慨した。リッベントロップの失望も大きかった。

イタリア軍首脳もエジプト戦線の悪化に懸念を強め、日本の海軍武官に交通破壊戦をやって欲しいと訴えたのだが、かれらもまたがっかりするだけだった。

八月五日、坂西一良と野村直邦は国防軍総司令部作戦部長のアルフレート・ヨードルに招かれた。極東に駐屯していた狙撃師団三個師団がスターリングラードに七月中旬に到着している、ソ連はいよいよ窮迫し、満洲国境に置いていた戦闘部隊をも引き抜かなければならなくなっているとヨードルは語った。また北アフリカ方面においては、最近エジプトに一船団が到着した、つぎに七月二十七日、南アフリカから戦艦と空母に護衛された六十隻から七十隻の船団が北上している、さらに七月末に英本国から三十七隻の船団が出発したとヨードルは語った。

そしてヨードルはヒトラー総統が問うところだがと言い、日独協同作戦の見地から、日本が東アフリカ海上遮断を強化できるかどうか、ウラジオストクにたいし積極企図をとるかどうかを知りたいと言った(67)。

国防軍総司令部は事実上、総統大本営である。そしてヨードルは総長のカイテルとともにヒトラーの信頼が厚かった。

霞ヶ関はベルリンに宛てて、海上交通の破壊戦をまもなくやると答えた。さすがに市谷台は独ソ和平の仲介をするとは口にだすことができず、対ソ戦をしないことが日本とドイツにとって利益になるとこれまでと変わりのない弁解を繰り返した。ヨードルはこの回答にがっかりした。

ところで、話は前に戻るが、ミッドウェー沖で、飛行機は相手より優れ、搭乗員ももちろん相手より優れていて、連合艦隊はなぜ敗れたのか。

連合艦隊司令部の幕僚たちははじめにミッドウェー攻略の意図を徹底して隠そうとはしなかった。三隻の空母を殲滅してやろうと思っていたから、敵空母が出てくるのを心待ちしていた。ところが、とり返しのつかない敗北を喫したあとになって、秘密が洩れたのではないかとかれらは騒ぎたてることになった。洩れたどころではなかった。珊瑚海海戦のときと同じように、暗号を解読されて、日本の空母部隊が何日の何時にどの地点へ来るのかを戦いのはじまる一週間前に敵にすっかり知られてしまっていた。

いかに大胆な作戦計画をつくっても、どれだけ精緻な作戦計画を組み立てても、なんの役にも立たなかった。敵側は充分に備え、奇襲を仕掛ける準備をすることができた。これだけでも敵がずっと有利であるうえに、もうひとつ、電波兵器の有無が勝敗をはっきり分けることになった。

ヨークタウン、エンタープライズ、ホーネットの三隻の二百四十人の搭乗員の技倆は相変わらずたいしたことはなかった。もしも、赤城、加賀、飛龍、蒼龍の空母が対空警戒の電波兵器を装備し、百キロさきのアメリカの攻撃機を捉えることができていたら、一隻の空母も沈められることはなく、逆に相手を全滅させていたのである。

戦いのあと、一航艦の司令部は「戦訓所見」につぎのように記した。「電波探信儀ノ欠如　指揮電信電話ノ不備不慣等ノ為　優秀ナル直衛隊モ之ヲ万全ニ活用スル能ワザル実情ナリ[68]」

なにが電探だと鼻で笑っていた海軍主要機関の幹部たちがはじめて騒ぎだすことになった。

空母から戦艦、駆逐艦に装備する見張り用の電波探信儀はどうなっていたのか。海軍では陸上の見張り用は一号、艦船見張り用は二号という番号をつけ、同一用途のものは、完成順に型番号をつけることにしてきている。艦船の見張り用の電探は陸上の見張り用一号二型を艦船に搭載することにして、二号一型と命名した。昭和十七年五月に戦艦伊勢に装備し、実験成果を見ることにした。だが、対水上射撃用、あるいは対空射撃用の電波兵器の開発はさっぱり進展しなかった。

電波兵器が恐ろしい兵器だと市谷台の幹部たちも気づくことになった。シンガポール、コレヒドールの要塞に残っているであろう電波兵器を調べようということになったのであろう。そして電波兵器に関する資料を探すようにと市谷台は命じたのかもしれない。

昭南の南方総軍の兵器部が以前の英軍の兵舎からノートを見つけだし、陸軍技術本部に送った。シンガポールを占領してから五カ月あと、昭和十七年七月になってのことだった(69)。

そのノートには照空灯を飛行機に指向させる電波兵器の取扱い方法が記してあった。つけ加えるなら、陸軍の呼び方が照空灯、海軍の呼び方が探照灯である。ノートの所有者を探しだし、尋問してみようということになった。驚いたことに、ノートの持主のニューマン伍長はノートよりも早く品川の捕虜収容所にいた。英本国で電測士としての即成教育を受け、ノートはその講義を記したものだった。

当然ながらニューマンは機械の取扱いがわかるだけだった。それでも、ヤジと書いてあるアンテナはヤギと読むことを教えられ、ヤギは八木であり、大正十五年に発明された八木・宇田アンテナだということを、研究者、技術者たちはやがて知ることになった。ニューマンのノートはいつかもっともらしくニューマン文書と呼ばれるようになり、関係企業、海軍技術研究所にも配布された。

そのノートには回路図が描かれていたから、それを利用すれば高射砲の算定具と連結する電波兵器をつくることができると第二陸軍技術研究所の技術士官が考えた。東芝電子研究所と日本電気の生田研究所が試作にとりかかった。

陸軍の用語で言えば、電波標定機、海軍用語で言えば、射撃用の電波探信儀ができるのは、まだまださきのことだった。

では、戦力化が急がれている艦船搭載の見張り用の電波兵器はどんな具合だったのか。

昭和十七年八月の末だった。横山一郎が目黒の海軍技術研究所を訪ねた。アメリカ駐在の海軍武官だったかれは交換船で帰国したばかりだった。かれがイタリアの武官補佐官から英国の電波兵器の話を聞き、霞ヶ関にこれを知らせたことは前に述べた。かれはミッドウェーの大敗は電波兵器の不備が理由ではなかったかと思い、わが方の電波兵器の開発状況が気がかりだった。

研究所の兵学校同期の高原久衛が空母隼鷹《じゅんよう》に搭載予定の電探を見せてくれた。戦艦伊勢で実験したあと、戦艦と空母に装備するようになった見張り用電探、二号一型である。高原はスクリーンに富士山を写しだしてみせた。飛んでる飛行機を写してくれと横山が頼んだ。飛行機はまだうまくいかないと高原が残念そうな顔をした(70)。

どういうことだったのであろう。二号一型は対空見張り用のはずだ。この電探の受信機が悪かったのか。送信機の調子が悪かったのか。双方が悪かったのか。そもそも二号一型はこの程度のものだったのか。

ところが、二号一型はなかなかのものだと思った海軍士官がいた。横山一郎が二号一型に失望したすぐあとのことだ。第三艦隊の通信参謀の中島親孝《ちかたか》は旗艦となった翔鶴に乗った。

翔鶴は横須賀海軍工廠で昭和十六年に竣工した優秀な空母である。艦戦、艦爆合わせて七十機以上を積むことができた。あらかたの海戦に参加した翔鶴はマリアナ沖海戦で敵潜水艦の雷撃によって沈められてしまった。

横山一郎が見た二号一型を搭載することになっていた隼鷹についても述べておこう。日本郵船の北米航路の商船として建造中だった橿原丸を、途中から空母に改造した。なんの戦果もあげることができないまま、いまは佐世保港のブイに繋留されている。艦首の右舷を損傷しているが、修理の予定はない。ほかにつながれている駆逐艦、輸送船も手ひどい傷を負っている。

中島親孝は翔鶴に乗ってはじめて二号一型を見た。さっそく構造を調べ、使用法を研究し、訓練中は二号一型につきっきりだった。このあと十月末の南太平洋海戦で、翔鶴の対空見張り用の電探は見事な働きをみせた。敵飛行機群を発見した。攻撃隊は飛びたち、艦内に残っていたのは上空直衛用の戦闘機だけだ。ただちに全戦闘機をあげ、迎撃準備を整える。電測室からは、刻々、敵機の方向、距離を報告してくる。それに応じて上空の戦闘機に指示を与える。ミッドウェーの轍を踏むことはありえない。はじめて電探を装備しての戦いに臨み、中島は電探の有難さをつくづく感じたのだった。(71)

「電探がなければ、戦いはできない」

ところで、対空射撃用のウルツブルグはどうなっていたのか。

柳船で運んでもらいたいと日本側が望んだことは前に述べた。拿捕される恐れがあるからだめだということで、伊30が昭和十七年四月二十二日にペナンを出港したことも前に記した。

伊30は昭和十七年八月六日にロリアンに到着した。海軍が誇る最新鋭の潜水艦であったが、ドイツ側の評価は低かった。巨大な海獣がうなり声をあげ、おまけに太鼓を叩きながらやって来たと笑われた。スクリュー音だけでなく、機関の騒音が大きかった。うかつなことに、わが潜水部隊は防音に注意を払ったことがなく、水中音響の研究者がいなかった。

ドイツ海軍の水中音響の技術はどこよりも進んでいた。潜水艦は八十キロさきの輸送船のスクリュー音を捉える収音機を装備していた。そればかりか、収音機を通して、敵が輸送船か、駆逐艦か、巡洋艦かを識別できた。それだけに潜水艦は自己が発する騒音の防止には万全の注意を払っていた。

伊30は騒音退治の工事をやってもらい、防音装置をほどこしてもらうことになった。ロリアンの工廠従業員が昼夜兼行、四交代で働き、出航二日前までの十三日間の作業だった。おまけに大西洋の海の色に合わせ、船体を白色に塗ってくれた。

そのあいだに艦長の遠藤忍はベルリンに行き、総統ヒトラーに招かれ、十字勲章を授けられた。

伊30はウルツブルグの器材と設計図を積み、八月二十二日の夜にロリアンを出港した。

鈴木親太も便乗した。ウルツブルグの操作、整備を高射砲学校で学び、優秀な成績をあげた技手だった。

十月八日にペナンに着き、つぎに昭南に寄った。十月十三日に昭南港をでた。艦長は艦橋に立ち、甲板では乗組員が作業をしていた。そのとき猛烈な炸裂音が響き渡り、乗組員たちははね飛ばされた。英海軍が敷設した機雷原をそのままにしてあったのだが、その機雷のひとつにぶつかったのだった。伊30は沈没し、十三人が死んだ。

沈没した場所は浅いから、伊30の引揚げはできるという報告が霞ヶ関に届き、直ちに佐世保海軍工廠から専門家を送り込むことになった。だが、ウルツブルグの破壊はひどく、海水に浸った図面は読みとることができなかった。

ウルツブルグは陸軍がもらったということになっていたから、海軍がそれを失ってしまって、海軍幹部は気まずい思いをすることになった。ドイツ側に再び器材と図面をもらわねばならず、もう一度、潜水艦を派遣しなければならなかった。

昭南かマニラ周辺、あるいはコレヒドール島に残る英国製、アメリカ製の対空射撃用の電探を探す仕事はどうなっていたか。

探照灯と連動する電探の取扱い法を記したノートを陸軍技術本部が入手し、このノートの回路図をもとに、陸軍が電波標定機をつくりはじめたことは前に述べた。

じつは高射砲に連動する電波兵器の実物が昭南にあった。米国製のものはコレヒドール島にいくつもあった。固定式のもの、本体と電源部をそれぞれの車に乗せた二輛一組の移動式のものもあった。

ニューマンのノートを入手した前のことか、そのあとのことか、数人の技術者、研究者が調査にでかけた。壊されてはいたが、修復は可能だった。日本に運ぼうとだれもが考えた。日本向けの貨物の優先順位の第一位に据えて当然のはずであった。ところが、フォードの乗用車のほうがさきだった。芝浦に到着したのは十月になってだった。[72]

運ばれてきたのは三台だった。陸軍技術本部が陸軍兵器行政本部と組織を変えたときであった。所管の第二陸軍技術研究所と第五陸軍技術研究所に一台ずつ、陸軍航空本部隷下の第四航空技術研究所に一台を分配した。

射撃の測距装置の研究開発をしているのは第二研究所だった。そこで射撃用の電波兵器の研究開発は自分のところでやると頑張った。こうしてニューマン・ノートをもとに電波標定機をつくる指揮をとることになったのは第二研究所だった。本来、通信器材をはじめ、電波に関係する兵器の研究開発をおこなってきたのは第五研究所だった。だが、第五研究所では電波警戒機の研究開発を任せられただけだった。そこで五研の研究者たちが二研の素人になにがわかる、なにができるとばかにすれば、二研の幹部は五研に敵意を燃やすことになった。

四研では、航空機に搭載する電波兵器の研究開発をすることになった。航空本部は技術本部に向かって、電探は場所をとる、機体を適合させねばならず、機体頭部の改造が必要となる、飛行機のわからない連中に任せるわけにはいかないと主張した。どうぞ好きなようにやってくれと五研や二研の幹部が突き放した。二研と五研が反目し合い、さらに四研との争いが加わり、三つの研究班のあいだで親身な技術の交流はなにもなかった。

海軍でもまったく同じような内輪喧嘩をやり、意地を張り合い、さっぱりうまくいっていなかった。海軍では、電波兵器の研究開発は海軍技術研究所の電気研究部でおこない、実用化と生産は艦政本部が指揮をとるといった仕組みだった。そして航空機用の電波兵器の研究開発は航空本部の第四航空技術研究所が握り、航空技術廠が生産の指導をするといった具合だった。これまた陸軍と同じことで、技術研究所の電気研究部と第四航空技術所は冷たく睨みあい、技術の交流どころではなかった。

ニューマン・ノートをもとに射撃用の電探をつくろうとした二研の試みは、さっぱりうまくいかなかった。一型も、二型ものになる見込みはなかった。精度がどうのこうのという前に、うまく動くのが一日のうち二、三時間だった。見栄をはるのをやめて、シンガポールとコレヒドールで鹵獲した高射砲用の射撃管制の電探と同じものをそのまつくろうということになった。日本電気が英軍のを参考にして三型をつくり、東芝がアメリカ軍の鹵獲品を真似て、四型をつくることになった(73)。

ドイツが日本に求めた協力作戦はどうなっていたか。

ドイツ軍首脳のフリッケからヨードル、さらにはリッベントロップまでの再三の申し入れにもかかわらず、軍令部は数隻の潜水艦を申し訳的に東アフリカ沖に派遣しただけで、腰を据えての交通破壊戦をやろうとしなかった。

ドイツ海軍が最初に東アフリカ沖の兵站線の破壊を求めてきたのは、前にも述べたとおり昭和十七年三月だった。北アフリカのドイツ軍とイタリア軍は攻勢にでて、英軍はエジプト国境内へ退却した。六月三十日にはドイツ軍とイタリア軍はアレキサンドリアにあと百キロのところまで迫った。カイロの町に空から落ちてくる黒く焼けた紙片は、市内にある英軍司令部で焼いていた重要書類だった。

だが、ドイツ軍とイタリア軍は敵のエル・アラメインの防御陣地を突破できなかった。戦車が不足し、火砲も足りなかった。それにひきかえ、アレキサンドリアには、アメリカ軍をはじめ、南アフリカ軍、オーストラリア軍が七月、八月、九月につぎつぎと到着した。十月はじめには、英軍側の戦闘員は二十万人を超し、戦車は一千四百輌に達した。ドイツ軍とイタリア軍は合わせて八万人、戦車は五百輌足らずだった。

北アフリカの戦いの帰趨は日本海軍が米英軍の兵站線を切断できるかどうかにかかっていた。軍令部は交通破壊戦をやると言い、必ずやると約束したが、その場限りの逃げ口上だった。十月の中旬、軍令部は十月初旬よりはじめる予定だった東アフリカ沖作戦を延期するとベルリンの野村直邦に伝えた。ミッドウェー海戦につづき、ガダルカナルとその周辺の水域で激しい戦いがはじまって、海軍首脳は北アフリカの戦線のことを考える余裕はいよいよなくなってしまっていた。

ここで海上捜索用の電波兵器と射撃を管制する電波兵器が勝敗を分けたガダルカナル周辺水域の戦いを振り返らねばなるまい。

ガダルカナル島で海軍の設営隊が飛行場を建設していた。その島は主航空基地のラバウルから九百キロ離れていた。敵の海兵師団がこの島に上陸したのが八月七日だった。五隻の重巡洋艦と二隻の軽巡洋艦がこれこそ日本海軍お家芸の夜襲をかけた。四隻の重巡洋艦を沈め、他の軍艦三隻に大きな損傷を与え、こちらの損害はなかった。アメリカ海軍が海戦でこれだけの大敗を喫したのは、建国以来はじめてのことだった。

ところが、三《み》川《かわ》軍一《ぐんいち》の率いる攻撃部隊は飛行場正面のルンガ泊地に置きざりにされている敵の輸送船団を沈めることなく、そのまま引き揚げてしまった。こうして敵は上陸部隊一万六千人の三十日分の弾薬と食糧を揚陸することができた。

敵がガダルカナル水域の制空権を握ってしまって、こちらは輸送船団を送り込むことができなくなった。わずかな人員と小火器を駆逐艦や大発で送るしかなかった。少数の兵力をばらばらに投入していたのでは、勝てる見込みがなかった。一個師団の輸送を強行しようとした。

十月に入ってのことだ。作戦計画をたてた。高速戦艦が夜のあいだにガダルカナル島の敵が占領している飛行場前のルンガ泊地に突進し、飛行場を砲撃する。そこにある爆撃機と戦闘機を破壊してしまい、つづいて高速輸送船団がガダルカナルの上陸地点へ進出する。

ところが、敵艦隊は海上見張り用の電波兵器を装備していたし、油断もしていなかった。突き進んでくる日本の艦隊をいち早く発見し、すべてを沈めてやろうと待ち構えていた。こちらの艦隊は敵の罠に入った。敵側は「敵艦十七隻を撃沈」と報告して、いっとき、ハワイの太平洋艦隊司令部をひどく喜ばせたのだが、実際にはアメリカ側に不手際と逡巡があり、戦いは引き分けとなった。日本側は飛行場を破壊することができないまま、引き下がった。

日本側はさらに攻撃をかけた。十月十三日の夜、戦艦が飛行場沖に侵入することに成功した。五十機に近い飛行機を破壊し、貯蔵燃料を燃やしてしまった。つづいて十四日の夜には重巡洋艦が再び飛行場を砲撃した。そして十月十六日、六隻の輸送船団は陸軍部隊を揚陸させた。

連合艦隊の司令部から霞ヶ関、そして市谷台がガダルカナルの戦況に一喜一憂をつづけているさなか、北アフリカのエル・アラメインで英米軍の反攻が十月二十三日にはじまった。連合軍の及び腰の攻撃はドイツ軍によって何回も阻止されたが、戦力の差はあまりに大きすぎた。十一月七日にドイツ軍とイタリア軍は後退をはじめ、つづいて退却となった。

だが、ヒトラーはまだ北アフリカの主要橋頭堡を確保できると信じていたし、ムッソリーニはアフリカの領土をどうあっても維持したいと望んだ。北アフリカの英米軍の兵站線は相変わらず長かった。喜望峰を回り、紅海を北上して、弾薬と食糧を運んでいた。ドイツ軍の幹部たちは日本が約束を何度も破ったことに憤慨しながらも、さらに日本側に協同作戦をやるようにと説いた。

十月中にドイツの潜水艦は大西洋で六十万トン近くのアメリカと英国の輸送船を沈めた。日本の潜水艦が一カ月に二十万トンから三十万トンの敵輸送船を沈めるようになって、日独双方が一カ月百万トンの敵輸送船を海底に送り込むことになれば、戦局は大きく変わるのだ。ドイツ海軍の幹部は野村直邦や横井忠雄にこのように説き、東京のドイツ海軍武官は軍令部の部長を説得しようとした。

ガダルカナル島では、増援されたこちらの地上部隊は十月二十四日と二十五日に総攻撃を敢行し、敵の飛行場を占領しようとした。だが、アメリカ軍の長距離砲、迫撃砲、戦車の火力網を突破できなかった。まさにノモンハンの戦いの再現であり、このあとソロモン、ニューギニアでつづく地上戦の原型となるものでもあった。

十一月に入り、さらに一個師団をガダルカナルへ送り込もうとした。一カ月前と同じ戦法をとろうとした。

同じといえば、海軍の更新したばかりの作戦暗号が再びアメリカ側に解読されるようになっていた。十一月十一日に航空隊がガダルカナルを空襲する。十二日夜に戦艦と巡洋艦が飛行場を砲撃する。十三日に大増援部隊が上陸する。この作戦計画がすべて敵に筒抜けとなってしまった(74)。

こうして十二日の夜に敵艦隊はこちらの艦隊を待ち受けていた。敵の軍艦は海上捜索用の新式の電波兵器を装備していたから、距離二十五キロでわがほうの艦隊を発見した。ところが、司令官が緊張しすぎてのことか、十キロに近づいても、砲撃命令も、魚雷発射命令もださなかった。双方の艦隊の距離はたちまち二千五百メートルとなり、両者が迫ってくる敵艦を一隻、二隻と見つけだした。日本側の駆逐艦は探照灯で敵艦を照らしだした。すでに一千四百メートルの距離だった。乱戦となった。

ところが、日本の戦艦は飛行場攻撃用の焼夷性の三式弾を積んでいたがために、徹甲弾を射ち込むことができず、敵の艦隊を叩き潰す機会を逸してしまった。それどころか、手負いの敵艦に暴れられ、戦艦比叡が動けなくなり、最後はこちらの手で沈めることになった。

こうして飛行場砲撃のための夜襲をやり直さねばならなくなった。十一月十三日の夜、六隻の巡洋艦が飛行場を砲撃した。だが、これが大失敗だった。敵飛行場を破壊できなかった。翌朝、逆襲をくらうことになった。後退している巡洋艦はガダルカナルの陸上基地と空母から飛びたった爆撃機に襲われた。さらにガダルカナルへの増援部隊を乗せた輸送船団が見つけられてしまった。半分が沈められ、残るのは四隻となってしまった。

翌十一月十四日の夜、日本側はもう一度、飛行場を砲撃しようとした。敵艦隊のほうが少なかった。ところが、アメリカ側は最新鋭の戦艦、ワシントンとサウスダコタを繰りだす勇気があった。指揮官はワシントンとサウスダコタが搭載する新型の電波兵器に自信を抱いていた。ところが、トラック島の泊地には戦艦大和が碇泊していたが、連合艦隊司令部は大和を出撃させる自信を欠いていた。

その夜の海戦はノーガードの殴り合いといった凄惨な戦いとなった。狭い戦場で、双方、何隻もの軍艦が傷つき、沈んだ。サウスダコタは四十数発の砲弾を受け、死んだも同然であったが、厚い特殊合金の装甲板で包み込まれたこの軍艦は沈まなかった。これにてこずり、こちらの艦隊は敵の側にもう一隻の戦艦ワシントンがいることに気づかなかった。

午前零時になろうとした。六日の月は厚い雲に隠れ、闇となった。電波兵器を持つワシントンが絶対に有利となった。

ワシントンの海上捜索用の電波兵器のスクリーンが捉えている標的があった。距離は七千六百メートルである。敵か、味方か見当がつかなかった。もしかしたらサウスダコタかもしれないと艦長や砲術長は思った。そのとき、その標的が探照灯を照射した。照らしだされたのはサウスダコタである。電探が捉えているのは間違いなく敵戦艦だ。艦長も、副長も興奮で震えた。

直ちに弾道データが算出された。射撃開始までに数秒もかからなかった。ワシントンの主砲全九門が一斉射撃をした。つづいて二回目の一斉射撃が霧島に命中した。三十秒あと、つぎの一斉射撃が再び命中し、電測室から大きな標的は沈没したとの報告が入った。ほんとうは霧島は沈んではいなかった。深傷《ふかで》を負ったが、すぐ間近の敵戦艦から攻撃を受けたことを知って、主砲をぐるっと敵艦に向けた。ただちに撃ち返した。

ワシントンはさらに霧島に一斉射撃をつづけた。七分間に五十発に近い砲弾が命中し、霧島は火を噴き、行動不能に陥った。戦いが終わったあと、味方の駆逐艦が霧島を沈めざるをえなくなった。[75]

こうしてまたも敵飛行場を破壊することができなかった。残っていた四隻の輸送船が泊地に入った。翌朝の空襲を覚悟してのことであり、やぶれかぶれだった。泊地に入り、船を座礁させて、兵員を揚陸させた。夜が明けて、敵の飛行機が輸送船と陸揚げした物資めがけて襲いかかった。

アメリカの太平洋艦隊司令長官はガダルカナルの危機は終わったと報告し、海軍長官のノックスは大喜びだった。それにひきかえ、霞ヶ関では、だれもがなおも持っていた自信に満ちたムードは消えてしまった。赤煉瓦に勤務する者たちをばかにし、自分たちのような潮気のある者が海軍の本流であり、戦いはわれわれがやるのだと胸を張っていた人びと、戦艦、巡洋艦、そして駆逐艦の艦長や砲術長が「対水上見張り用の電探と水上射撃用の電探がなければ、戦いはできない(76)」と弱音を吐くようになった。夜間戦闘の訓練などただの一回もしたことのない奴らにこんな目にあわされてとみながみな、悔し涙を呑んだ。

艦政本部第三部長の名和武をはじめとして、海軍技術研究所の電気研究部の研究員たちは、前年昭和十六年の秋、対米関係が悪化するなか、陸上の見張り用の電探一号一型をつくりあげるために必死で頑張ったときと同様、緊張の毎日を強いられることになった。

「敵の海上輸送を阻止する戦いをやって欲しい」

ところで、昭和十八年一月、日本とドイツとの関係はどうなっていたか。

ドイツ海軍幹部は日本海軍に不信の念を抱き、ドイツ海軍ばかりか、ドイツ政府全体に日本にたいする悪感情がひろがっていた。日本はなにひとつ協力せず、勝手な振舞いをし、ドイツに要求ばかりしていると怒った。

ドイツが日本に分け与える鋼材やアルミニウムはなかった。ドイツでも、アルミニウムは不足していた。年産三十万トンに達していなかった。鋼材だって同じだった。鋼材の分配をめぐって、潜水艦隊の司令官は潜水艦建造分の鋼材割当て量が少なすぎる、増やしてくれと繰り返し国防軍総司令部に要求していた。

日本側の要請もずさんだった。昭和十六年の日本のアルミニウムの生産量は十万トンにとどかなかった。ドイツから十万トンを輸入できたとして、いよいよ不足する工作機械はどうするつもりなのか。

前に述べたとおり、日本は航空機用の発動機をつくるための工作機械をドイツから輸入しようとしていた。ドイツ側は日本が身勝手だと怒るようになっていたから、この交渉も進展しなかった。歯車研削盤や横中ぐり盤が欲しいと説明していたにもかかわらず、ごく普通の旋盤のリストを手渡されるといったことも起きた。[77]

柳船はどうなっていたか。

昭和十七年九月に戻る。ジャカルタに寄港予定のドイツの輸送船に神戸から乗り込んだ海軍士官がいた。安川泰といった。短現出身の主計科士官であり、ジャワ島のジャカルタに海軍武官府を設置することになっていた。ドイツ貨物船の名前はレーゲンスブルグといった。

安川はお前が乗るのは封鎖突破船だと言われ、どんな船かと思っていたのだが、なんの変哲もない船だった。かれは、ドイツ人の船長と水平線から大きな月が昇るのを眺めながら、この船には一門の大砲も積んでいないとの説明を聞いた。たしかに大砲も、高角砲もないようだった。高いマストの上で四方を睨んでいる監視員の目だけが頼りであり、敵の軍艦を一瞬早く発見して、反転退避するのだと船長は語った。

安川は封鎖突破船という呼び名がまさにぴったりの牛若丸のような船だと思い、見事に規律正しい船員の働きぶりを見て、これこそがドイツの海員魂なのだと思った(78)。

安川はレーゲンスブルグを柳船と思ったのだが、ほんとうはインド洋や太平洋で活躍する補助巡洋艦の補給船であったことは前に見たとおりだ。

レーゲンスブルグから補給を受けたことがあるシッフ10が横浜港に入港したのは同じ十七年の十月十日だった。捕えた船は一足さきに横浜へ回航されてきていた。シッフ10は直ちに三菱横浜造船の一号ドックに入渠した。工事担当技師の斉木雅夫は当直士官の案内で艦内を見て回った。甲板には機関銃が据えられ、中甲板に設置されたカノン砲はいざというときに外板の一部が開いて、砲身がでるという仕組みであり、船艙には偵察機が格納されていた。

修理個所と艦内を見終わって、興奮覚めやらない斉木は当直士官とともに舷梯を降りた。舷側に描かれている図を説明してくれた。船のシルエットがずらりと並び、国籍、トン数、そして拿捕あるいは撃沈した年月日が書かれていた。計十隻だった(79)。

シッフ10は修理工事を終え、新港埠頭に移った。ドイツのタンカーのウッケルマルクが接岸している左舷の舷側に係留した。その奥に日本の貨物船の第三雲海丸がつながれていた。ルッテンと改名したナンキンは隣接する岸壁に係留していた。

十一月三十日の午後一時すぎ、ウッケルマルクが爆発事故を起こした。タンク内のガス排気装置が作動していなかったようだ。洩れたガスに作業中の火花が引火したらしかった。五、六分あと、火はシッフ10に移り、第二の爆発が起きた。岸壁の上屋も壊れ、第三雲海丸も炎上した。死者は百人を超した。横浜市民が戦争を実感した最初の惨事だった。

シッフ10が爆沈したあと、なおも活躍していたのはシッフ28一隻だけだった。新鋭のこの偽装商船は偵察用の水上機二機を搭載し、三十七ノットをだせる高速艇二隻を積んでいた。そして高速艇は砲一門と魚雷発射筒二門を装備していた。

だが、戦果はあまりなかった。九カ月のあいだに十四隻、九万トンの輸送船を沈めたにとどまった。フランスの母港へ戻ろうとして、セントヘレナ島の近くを北上していたとき、ドイツ海軍最高司令部から、日本へ向かうように、日本の港を基地にして活動するようにと命令がでた[80]。これが昭和十八年一月のことだった。

九カ月のあいだに情勢は変わってしまった。ビスケー湾を哨戒する英国機の行動半径はひろがり、敵の目をくぐり抜け、フランスの港に入ることはできなくなった。柳船も航行できなくなった。たとえドイツが日本にアルミニウムを供給しようと考えても、もはや輸送はできなくなった。

工作機械の輸入計画も見込みはなくなった。だが、送られてきた工作機械はある。このことはつけ加えておこう。昭和十八年に工作機械メーカーの日立精機は四台のドイツ製の工作機械を受け取ることになった。ユング社製の研削盤三台とウエッル社製の中ぐり盤である。これらの機械は航空機エンジン用歯車を生産する歯車研削盤の増産に大きく貢献することになった。(81) これらの工作機械は潜水艦で運ばれてきたのだが、この四台だけだったのであろうか。

ところで、昭和十七年十二月、霞ヶ関は日独間の拡がる裂け目を修復しようとして、ちょっとしたことをした。軍令部の幹部が駐日ドイツ武官のヴェネカーに会い、ペナンかサバンをドイツの潜水艦基地として貸与しようと申し入れた。(82) サバンは北スマトラの最北部にあるウエ島の港町だ。十九世紀からベンガル湾を渡る汽船の燃料基地だった。

昭和十七年十月から、ドイツの潜水艦はわずかであったが、東アフリカ沖で活動するようになっていた。だが、この提案はドイツ側をさらに不快にさせただけだった。

北アフリカの戦いはいよいよドイツ軍とイタリア軍が不利になっていた。エル・アラメインの米英軍の反攻がはじまって六日あと、アメリカ軍がモロッコに上陸し、輸送船団がジブラルタル海峡を通過し、アルジェリアのいくつかの港を占領した。そしてエジプト領土を奪回した英米軍はリビアに攻め入り、北アフリカのドイツ軍とイタリア軍は東と西から夾撃されることになった。枢軸軍はチュニジアを占領した。そしてここを北アフリカの最後の橋頭堡にしようとした。

東部戦線では冬が近づき、ソ連軍の反撃は前年よりも早く十七年十一月中旬に火蓋を切った。コーカサスへ攻め入っていたドイツ軍は、包囲されることを恐れ、十八年一月には退却命令がだされた。

ドイツ軍首脳が日本の海軍武官を招き、日本海軍の潜水部隊が全力をあげてインド洋で交通破壊戦をやってくれさえすれば、東部戦線のドイツ軍にたいする大きな協力作戦になるのだと言った。ソロモン水域とインド洋とどちらが大事か日本の陸海軍にはわからないのかと問う政府幹部がいた。日本は身勝手だ、利己主義だと非難する声が増えてきた。野村直邦に向かって、「こんなことならアメリカにたいして宣戦すべきではなかった」と言う者もいた。

野村は海軍作戦部長フリッケと昭和十八年一月九日と二十九日に会談した。フリッケは昭和十七年中に繰り返し説いたことを繰り返し語った。日本がソ連にたいしては戦うことを避けたことをとりあげ、海上交通破壊戦を軽視したことを挙げ、ドイツがソ連軍を撃破していることが日本の北方の国防に大きく寄与していることは日本側も承知しているはずだと言い、敵兵站線の遮断は共同の敵にたいする共同の作戦手段だと思うがと説き、熱血漢のフリッケはテーブルを何度も叩いた。日本は思いきってこの作戦を強化できないかと重ねて説いた。

かれはまた、同盟国の戦争は協同の努力を同一目標に集中することが肝要だと言い、日本がアメリカの海上兵力を撃破できるかどうかは疑問だが、敵の輸送船を沈めることはいつでも可能だと語り、前に述べたことを繰り返し、英米の造船能力から考えて、日本側が月に二十万トンから三十万トンを撃沈すれば、英米は手をあげると言ったのだった。(83)

霞ヶ関の軍令部と海軍省の部局員たちはドイツ側の主張に耳を傾けようとはしなかった。敵のすべての空母を沈めてこそ、事実上、敵は手をあげる、その戦いをしているのだ、余計な口出しをするなと機嫌が悪かった。ドイツがやり、アメリカがやっているように、兵站線を断ち切る戦いをして、敵の輸送船を片端から沈めたいと思いもした。だが、潜水艦の数が少なかった。ドイツは一カ月に二十隻を建造していたのだが、日本の建造数は、大型ということもあって、一カ月に二隻がやっとだった。(84)

ヒトラーは日本のこうした事情を知ったのであろう。冷えきった日本との関係を修復しようとした。昭和十八年二月、ヒトラーとリッベントロップは大島浩を招いた。ドイツの潜水艦を二隻贈与すると言い、潜水艦の大量生産の方法を学び、敵の海上輸送を阻止する戦いをやって欲しいと要請した。(85)

海軍総司令官がレーダーからデーニッツに交代し、海軍作戦部長がフリッケからマイセルに交代したばかりのときであり、日独協同作戦ができなかったことの責任をとらされての更迭と聞かされていただけに、野村や横井は潜水艦供与の話にびっくりした。

霞ヶ関もびっくりした。潜水艦を二隻譲ってくれるというのなら、まだ譲渡してくれる潜水艦はあるだろうという論議になり、さらにどれだけの潜水艦を譲ってもらえるかを問うように、建造注文ができるかどうかを尋ねるようにと野村に命じた。

ところで、野村直邦は大島浩と協議し、自分は供与される潜水艦二隻のうちの一隻に便乗して、日本へ帰ることにすると言った。そして新作戦部長のマイセルに向かって、私が日本に戻り、海軍首脳部に直接、ドイツ側の主張を説明すると言ったのである。

野村が帰国すると聞いて、リッベントロップがかれを招いた。ドイツ贈与の潜水艦をモデルにして、潜水艦の大量生産がはじまり、これらが活躍するようになるのはいつごろかと尋ねた。野村はすぐに口を開くことができなかったのであろう。大量生産などできないことをかれはよく知っていた。蓄電池が大量に必要となるから、工場を新設しなければならない。電動機もこれまた大量につくるとなれば、重電機工場はこれにかかりきりとなる。そんな号令をかけることのできる者はいない。

かれは、潜水艦が日本に到着するのは八月になろう、大量建造にとりかかることができるのは早くても来年はじめとなる、潜水艦が活躍するようになるのは来年の末になるだろうと答えた。リッベントロップはそんなに遅くなるのかとがっかりした。日本では一隻だけを試験的につくるのか、それとも最初から大量に同時に建造するのかと尋ね、日本海軍はもっと潜水艦作戦に力を入れてもらいたいと最後に言ったのだった。(86)

さて、ヒトラーが大島に潜水艦を寄贈しようと語った昭和十八年二月初旬、ヒトラーとかれの部下たちは大きな悲嘆を味わい、深刻な失意のなかにあった。

包囲されていたスターリングラードのドイツ軍がついに降伏したのが一月三十一日だった。その数は九万二千人にのぼり、戦死者はその三倍に近かった。ドイツ軍がこれだけの大敗北を喫したのはこれがはじめてだった。

だからであろう。ヒトラーと幹部たちはこの敗北を埋め合わせるに足りる勝利が期待できると思おうとしたのではなかったか。英国の喉を締めあげることができると思おうとしたのであろう。

潜水艦作戦は、十二月、そして一月の嵐また嵐の悪天候が終わり、いよいよ本格的に展開できる日が近づいていた。大量生産方式で建造をはじめた高性能の潜水艦は増えつづけ、二百五十隻以上が稼働できるようになっていた。ニューヨークを出港した五十隻の大輸送船団を大西洋の真ん中で捉え、それこそ三十隻の潜水艦が前後左右から集中攻撃をおこない、二日、三日のあいだにすべてを沈めてしまう。グリーンランド南方の水域をこの戦争の運命を決する決戦場とする。こういったことをヒトラーは考えた。

ヒトラーがデーニッツを海軍総司令官としたのも、潜水艦作戦に大きな期待を抱いてのことだった。

デーニッツは第一次大戦で潜水艦の若年の艦長として戦って以来、潜水艦一筋の提督だった。つけ加えなければならないのは、日本海軍と協同作戦をおこなうことに失敗したがために海軍総司令の交代があったというのは事実ではなかった。ヒトラーが戦艦と巡洋艦を廃棄せよと主張したのにたいし、レーダーが反対し、「艦隊の廃棄は……わが同盟国、ことに日本に深き失望を惹起せしめん」[87]と総統に訴え、その揚げ句に辞任したのだった。戦艦、巡洋艦を廃棄し、その建造をやめてしまい、すべての人員と資材を潜水艦の建造と修理計画に集中せよというのが、ヒトラーの命令だった。

昭和十八年二月はまだ暴風雨が襲う日があったが、ドイツ潜水艦の戦果は四十万トンに達した。三月には百隻以上、六十万トンを沈めた。三年前に戦車集団を突進させて、フランスを一カ月半で降伏させてしまったように、大量の潜水艦を用意しての大西洋におけるこの戦いは、もういちどヒトラーに勝利をもたらす気配があった。

日本の陸海軍の幹部たちは、対米戦開始の直後にお蔵入りせざるをえなくなった「英国ノ屈服ヲ図ル」の大戦略を改めて思い浮かべた。だれもが戦いの陰鬱な様相に気が滅入る思いとなっていたときだけに、アメリカの反攻計画を叩き潰すドイツの潜水艦作戦に望みを賭けることになった。

英国とアメリカの政府首脳も、大西洋の戦いに勝つことができなければ、ヨーロッパ大陸への進攻はおろか、英本土が封鎖され、孤立してしまう事態になってしまうことを承知していた。一月半ば、カサブランカでルーズベルトとチャーチルが話し合った。モロッコの大西洋岸にあるカサブランカはアメリカ軍が占領して二カ月がたったばかりだった。両国の指導者は一九四三年の戦争指導の要綱を定めたのだが、その筆頭に、ドイツ潜水艦の撃滅が米英両国にとって第一の任務であると掲げたのである。

ドイツ潜水部隊の敗北

ドイツが日本に求めたもうひとつの協同作戦、対ソ参戦のほうはどうなっていたか。

昭和十八年に入って、市谷台は日ソ戦争は絶対に避けねばならないといよいよ強く思うようになっていた。かれらの悪夢は前年のリッベントロップの警告だった。沿海州にアメリカの対日爆撃のための空軍基地が建設されることになり、これが日ソ戦を誘発するのではないかということだった。そしてこの戦いはソ連の先制攻撃となるのを覚悟しなければならなかった。だからといって、こちらが先に攻めることはできなかった。満洲の兵力は十四個師団にすぎず、飛行機は練習機を含めて六百機足らずだった。敵を殲滅できる見込みはなく、もたもたしていれば、そのあいだにアメリカ陸軍はカムチャツカ半島に中継基地を建設し、ウラジオストク周辺の航空基地を利用することになってしまうだろう。

どうあっても、対ソ戦は避けねばならず、ヒトラーやリッベントロップの要請に応じるわけにいかなかった。だが、どうにかしてドイツとの関係を良好に保たねばならなかった。使節を送り、ドイツとイタリアに日本の誠意を示そうということになった。日本の国力を説明し、日本とソ連が戦わないほうが、枢軸国全体の利益になることを説く。さらにドイツの戦力を探る。こんな計画をたてた。

そして独ソ和平の仲介を特使のもっとも重大な任務にしようとした。前に述べたことだが、前年の昭和十七年六月に市谷台を中心に独ソ和平斡旋論が唱えられ、すぐにでも特使を派遣せよといった騒ぎになり、やがて下火になったのだが、再びこれが論じられることになった。ところが、土壇場になって、またも考えが変わった。これはやめようということになった。ドイツ首脳の気をいらだたせるだけの結果に終わり、日本にたいする不信感を増幅させるだけのことになるのではないかと恐れてのことだった。

派遣団の団長にはそのとき南方軍総参謀副長の岡本清福《きよとみ》を選んだ。

岡本については前に述べた。昨十九年三月からかれはスイス公使館付きの武官となっていることにも触れたが、今年一月に病気で倒れた(88)。

岡本使節団はソ連領を通ってドイツへ行った。昭和十八年二月に、香港にとどまっていたソ連人船員三十人を満洲経由でソ連に帰国させることと引換えに、ソ連側が使節団一行の査証を発給することになったのだった。(89) コーカサスを経て、中立国のトルコに入り、ドイツへ向かったのである。

岡本使節団がベルリンに着いた四月、ドイツ潜水艦による米英の輸送船の撃沈トン数は三月の戦果を上回ることがなかった。四十万トンにとどまった。そして敵機に奇襲されるドイツ潜水艦の報告がつぎつぎと入ってきた。敵の電波を捉えることのできる逆探知装置が作動しないまま、敵機が頭上に来た。おかしい、敵は新兵器を使いだしたようだとだれもが思った。ロリアン、ブレストの戦区司令部で、パリの潜水艦隊司令部で検討をはじめた。

ところで、ヒトラーが大島に約束した潜水艦の供与はどうなっていたのか。

昭和十八年五月一日未明、野村、大島、阿部、横井らはベルリンを特別列車で出発した。こんなもてなしを受けるのは、生涯ただ一回、この機会だけだろうと野村は思った。一等車一輛に食堂車一輛を連結しただけの列車は、途中駅に止まることなく、総統の山荘のあるベルヒテスガーデンに直行した。

野村たちはヒトラーの三時のお茶の会に招かれ、波打つ大海原のようにアルプスの山並みが窓の外にひろがる広い部屋に通された。総統は主賓の野村を迎え、しばらく話し合った。ヒトラーはくつろぎ、愛想がよかった。野村に年はいくつかと尋ねた。野村の答えに驚いてみせた。Uボート作戦では三十五歳の艦長はすでに老人だと言い、五十八歳の提督が七百五十トンの小さな潜水艦に乗って、大西洋、インド洋を航行するのは、歴史あってはじめてだろう、このさきもあるまいと言った(90)。

そしてヒトラーは潜水艦の大量生産のために頑張ってもらいたいと野村に語り、席を立った。勲章の入ったケースを手に戻ってきたヒトラーはそれを野村に渡した。あとで三国軍事委員会のドイツ側の委員長のグロス海軍大将から、ムッソリーニ総統に贈った勲章と同じものだという説明を聞かされた。そしてその夜は総参謀長のカイテルの晩餐会に招かれ、翌朝、特別列車でベルリンへ戻った。

五月九日、ロリアンの潜水艦基地で、野村は日本海軍に供与される潜水艦に乗艦した。巡洋潜水艦の名で呼ばれる二千トンを超える日本の大船を見慣れた目には、いかにも小さく、きゃしゃな船に見えた。日本へ行く三人の潜水艦製造のドイツ人専門家、帰国する軍医少佐の杉田保もいっしょだった。握手を交した艦長がシュネーウインド大尉だと自己紹介した。二十七歳だと聞いて、今度は野村が驚いた。乗員と艦の運命はこの年若い艦長の瞬時の決断にかかるのだ。ところが、私は若くない、艦長は二十三歳から二十五歳だ、兵は十八歳から二十歳だと聞かされて、野村はもう一度驚いた。

地下の埠頭に軍楽隊の奏する行進曲の調べがこだまし、出港ラッパが響きわたって、野村は目がしらが熱くなった。見送りの人びとに帽子を振りつづけたが、潜水艦は試験潜航をはじめるということで、別離の場はすぐに終わった。

狭い居室で、野村は杉田といっしょだった。二段ベッドの下を野村が使い、ベッドが腰掛け代わりであり、ここを離れるのは、糧食箱が山積みになった狭い通路をくぐり抜け、便所に行くときだけだった。ベッドの横に貼ってある写真がイルゼ・ヴェルナーという有名な女優であることを、野村は杉田から教えられた。だが、ぼんやり感傷にふけるどころではなかった。敵機が来襲する。直ちに潜航する。爆雷が爆発して、艦が揺れる。再び浮上する。敵機を発見し、また潜航する。そして日が暮れれば、潜水艦は潜航をつづけることになった。

じつは大西洋の戦いが大きく変わろうとしていた。ロリアンやパリの司令部では、まだなにもわかっていなかったが、敵の飛行機が搭載するようになった新兵器は、センチメートル波の海上捜索用の電波兵器だった(91)。

前に述べたとおり、目標物を効果的に検出するためには、波長を短くしなければならない。潜水艦の上部構造のように海上からごく低いものは短い波長でなければ正確に捉えることができない。

ところが、これも前に触れたとおり、波長の短いセンチメートル波は実用化が難しかった。

当然ながら日本が利用してきたのもメートル波だった。対米開戦直前につくりあげた海軍の地上見張り用の一号一型は波長三メートルであったし、それを小型化した一号二型が波長一・五メートルだった。これを艦艇用に改造したのが二号一型であることは前に述べた。

　アメリカや英国の電波兵器も、たとえば昭南で鹵獲した探照灯と連動する電波兵器は波長一・五メートルだったし、コレヒドール島で手に入れた対空射撃用の電波兵器も波長は一・五メートルだった。昭南沖で潜水艦伊30とともに沈んだウルツブルグの波長が五十八センチだった。

　じつは日本はセンチメートル波の電波兵器をつくっていた。海軍の二号二型は十センチメートルの波長である。だが、作動は不安定、調整は難しかった。技術研究所から派遣された名人芸の調整員が操作して、ときにスクリーンに反射波を捉えることができたにすぎず、「使いものにならぬ」と言われたのである(92)。

　英国が開発した波長十センチメートルの捜索用の電波兵器は、日本海軍の二号二型と違って、安定した実用兵器だった。これを小型化して、飛行機に搭載できるようにした。一九四一年、昭和十六年六月、「警戒せよ、用心せよ」と叫ぶコック・ドールをつくりあげたと声高に自慢してみせた英国の研究者たちは、再びドイツ技術陣を大きく引き離すことになった。アメリカの研究者たちと研究成果を交換し、協力しての成果だった。

昭和十八年に入ってのことだった。

　このセンチメートル波の捜索用の電波兵器がドイツ潜水艦にとって脅威だったのは、

波長一・五メートルのドイツ潜水艦の逆探知装置がこのセンチメートル波を捉えることができず、センチメートル波のほうはこの逆探装置の電波を捉えることができることだった。

深夜、浮上しているドイツの潜水艦は、いきなり爆音が真直ぐ近づいてきたかと思った瞬間、物凄い強力な探照灯を浴びせかけられ、つぎに爆雷を見舞われることになった。こうして潜水艦の表舞台だった夜の闇と霧のたちこめた視界不良の水域は、逆に敵飛行機の独壇場となってしまった。

野村直邦が便乗したU511潜水艦は、夜は潜航し、昼間は緊急潜航態勢をとりながら水上航走をして、英国が新たに配備した高速機が飛ぶビスケー湾沖の哨戒区を抜けでるのに、十日もかかることになった。

潜水艦が大西洋を南下するようになって、敵機に追われることはなくなった。ところが、五月二十二日にかれは息がとまるほど驚いた。ベルリン放送が山本五十六連合艦隊司令長官の南太平洋での戦死を伝えた。

そしてもうひとつ、かれが南太平洋における英米海軍の協力の事実を知ることができたら、日独間の軍事協力がさっぱりうまくいかないことを無念に思っていたかれは、さらに大きな溜息をつくことになったであろう。南太平洋のアメリカの空母はサラトガとエンタープライズだけとなっていた。しかもエンタープライズの損傷がひどく、全面修理を必要としていた。アメリカは英国に頼み、空母一隻を借りることにした。パナマ運河経由で、五月中旬に空母ヴィクトリアスはアメリカ海軍の前進基地のヌーメアに入港した。ヌーメアはニューカレドニア島の港であり、ミッドウェー海戦の前には、陸海軍が占領を計画した南太平洋の要衝である。ヴィクトリアスはサラトガと組んで活動することになった。もっとも、アメリカのエセックス・クラスの大型空母がつぎつぎと竣工するのは目前に迫っていたから、オアフ島の太平洋艦隊司令部が英国の空母の協力を必要としたのはわずかな期間だった。

野村の乗ったU511が赤道を通過したのが、日本海海戦の記念日の五月二十七日だった。赤道祭がおこなわれ、航直以外は甲板で大いに騒ぎ、杉田保もその仲間入りをした。

さて、ドイツ潜水部隊の幹部たちは敵の飛行機が新型の捜索用の電波兵器を積んでいるのは間違いないと判断した。五月三十一日、デーニッツはベルヒテスガーデンにヒトラーを訪ねた。わが潜水艦作戦は最大の危機に直面していると語り、敵の新しい電探はわがUボートをはるか遠方から探知できるようになっていると報告し、北大西洋の潜水部隊を一時的に引き揚げさせることの許可を得た(93)。

六月一日、U511の艦内で、野村はアッツ島の守備隊が全滅したことをベルリン放送で知った。インド洋に入って、二隻の敵の輸送船を雷撃して、沈めた。ペナンに到着したのが七月十五日だった。ロリアンを出港してから六十八日目だった。輸送機に乗り換え、東京に着いたのが七月二十四日だった。北アフリカの最後の要衝、チュニジアのチュニスが陥落し、七月十日には米英軍はシシリー島に上陸していた。

ところで、昭和十八年八月、ドイツ海軍は日本海軍からペナン港を借りることになった。マレー半島の西海岸にある島だ。本土との距離は四キロほどだ。十八世紀の末からイギリスが支配してきた。ドイツ海軍の基地づくりは念がいっていた。ペナンには日本の潜水艦基地隊が置かれていたが、比較にならなかった。広い土地を借り、四百人を超す農業労働者を傭い入れ、乳牛を飼い、バターとチーズをつくるようにした(94)。上陸した乗組員のためのクラブやダンスホールも設け、緑色のひとみのポルトガル系、英国系の混血の娘を給仕に傭った。ドイツ側がパウルの名で呼ぶことになった基地には、多いときには、十隻の潜水艦が碇泊することになった。

インド洋で活躍するドイツ潜水艦が増えたのは、ドイツ潜水部隊の力量が増したからではなかった。敵の防衛力の手薄なところへ潜水艦活動の場を移したのである。昭和十八年六月から八月までのあいだ、ドイツ潜水艦が沈めた船舶はわずか五十八隻だった。その大部分は東アフリカ沖とインド洋におけるものだった。同じ三カ月間、ドイツは七十九隻の潜水艦を失った。そのうちの五十八隻は飛行機によってだった(95)。

そこでU511が八月に呉軍港に到着したときには、霞ヶ関の幹部たちもドイツの潜水艦作戦がうまくいっていないことを知るようになっていた。それでも、ドイツ人の乗組員とドイツから来た潜水艦の専門家の協力を得て、U511建造のための調査を数カ月にわたっておこなった。結論は悲観的だった。

日本には、ドイツの潜水艦と同じ品質の合金をつくる製造装置がない。軽金属による新合金の開発はドイツが世界一だ。鋼より強靭で、軽量な合金をつくることができる。当然ながら日本にはそんな合金を加工する工作機械もない。U511の主機械を同じようにつくることができなければ、U511をモデルにしての基本設計は不可能だった[96]。このあと魚雷艇に採用しようとしてダイムラー・ベンツの主機械を伊8が持ち帰るのだが、これと同じものをつくることができないと三菱重工業の東京機器製作所の技師たちが諦めたのも、同じ理由からだった[97]。

そしてもうひとつ、U511の水中速力の遅いことが問題になった。敵の執拗な対潜攻撃をふりきり、逃げのびるためには、水中で高速の潜水艦を開発しなければならないと、ドイツでも、日本でも主張されるようになっていた。こうしてU511潜水艦と同型のものを建造することを思いとどまることになった。

三度目の正直、ウルツブルグの図面

ウルツブルグのほうはどうなっていたのか。

ウルツブルグの見本と図面が昭和十七年十月に昭南沖で伊30とともに沈んでしまったあと、ベルリン駐在の佐竹金次は大使の大島浩に向かって、ドイツ海軍に頼んでも、どうにもならないだろうと語り、直接にヒトラー総統に訴えてもらいたいと言った。大島はヒトラーに宛てて要望書をだした。ウルツブルグの図面と器材、ウルツブルグ製造に精通している技術者、そしてドイツに駐在し、電波兵器に関係してきた三人の日本軍人を昭南まで輸送して欲しいと申し入れた。

ヒトラーは大島とウルツブルグを待つ人びとを失望させなかった。イタリアの潜水艦で運ぶことになった。フランスの大西洋岸にはイタリア潜水部隊の基地があった。ドイツ潜水部隊に協力し、大西洋作戦に参加していた。多いときには三十隻にのぼったが、沈むものあり、地中海に戻るものがあって、半分以下になっていたが、新しい逆探知装置を装備しないかぎり、戦いにでることができない状態だった。

六月十五日の夜、ボルドー郊外のレ・フェルドン軍港から二隻のイタリア潜水艦が出港した。ルイジ・トレリに佐竹と陸軍が招聘することになったテレフンケン社の技術者、ハインリッヒ・フォーダスが乗り、バルバリゴに木原友二と権藤正威が乗った。ウルツブルグの図面はバルバリゴに積まれた(98)。器材は載せる余地がなかった。敵側の電探の目をくらますために、スペイン海岸沿いに針路をとり、スペインの漁船のあいだを縫った。ビスケー湾を抜けるまで緊張と不安がつづいたのは、一カ月前に野村直邦が乗ったU5

11と同じだった。

モロッコ沖まで南下して、もう大丈夫とルイジ・トレリが浮上航行をしていたとき、いきなり緊急潜航ベルが鳴りだした。六月二十四日の午後九時だった。爆雷攻撃がはじまった。鼓膜が破れそうな音がして、ものすごい衝撃がつづき、投げとばされそうになり、佐竹とフォーダスは夢中で固定したテーブルにしがみついた。伝声管から水兵の絶叫が響き、艦首のほうからはきしむような不快な音が聞こえてきた。いい香りがしてきた。部屋の隅の毛布に包んだワインの瓶が割れたのだと気づいた。爆発音はやんだ。

ルイジ・トレリは助かった。ところが、僚艦のバルバリゴからの連絡はとだえたままだった。翌日も応答はなかった。沈められたことは間違いなかった。木原友二と権藤正威は戦死してしまった。ウルツブルグの最初の図面が海底に沈んでしまってから八カ月あと、二度目の図面も沈んでしまった。

そのあとも、敵哨戒機に見つけられ、その知らせでやってくる駆潜艇に爆雷を投下されるということが何回かあった。佐竹とフォーダスは身動きできない狭い居室で、図面なしにウルツブルグをつくるにはどうしたらいいかを論じあった。

七月二十五日、ムッソリーニ失脚のニュースが入った。佐竹とフォーダスは乗組員の態度が日ましによそよそしくなっていくことに気づいた。乗組員のなかには、お前たちは邪魔者だと言う者もいた。佐竹はピストルを手元に置いた。いざというときにはウルツブルグ関係の書類を海中に投じなければならなかったが、重石《おもし》になるものを見つけることができなかった。

七月三十一日のことだった。ひどく揺れ、外は荒天であることは艦内にいてもわかった。艦長がやって来て、佐竹とフォーダスに艦橋にでてみよと言った。いやな予感がしたが、言われるままに梯子をのぼった。

驚いたことに、左舷のすぐ近くを潜水艦が上がったり下がったりしながら走っている。ドイツの潜水艦だ。甲板に見張り員が何人もいるなかで、こちらを双眼鏡で見ている者がいる。大きな波が甲板を洗い、膝上まで波がかかるにもかかわらず、少し身をかがめてやりすごすだけで、じっとわれわれに視点を合わせている。

あとで佐竹は、ドイツ潜水艦の当直士官はドイツ人と日本人の便乗者が無事かどうかを確認しようとして、われわれを艦橋に呼んだのだと気づいた。佐竹がのちにさらに知ったことは、ドイツ潜水艦の艦長はルイジ・トレリの艦長に向かって、命令に違反すれば、撃沈するといい、シンガポールへ直航することを命じたのだという。どうやらイタリア潜水艦の艦長はドイツ潜水艦に二人の乗客を引き取ってくれと頼んだようであった。

イタリア人の乗組員は落着きを取り戻した。八月三十日にルイジ・トレリは昭南に到着した。イタリア政府が連合国と休戦協定を結び、それを発表したのが九月八日だったから、もう少し航海に時間がかかっていれば、佐竹は死を覚悟する事態となったかもしれなかった。佐竹は帰国して、直ちに多摩研究所の三科長となった。

多摩陸軍技術研究所は設立されたばかりだった。

わずかな研究員と予算、資材を海軍と取り合い、つぎにその小さな分け前を陸軍内のいくつもの研究機関が奪い合い、いがみあいをつづけていたことは前に記した。どうにかしなければならないことはだれにもわかっていながら、手をつけるな、士気と能率が低下するという声にはばまれ、どうにもならなかった。

反対を抑え、大鉈をふるったのが、実力者の声が高い、陸軍省軍事課長の西浦進だった。(99)二研、五研、七研、四航空研の電波兵器開発部門を統合し、多摩陸軍技術研究所をつくり、陸軍大臣の直轄とした。佐竹金次のために科長の席があけてあった第三科は、地上と艦船用の電波兵器の研究をおこなうことになっていた。

佐竹は東芝電子研究所で開発している四型にウルツブルグの指示測距回路を取り入れることにした。四型は前に述べたとおり、コレヒドール島で鹵獲《ろかく》した対空用の電波標示機を真似してつくろうとしたものだった。

ところが、その年の末、ウルツブルグの図面が到着した。

昭和十八年十二月二十一日、伊8潜水艦が呉に帰着した。日本を出発し、日本に戻ることができたはじめての潜水艦となった。艦長内野信二は運にも恵まれたが、沈着、そしてエネルギーにあふれた海軍軍人だった。

じつを言えば、東へ向かっていた佐竹金次が乗っていたイタリアの潜水艦と西へ向かっていた伊8は、双方、気がつかないながら、喜望峰の沖あたりでゆきあっていたのである。伊8はドイツ供与の二隻目の潜水艦を日本へ回航するための乗組員五十人を乗せていた。無事にブレストに着いたのが八月三十一日だった。前に述べたとおり、イタリア潜水艦ルイジ・トレリが昭南に到着したのが八月三十日だった。

二千二百トンの大型な伊8は、帰路にも多くの客を乗せた。日本に赴任するドイツの陸軍武官、これもドイツ人の電波兵器の専門家と水中聴音機の二人の専門家、そして帰国する駐独武官の横井忠雄、駐仏武官の細谷資芳らである。

そして日本側がずっと欲しがっていた魚雷艇用のダイムラー・ベンツの主機械を積んでいた。野村直邦が帰国するに際してのドイツ海軍の餞別だったが、かれの乗ったドイツ潜水艦が小さかったから、これを乗せることができなかったのである。せっかく、貰いはしたものの、これを真似てつくることができないことは前に述べた。

ほかにラインメタル十三ミリ機銃を積んでいた。海軍が使っている同じ会社の機銃の改良型である。マウザー二十ミリ機銃と弾帯包、その図面も積んでいた。これをドイツ空軍省に求めたのは、二十ミリ機銃を欲しがっていた陸軍だった。つけ加えるなら、海軍は昭和十六年に二十ミリ機銃を採用している。スイスのエリコン製だ。同じ二十ミリといっても、弾丸の形が異なる。

そしてもうひとつ、三度目の正直、ウルツブルグの図面を積んでいた。

目黒の海軍技術研究所から立川市にある多摩陸軍技術研究所に電話が入り、ウルツブルグの図面が着いていると告げてきた。多摩研の所員が引き取りにいき、三鷹研究室に運んだ。

三鷹研究室は日本無線の三鷹工場内にある。多摩研は以前と比べて二倍に近い予算を使うことができるようになり[100]、大学、生産会社に十五の研究室を設けている。三鷹研究室はそのひとつだ。

研究室の人びとは図面が大量なのに驚いた。長さ一・五メートルの紙筒を二人が抱えて運んだ。これが五本あったから、設計室はひろげられた図面で足の踏み場もなくなった。ドイツ式の規格と材料を日本式に改めねばならず、図法をこれまた日本式に変えねばならず、面倒な作業が三カ月つづいた。

そして昭和十九年四月一日から、日本無線がハインリッヒ・フォーダスの協力を得て、ウルツブルグの試作機をつくることになった。ブラウン管は東芝研究部がつくり、反射鏡は東洋工業がつくり、ほかはすべて日本無線が担当し、昭和二十年二月までにつくりあげ、五月末までには実験を完了することにした[101]。

ウルツブルグの生産が本格的にはじまったら、日本電気がつくっている三型の生産を打ち切ることにした。ニューマンのノートをもとにしてつくろうとした一型と二型はものにならず、英軍の電探を真似て三型をつくり、アメリカ軍の電探をそっくり真似て四型をつくることにしたのは前に述べたし、四型を改造することにして、改四型の開発に取り組んでいることも前に記した。三型はすでに生産をはじめ、東京湾沿岸の高射砲中隊に置かれるようになっていた。精度は低く、故障が多く、まだまだ実用兵器とは言えなかった。

海軍の対空射撃用の電探はどうなっていたのか。

鹵獲した電探を真似たのは海軍も同じだった。陸軍から分けてもらったものか、そうではなく、自分で手に入れた模様だが、コレヒドール島で鹵獲した測的射撃用の電探を原型にして、四号一型をつくった。シンガポールで手に入れた探照灯を制御する電探をもとにして、四号二型をつくった。

どうにもならなかったのが対水上射撃用の電探だった。真似をしようにも、現物がなく、図面もなかった。そこで対空見張り用の電探、二号一型を一部改修し、対水上測的ができるようにしようとした。また二号二型の安定化に努め、これに測的用の装置をつけることを考えた。

ところで、二号一型はどんな具合だったのか。

現在、海軍省副官の横山一郎が昭和十七年八月に隼鷹に装備予定の二号一型に失望し、現在は横浜日吉の連合艦隊司令部の参謀である中島親孝は、その少しあと空母翔鶴の二号一型に感激したことは前に述べた。二年がたって、横山一郎は二号一型の性能の向上に安心し、中島親孝は二号一型による測距がより正確になったことを喜んだのであろうか。

どうだったのか。

あいもかわらず頼りにならない電波兵器

氏家卓也は、現在、海軍経理学校の品川分校の第十二期生の分隊士である。分隊士は分隊員五十人の教官である。分隊士となる以前、かれは重巡洋艦摩耶の主計士官だった。昨十九年四月下旬、摩耶は戦艦大和に随伴し、ほかに島風、雪風といった駆逐艦とともに豊後水道を南下した。

五月一日に昭南のすぐ南にあるリンガ泊地に投錨し、つづいて五月十四日には、ボルネオ島とミンダナオ島のあいだにあるスルー諸島のひとつ、タウイタウイ島の泊地へ移った。やがて空母部隊もタウイタウイに集結した。環礁に取り囲まれ、広島湾の柱島錨地ほどの広さの泊地が、見渡すかぎり艦艇で埋まっているのを見て、氏家も、ほかの者も感激し、このさき凄いことが起きるのだと思った。まさにそのとおり、日本の勢力範囲内へ敵艦隊がつぎに攻撃してきたら、連合艦隊は総力をあげて、戦う決意だった。ミッドウェーの海戦から二年目、二度目の艦隊決戦となる。

射撃訓練はおこなわなかったが、戦闘訓練は毎日おこなった。万事順調だったが、うまくいかなかったのが、電探による敵機の発見だった。

艦載機を飛ばして測的訓練をおこなうのだが、見張り員がけし粒のような一点を双眼鏡で発見し、対空砲に要員を配置し、射撃準備態勢を整えても、電測室からはなにも言ってこなかった。艦橋から伝声管を通して、「電探室へ、感度はいかが」と尋ねた。「感度ゼロ」と答えが返ってきた。「電探、感度はないか」と声が大きくなり、「感度ありません」と困りはてた声が戻ってくる(102)。

毎回の訓練でこんな応酬が繰り返された。狭い電測室では電測員が汗みどろで受信機のダイヤルをひねり、調整をおこなっているが、スクリーンには光点が現われない。ときに我慢しかねた艦長の叱声がとどくこともあった。やっとのことで目標物を捉えることができても、二号一型は目標までの距離と方向を把握できるだけで、高度の測定ができない。

だが、そんな贅沢なことはだれも言わなかった。電探が一刻も早く敵機を見つけてくれればそれでよい。ところが、目標物を捉えても、自艦が発砲したときの衝撃によって、スクリーンに現われていた光点が消えてしまう。消えるだけならまだよかった。戦艦武蔵にはじめて装備された二号一型は、主砲が一斉射したときに、アンテナ、送信機がすべて壊れてしまった。

摩耶が大和に接艦し、燃料の補給を受けたとき、氏家卓也は短現同期の小松彰久を訪ね、大和艦内を案内してもらった。その巨大なのに驚き、冷房設備と照明が蛍光灯であることにびっくりしたのだが、二号一型のことが気がかりだった。だめだ、まったく信頼性はないと聞かされ[103]、氏家はやっぱりそうかと思い、二号一型は保証された性能を満たすことはとてもできず、実際に使用するのはまだ無理なのだと思ったのだった。

タウイタウイ泊地で、二号一型電探の調整、整備をしたのは電探技術担当の士官である立石行男だ。

現在、かれは沼津海軍工廠の仕上げ工場の主任である。沼津海軍工廠は昭和十八年六月に発足した新設の工廠であり、沼津駅の北側にある。前身はパルプ工場と人絹工場だった。ここでつくっているのは一号三型電探である。このあと述べる機会があると思うが、前線で引張りだこの優秀な見張り用の電探である。かれは、海軍技術研究所で電探の技術を学んだ。昭和十八年八月に第二艦隊司令部付きとなった。昭和十九年五月にはタウイタウイ泊地内の軍艦の二号一型の整備を命じられた。

旗艦大鳳の二号一型の「能力がわるい」ということで、立石がその故障を直すことになった。送信機、受信機を探査し、真空管をすべて取り換えてみた。アンテナも張り換えた。司令長官の小沢治三郎から「調子はよくなったか」と尋ねられ、立石は身の細る思いだった。だが、一週間たっても、故障個所を見つけだすことはできなかった[104]。

大鳳には二号一型がもう一台あるから、我慢しようということになった。もうひとつのほうの成績はまずまずであり、二十分から三十分前に飛行機の来襲を探知できた。

立石行男は大鳳に手間どったためか、大和にも、摩耶にも行かなかった。大和と摩耶の二号一型の調整はだれかほかの者がしたようだ。うまく修理はできたのか。

ところで、タウイタウイの礁湖内の軍艦は、二号一型だけでなく、二号二型電探をも装備していた。対艦艇の見張り用の電探であり、なによりも対潜水艦の見張り用なのだが、作動は不安定、調整が難しいことは前に述べたとおりだ。

タウイタウイの沖合いには敵の潜水艦が潜んでいたのだが、こちらの駆逐艦の二号二型は役に立たないから、敵潜水艦を見つけだして、沈めることができなかった。それどころか、こちらの駆逐艦が敵潜水艦にやられる始末だった。

敵は連合艦隊の九割を占める艦艇がタウイタウイに集結したことを知って、タウイタウイ沖に三隻の潜水艦を配置し、日本艦隊がどこへ向かうかを監視するために、さらに七隻の潜水艦を送り込んでいた。

軍令部や連合艦隊司令部の幹部たちは敵潜水部隊がやっていることを知り、敵の潜水艦がタウイタウイを囲んでいるのだと改めて考えれば、悔し涙がでたはずだ。

敵潜水艦がやっていることこそ、わが潜水部隊がやるはずの戦法だったからだ。すでに述べたとおり、昭和十六年十二月八日、空母飛行隊が真珠湾を攻撃したあと、潜水部隊が締めくくりをつけるはずだった。ところが、身動きとれず、どうにもならなかった。不吉なでだしであったが、敵の哨戒機が搭載する電波兵器のためだとはずっと気づかなかった。昭和十七年、十八年、潜水艦作戦は不振のままだった。しかも潜水艦を使ってガダルカナルへドラム缶で米を運ばなければならなくなり、潜水艦乗りはひどく自尊心を傷つけられることになった。

昭和十八年十一月、大戦果を挙げるときが来たと思った。マキン、タラワに来襲する敵艦隊を迎撃することになった。空母飛行隊はブーゲンビル水域で戦い、潰滅してしまったばかりのときであり、頼りは潜水部隊だけだった。九隻が出撃した。潜水部隊の名誉がかかっていた。今度こそとだれもが期待した。ところが、六隻が戻らず、戻ることができた三隻もひどく損傷していた。相討ちだ、必ずや敵の戦艦か、空母を沈めたにちがいないとみなは思おうとしたのだが、ほんとうは軽巡洋艦一隻に手傷を負わせただけだった。

軍令部員も、潜水戦隊を麾下に置く第六艦隊の幹部も、だれもが暗く沈み、考え込んだ。だが、昭和十六年十二月に真珠湾沖で見張りについた潜水艦の艦長とちがって、戦いがはじまってすでに二年がたち、マキン、タラワの沖で戦おうとしたとき、かれらは敵の対潜防衛技術を知らないはずがなかった。ドイツとのあいだで、潜水艦の供与があり、潜水艦の図面の交換があり、潜水艦基地の貸与もあり、米英両国の対潜水艦作戦ほど情報の入手の容易な分野はほかにはなかったからである。

敵の哨戒機はセンチメートルの波長の電探を搭載している。一時間飛ぶだけで数百平方キロメートルの水域を捜索できる。機首から突き出たアンテナは六キロさき、十キロさきのわずかに海面にでている潜水艦の艦橋を捉える。ところが、潜水艦の逆探知装置はなんの感応もない。哨戒機のほうは味方の駆逐艦にどこへ行けと指示する。駆逐艦は三十ノットに近い速力で驀進する。駆逐艦の電探が潜水艦を捕捉する。

ところが、日本の潜水艦はこうした敵の新しい攻撃方法にまったく無知であり、無防備だった。しかもわが潜水部隊はタラワ島とマキン島のあいだの二百キロメートル四方の水域に散開して、敵艦隊を待った。軍令部や海軍潜水艦部の幹部たちはつぎのようなことも知っていなければいけなかったはずだ。ビスケー湾を通過する潜水艦は、スペイン沿岸に沿って、夜は潜航し、昼間は潜航と浮上を繰り返し、細心の注意を払って進み、十日もかかるということだ。そしてこのような潜水艦に便乗した者は無為と不安をまぎらわすために、哨戒機が何機あれば、ビスケー湾全域を探査できるかを計算したりしたものだ。巖谷英一はビスケー湾を二十四時間電波で覆うには実動三十機の哨戒機があれば足りるとはじきだした[105]。

ところで、ビスケー湾のはるか沖に設置した英空軍の四角形の哨戒水域は五百キロメートル四方もあった。

昭和十九年五月のタウイタウイ泊地の周辺で、敵潜水艦が跳梁しているといった話に戻らねばならないのだが、このあと起きたことをさきに言ってしまえば、タウイタウイから第一機動艦隊が出撃し、二十隻の潜水艦もこの作戦に参加したのだが、このうちの十二隻が戻らなかった。戦果は皆無だった。

タウイタウイ泊地の沖合に潜む敵潜水艦のことになるが、わがほうの対水上捜索用の艦船搭載の電波兵器はこれら潜水艦を見つけだすことができないことは最初に述べた。飛行機に積む対水上捜索用の電波兵器はいったいどうなっていたのか。

敵の対空砲火の秘密

航空機に搭載する電波兵器の開発は航空本部の所管であることは前に述べた。ところが、航空機に電探をといった要求がでるのが遅く、それより前に、大学の優秀な教授、助教授、企業の一流の研究員は海軍技術研究所と陸軍兵器行政本部がそれぞれ押さえてしまっていたから、航空技術廠の電探の研究者集めは落穂拾いとなった。そして海軍技術研究所の側はすすんで自分の技術的経験や成果を他人に教えるつもりはなかったし、航空技術廠の側も頭を下げて教えを乞おうとせず、両者のあいだに技術交流はなかった。

陸軍が昭和十八年七月に電波兵器の研究所を統合し、多摩陸軍技術研究所をつくったことは前に述べた。海軍大臣の嶋田繁太郎も海軍内の電波兵器研究機関をひとつにまとめようとした。航空機搭載の電探の開発の遅れを心配し、艦政本部が押さえている研究者と技術者を航空機用の電探開発に投入しようと考えてのことだった。航空本部と艦政本部が所管する電波兵器と通信兵器の研究開発機関をひとつにまとめ、電波本部を新設した。昨十九年四月のことだった[106]。

ところが、電波本部ができる前、できてからも、この新機関にたいする不平不満はくすぶりつづけた。艦政本部がぶつぶつ言いつづけた。航空機用電探の開発はさっぱりうまくいっていないにもかかわらず、航空本部も電波本部の新設に激しく反対した。航空技術廠を持っているからこそ、電波兵器の開発、生産ができる、電波本部をつくってしまって、手足がなくなってしまい、資材を手に入れることもままならないと航空本部は不平を並べたてた。

じつを言えば、そのとき航空本部の幹部たちは嶋田繁太郎にたいして大きな不平不満をべつに持っていた。前に何回も述べたことだが、繰り返そう。アルミニウムの陸海軍の配分を半々ではなく、海軍に二、陸軍に一の割合で分けるように海軍が求めた。ところが、この要求が通らなかった。昨十九年二月のことだ。軍令部、海軍省、航空本部の幹部たちは海軍大臣が徹底して陸軍と争わなかったことを怒った。そしてなにもかもうまくいかないすべてのことを海軍大臣の嶋田繁太郎のせいにするようになった。電波本部の新設に反対し、それができてからもなお反対し、嶋田が悪いと悪口雑言を言いつづけることになった背後には、こうした理由があった。

　つけ加えておこう。今年二月、電波本部はわずか十カ月で廃止されて、第二航空技術廠が新設され、電波兵器の研究開発はここに集中することになった。艦政本部が反対しなかったのは、艦政本部所管の海軍工廠が航空本部の指導のもと、飛行機の部品をつくるようになってしまい、艦政本部がかつての力を持たなくなってしまったからだった。

　飛行機に搭載する電探の開発はどんな具合だったのか。飛行艇の二式大艇に積むことのできる捜索用の電探をつくりあげたが、役には立たなかった。波長は三メートルだから、小さな潜水艦を捉えることはできなかった。しかも部品の真空管がいずれも品質不良で、取り換えても、取り換えても、具合が悪かった。

　そこで前に述べたことを繰り返すなら、昨十九年五月、タウイタウイ泊地に集結した五十余隻の軍艦は、タウイタウイの沖に潜む敵の潜水艦を見つけだし、撃沈することができないため、空母は泊地の外へでて、搭乗員の発着艦の訓練をおこなうことができなかった。搭乗員のあらかたは、海軍兵学校の七十期生か、七十一期生、甲種予科練の九期生であり、実戦経験はなく、空戦訓練はおこなったことはなく、戦術行動は机上教育だけという若者たちだった。

　歴戦の搭乗員は大部分がすでに戦死してしまっていた。

もういちど、昭和十八年に戻って説明しなければならない。昭和十八年二月にガダルカナル島に残る地上部隊を撤退させた。だが、敵の北上を阻もうとする戦いがソロモン諸島の島々でつづいた。昭和十八年一月から十月までに、二千五百人の搭乗員が戦死した。この大部分は基地航空隊の搭乗員だった。

さて、敵軍はいよいよソロモン諸島の北の端のブーゲンビル島に上陸する気配となった。この島に敵空軍の基地ができれば、ラバウルの海空基地は敵の航空圏に入ってしまい、ラバウルは死んだも同じになる。

昭和十八年十一月、連合艦隊は空母飛行隊をラバウルの陸上基地に移した。翔鶴、瑞鶴、瑞鳳の母艦機である。大兵力を投入して、航空優勢を確保して戦わなければ、航空消耗戦に陥るだけと考えてのことだった。

敵機動部隊を襲った。驚いたことに、いや、驚いたと言って済むことではなかったが、一方的な敗け戦となった。霞ヶ関は大勝利を信じるか、信じるふりをしたが、実際には敵の軽巡洋艦一隻に損傷を与えたにとどまった。この作戦のあいだに、翔鶴の飛行隊長の小井出護文、瑞鶴の飛行隊長の納富健次郎をはじめ、飛行隊長四人、分隊長十一人を含め、最優秀の指揮官の半分を失い、士官四十二人を含め、七百三十八人の搭乗員が戦死した。

ヘルキャットの名で知られるグラマンＦ６Ｆは強大な火力を持ち、たいがいの損傷に耐えることができ、もはや零戦は敵わなかった。だが、わがほうの撃墜された飛行機の三分の一から半分は敵の新兵器によるものではなかったか。

振り返ってみよう。ミッドウェー海戦のすぐあとのことになる。前に述べた通り、なにが電探だと鼻で笑っていた海軍主要機関の幹部が騒ぎだすようになったときのことだ。連合艦隊参謀長、宇垣纏が新兵器の開発を望んだ。かれは昭和十三年末から昭和十六年二月まで二年三カ月にわたって軍令部第一部長という海軍の要《かなめ》のポストに坐っていた。かれは海軍伝統の大艦巨砲主義者であり、弩級戦艦の強大な集中砲火が戦いのすべてを決すると信じていた。大和、武蔵の建造を推進し、大和型の第三番艦となる第一〇一号艦の建造にたいし、空母をつくれという声が起きたときにも、戦艦でなければならぬと主張したのだった。

かれは昭和十七年七月八日の日記につぎのように書いた。

「開戦後既に七ケ月になるに関らず今日迄新兵器等何等新しき品の考案供給を受けず、誠に寒心の至なり。改善と模様替に終始しありと言う外なし。曩《さき》に欧戦始まるや戦訓を取り入れて研究工夫すべき機構を定め、開戦後民間技術者も多数動員したるも何を為しつつありや。須《すべか》らく用兵者の要求を出して其の研究を促進するの要なきや。今日の敵は正に飛行機に在り、其の攻撃圏（高角砲の有効距離）は八千米を出でず、電波探信儀の利用、射撃速度発揮に依る散開弾の使用を以て、飛行機の攻撃圏に入るに先だちよく之を撃墜し得るとせんか、無用の消耗被害を防止し、敵をして為すなからしめ其の情勢を一変し得べきに所なり。更に潜水艦に対し聴知の完璧を期せば正に無敵と称し得べし。此時期に於て新工夫新着想を求むる蓋《けだ》し急なり。何とかする必要大なり[107]」

宇垣が夢想した新兵器、射撃用の電探と連動させて、来襲する敵機のあらかたを撃ち落とすことができる夢の砲弾を、そのとき敵側が開発中だった。マグネトロンの開発と同様、英国で研究を開始し、アメリカが引き継いだ。時計式の高射砲弾の信管を探知装置に取り換えようとする研究だった。イーストマン・コダック社が全力を挙げ、試作に取り組み、成功した。昭和十八年一月下旬、わがほうの哨戒機が撃墜された。これがこの新しい高射砲弾の使いはじめだった[108]。

前に触れたが、もういちど述べよう。これは、小さな送信機と受信機を内蔵した信管をとりつけた十二・七センチの高射砲弾である。信管内の送信機が電波を発し、目標の飛行機からの反射波を受信機が感知する。周波数の変化で高射砲弾が飛行機にいちばん近づいたときがわかる。そのとき起爆剤を動作せしめるリレーが働き、砲弾は爆発する。

装置全体は小さな重クロム酸電池によって作動するが、安全のために電池の液体はアンプルの中に入っている。発射のときの衝撃によって壊れ、電池は作動する。だが、真空管のほうはこの発射の際の衝撃に耐えるものでなければならない。信管内の三十五立方センチメートル[109]という小さな容量のなかに、受信機、送信機、電池を収めるのがたいへんだった。

イーストマン・コダック社をはじめ、多くの会社がこのＶＴ信管の名で呼ばれる近接信管の生産に加わり、月に四十万個の真空管をつくり、この真空管を組み込んだ信管を月に数万個生産するようになった。

こうして昭和十八年十一月、ラバウルの地上基地を飛び立った空母飛行隊は、ヘルキャット、そして対空射撃用の電探とこの近接信管をつけた高射砲弾によって、全滅に近い大損失を蒙ることになったのだった。

それから半年がたつだけだった。前に述べた通り、空母飛行隊の搭乗員の大多数は訓練が不足し、空母に乗るのははじめて、発着艦の訓練は一回だけという者ばかりだった。タウイタウイに一カ月いて、一度も飛行機に乗る機会はないのだから、練度は落ちるばかり、機体、発動機の整備も満足にできないといった有様だった。

かれらの戦い、死物狂いの大博打《ばくち》がどのように終わったかは、前に記したから(110)、ここでは繰り返さない。

近接信管について、つけ加えておこう。

アメリカの統合参謀本部は近接信管つきの高射砲弾を陸上で使用することを禁じてきた。不発弾が日本の手に渡り、近接信管の秘密が知られるのを恐れてのことだった。

だが、現在、沖縄の戦いでは、統合参謀本部は地上軍が近接信管つきの高射砲弾を使うのを許している。(11) そこで沖縄の敵軍基地を襲う少数の九州からの攻撃機に向かって軍艦と地上の対空砲が一斉に射ちあげる砲弾はいずれも近接信管つきなのである。

同じ昨十九年の半ば、日本とドイツとの関係はどうなっていたのか。

ドイツの外務大臣、軍首脳は日本に協同作戦をやるように求めることはもはやなかった。

ドイツ潜水部隊の戦いは、英国海軍が編みだした護送船団システムを無力にするかと思えた昭和十八年三月中旬に戻ることはついになかった。撃沈した輸送船より、撃沈される潜水艦のほうが多いようになっていた。そして米英軍がノルマンディに上陸してしまった。ロリアンはまったく孤立してしまい、残っている潜水艦は出航し、ノルウェーのトロンヘイム、ベルゲンの基地に向かい、航行できない潜水艦は自沈することになった。

もうひとつの協同作戦、対ソ参戦は、昭和十七年、十八年にできなくて、十九年になってできるはずはなかった。政府は外交目標に独ソ和平の斡旋を掲げることになったのだが、これも遅きにすぎることはだれもが知っていた。独ソ和平どころではなかった。ソ連軍はドイツ軍をロシア領内から追い払い、戦場はリトアニア、北ポーランドとなり、ルーマニアとなっていた。フィンランドはソ連と和平交渉をはじめていたし、ほかのドイツの衛星国は秘密のうちにソ連に和平の探りを入れるようになっていた。
ところで、このときドイツの新兵器、決戦兵器を日本で開発、生産することになった。

ドイツからロケット戦闘機の資料を運ぶ

日本がドイツから導入した文字どおり最後の軍事技術は、ドイツ最新の秘密兵器、ロケット戦闘機とジェット戦闘機である。

昭和十八年のことだった。ベルリンに駐在していた海軍武官や武官補佐官、監督官たちはドイツ空軍の幹部と話し合って、ロケット戦闘機のメッサーシュミット163とジェット戦闘機のメッサーシュミット262についての大きな期待を聞かされ、それこそ暗闇のなかの一条の光のように思った。メッサーシュミット163が実戦配備さえすれば、連合軍の侵攻を阻止できるという。そしてメッサーシュミット262の航空団が二つ、三つと揃いさえすれば、制空権はいっきょにドイツの手に戻る。やがて起こるであろうアメリカ軍のヨーロッパ大陸への上陸作戦を戦史最大の災厄に終わらせてみせる。こういった頼もしい話も聞かされたのだった。

海軍武官らは東京とも連絡をとり、ぜひともこの新兵器を譲り受けてもらおうとドイツ空軍省へ働きかけた。ドイツ空軍省がロケット戦闘機とジェット戦闘機の技術資料を日本に譲るとこちらの海軍武官に告げたのは昨十九年三月はじめのことだった。まことに都合よかった。この月の十一日に日本の潜水艦がロリアンに着いた。ロケットの資料はこの潜水艦で送ることにしようと武官や監督官は相談した。

この潜水艦は松の秘匿名で呼ばれた伊29である。全長百三メートル、最大幅は九メートルの大きな潜水艦であり、乗組員は百五人、艦長は木梨鷹一だった。海軍兵学校五十一期である。便乗者は十六人いた。ドイツ向けの貨物の中身は、生ゴム[112]が八十トン、タングステンが八十トン、亜鉛二トン、金二トン、キニーネ三トンだった。

昭南を出港したのが昭和十八年十二月十六日だった。元旦はインド洋の真ん中だった。喜望峰を越したのは十九年一月の中旬だった。喜望峰から英軍の哨戒機が飛ぶので、南極に近い強風圏を大回りしなければならなかった。南大西洋にでて、まだ昼間も水上を航走していたが、北緯二十度を越していよいよ昼夜ともに警戒を厳重にしなければならなくなった。ここでドイツの潜水艦とおちあった。水路嚮導役のドイツ海軍の士官が松に乗り込んだ。敵の電波探知機の電波を捉えるアンテナを司令塔にとりつけもした。だが、このドイツ製の逆探知機の効果も心細かった。

危機一髪という目にあったのも、これが敵機の電波を捉えることができなかったからだ。艦の機関の騒音が大きく、敵機の爆音が聞こえなかった。爆音が響き渡ったと思ったとたん、探照灯の強烈な光芒が松の艦首の百メートルさきを照射した。敵の飛行機の探照灯だ。浮上している松を敵機の電波探知機が捉えた。ところが、電波探知機は目標にあまり近づくと作動しなくなる。そこで目標に接近してからは探照灯をつけ、海上の一本筋の白波を見つけようとする。海上五十メートルの高さで飛ぶ敵機の探照灯の光束は起伏する波頭をつぎつぎと照らして前方へ進んでいく。艦橋にいた艦長と哨戒長、そしてほかの者たちは金縛りにあったようにこれを見ていたが、すべてはまばたきを数回繰り返すあいだの出来事だった。「エンジン停止、潜航急げ」と艦長の木梨鷹一が大声で命じ、つぎつぎとマンホールに飛び込んだ。急速潜航訓練は、この航海中、毎日一回繰り返し、甲板のそれぞれの部署にいる者のマンホールに飛び込む順番、なにを持って戻るか、そして最後に潜り込むのがだれなのかもしっかりと決まっていた。ハッチは締められ、松は潜行した。敵機は行き過ぎてしまったと気づき、必ず戻ってくるはずだった。爆雷がいつ爆発するかとじっと待った。このときになって、後部の対空砲の射手、神尾上曹が艦内に戻っていないことに気づいた。幸いなことに爆雷投下はなく、だれもがほっとしたのだが、どうして神尾は戻れなかったのかと思って、みなはずっと気が重かったのである。

　ロリアン沖まで来て、ドイツの駆逐艦と水雷艇、護衛の戦闘機の出迎えを受けた。もう大丈夫と思ったそのとき、英国の攻撃隊の襲撃を受け、ドイツの指揮官機が撃墜された。厚いコンクリートの防壁に囲まれた防空壕のなかに潜水艦は入って、みなはやっと安心した。痩せて、顔色のわるい乗組員たちは軍服に着換えた。上甲板にでたときには、だれもが感激した。軍楽隊が「君が代」を奏して迎えてくれ、ドイツの司令官が潜水艦に乗り移ってきて、ひとりひとり閲兵し、握手をした。上陸すると、今度はドイツの可愛い少女が十人ぐらい花束をもって並び、乗員ひとりずつに花を渡し、握手をし、頬へキスをしてくれたのだった。(113)

この松が日本へ戻るときに、技術将校がロケット機の技術資料を携え、便乗することにした。

ところで、べつのもう一隻の潜水艦が日本へ向かうことになっていた。ドイツから日本に贈与されることになっていた二隻目の潜水艦が二月に引き渡され、昭和十八年八月からドイツに来ていた乗組員が安全なバルト海で最後の訓練をおこなっていた。皐月の秘匿名で呼ばれていたが、この潜水艦にもうひとりの技術士官が乗って帰国することにした。

こうして二人の技術士官、巖谷英一と吉川春夫が同じロケット機とジェット機の設計資料を携え、松と皐月に分れて乗り込み、どちらか一隻が沈められても、もう一隻が帰りつくだろうという確率に賭けることにしたのである。

松がロリアンを出航したのは昨十九年四月十六日の夕刻である。便乗者は巖谷を含めて十四人である。

ロリアン沖のビスケー湾は、湾というより灘と呼ぶのが正しいのであろうが、この海には相変わらず英国の対潜哨戒機がつねに餌物を探す蜂のように飛んでいた。松はビスケー湾をでるまで潜航をつづけた。充電と空気の入れ換えのためにほんのわずかな時間浮上するだけだった。それでも敵の爆雷攻撃は何回かあった。水中では速力が遅いから、なかなか危険水域を通過できず、艦内の炭酸ガスは増え、空気は汚れ、巖谷は頭痛に悩まされた。

やっとのことで敵の哨戒水域を抜けても、つぎの難関がすぐに近づく。アゾレス諸島である。ポルトガルのはるかな沖合いにある。昭和十八年八月に米英両国はポルトガルの首相に圧力をかけ、大西洋の真ん中にあるこれらの島に対潜作戦部隊を置いてしまった。

駆逐艦のスクリュー音を捉えた。どうやら敵のほうもこちらのエンジン音を捉えたらしい。真上に近づいてくる。ただちにエンジンをとめ、五十メートルの水面下で乗員はじっと息をのみ、敵の爆雷攻撃がはじまるのを待った。さまざまな思い出がつぎつぎと頭に浮かび、時計の針はいっこうに進まない。巖谷はベルリンに残った友人たちの顔を思い浮かべ、四年間のドイツ生活の断片をつぎつぎと思いだし、病死した故国の妻のことを思った。一時間半がたち、スクリュー音が消えたと報告があり、だれもが顔を見合わせ、ほっと息をついた。艦長は逆手にでた。日没とともに浮上し、高速で突っ走ることにした。走ること五時間、電波を感知して、急いで潜航した。

出航して一カ月目、十九年五月十六日、ベルリンの武官からの通信があって、松に宛てての無電が入ったと巖谷は教えられた。皐月が北緯三十度、西経三十六度の位置で敵の猛烈執拗な攻撃を受けたとのことだ。皐月は松の出発より二週間早くキール軍港を出港した。ロリアンをでた松は皐月よりもさきに大西洋を南下していたのだが、皐月はほぼ同じコースをたどっていた。爆雷攻撃を受けていると通報してきた位置は、松が二日前に通過したところだった。皐月の消息はそれが最後となった。

松は五月二十日にはじめて八時間連続水上航走をした。五月二十七日に巖谷は日記につぎのように書いた。「海軍記念日を敵海域の海面下で迎えた。暁天〇四三〇遥拝式、続いて祝宴が開かれる、芳醇な清酒は豊富とは言えないが　程よい酔を催すには充分、四〇年前のこの日から　営々として築かれ来った無敵海軍の今日の姿に万感迫り痛恨やる方なし。針路一三四度、二三四五浮上、艦の動揺左右五、六度、海面波高し(114)」

六月五日、米英軍がフランスのノルマンディ半島に大規模な上陸作戦をおこなったとラジオが伝えた。巖谷は五十日前に汽車の窓から見た朝霧のなかの広い草原と畑を思いだした。いま砲火の嵐のなかにあるのかと考えて、暗い気持ちとなった。

六月十一日の朝、かれはさらに暗い気持ちとなった。樅《もみ》からベルリンに向けての無電を傍受したと教えられた。樅は日本からロリアンへ向かっている潜水艦だった。伊52である。ドイツに向かう潜水艦は、最初から数えて、松が第四次、樅は第五次にあたった。

樅はポルトガルの沖まで来ていた。ところが、ノルマンディの戦いがはじまってしまい、ロリアンへ入港ができなくなり、どこへ行ったらいいのかの指示を求めているのだった。ノルウェーのベルゲンにドイツの潜水艦基地がある。英国領のシェトランド諸島の北方を回って、そこまで行けるのか。燃料の余裕はあるのか。いま、どの辺にいるのだろう。樅は無線発信をつづけなければならないが、こんなことを繰り返していれば、敵に見つけられてしまう。

松が流氷を恐れながら、喜望峰のはるか南を回り、インド洋に入った六月二十四日のことだった。この日、樅はポルトガルの沖でアメリカの護衛空母の所属機に沈められてしまった[115]。便乗者の十四人のなかには、いくつかの生産会社の技術者、研究者がいた。三菱重工業の東京機器の蒲生郷信と藁谷武は魚雷艇のディーゼル・エンジンを研究していた。愛知時計電機の諸井保治と永尾政宣はドイツで射撃盤を研究するつもりだった。東京計器の萩野市太郎は対空射撃用安定装置のジャイロの技術導入を望んでいた。富士電機の岡田誠一は対空用機銃の射撃装置を研究していた。日本光学の永野一郎は高射砲の射撃装置の研究をしていた[116]。かれらもすべて死んだ。

六月十四日に巖谷ははじめて艦橋にでることを許された。二カ月ぶりに仰ぐ太陽の光に目がくらみ、新鮮な空気に酔った。一時間交代で見張りの手伝いをしたのだが、白い波頭のひとつひとつが敵潜水艦の潜望鏡の航跡に見え、そのたびにどきっとしたのだった。

六月三十日に黄疸をわずらっていた高尾上曹が死んだ。翌七月一日、全員の登舷礼のなかで錘をつけたかれの遺骸は舷側からおろされた。松はぐるりと投下点を一周し、再び針路を七十度にとった。

本土防空のために

さて、海軍省では、松がすでに大西洋の危険水域を抜け、インド洋を進んでいると知り、順調にいけば七月下旬には資料が東京に届くとみて、十九年七月四日、呂号委員会をつくった。呂はロケットの口である。

三月から四月、皐月、松がキール、ロリアンを出港したときには、霞ヶ関の赤煉瓦内のだれもがロケット機とジェット機の話に膝をのりだしたわけではなかった。ところが、思いもかけず六月にマリアナ諸島が敵の手に渡ってしまった。これらの島がB29の基地となってしまうという重大事態が眼前に迫り、防空戦闘機をどうするかという問題が起き、潜水艦で運ばれてくるというロケット機の資料に赤煉瓦内の関心が集中することになった。

ドイツはこのロケット機の試験部隊をロイナとシュタルガルト、ベリッツの人造石油工場の防衛のために配備し、つぎにベルリンとルールに置く予定だという情報を聞いて、これだと思ったのである。

前に述べたことだが、防空戦闘機、海軍用語で言うところの局地戦闘機は、来襲する敵爆撃機を捕捉できる能力がなければならず、敵機が飛ぶ高度までたちどころにあがることのできる優れた上昇力が必要である。

海軍が雷電を局地戦闘機としたのも、高度八千メートルまで十分足らずで上昇できる力を持つからだった。ところが、八千メートルから上がたいへんだ。高度一万メートルまであがるために、雷電は新たに排気タービン過給機をとりつけた。エンジンの高空における出力の低下を補うために、大気を圧縮加圧してシリンダーに送るのが過給機である。エンジンから排出される排気ガスを使い、これを動力としてタービンを回すのが排気タービン過給機である。ところが、この性能がよくない。そこで前にも記したとおり、一万メートルまであがるのに三十分もかかるということになる。

海軍の幹部たちがロケット機に注目し、これにしようと決めた理由がここにあった。ロケット機であれば、わずか三分で一万メートルの高さに到達できる。推進薬の燃焼時間は五分か、六分ということだが、これはいたしかたない。敵機を前方から襲い、あるいは後方から追い、重火器で一撃すればよい。アメリカの戦闘機の戦法でいいのだ。一撃離脱だ。ロケット機はあとは滑空で降りてくる。

ただちに準備にとりかかろうということになった。こうして艦政本部長を委員長とする呂号委員会がつくられ、推進薬についての検討がはじまった。推進薬は主燃料である薬液と助燃剤の酸化剤だ。この二つをべつべつのノズルから同時に噴射させ、混合させる。瞬間的に爆発、燃焼し、高温、高圧のガスが噴出する。この反作用でロケットの機体は前進する。

燃料はヒドラジンである。詳しく言えば水化ヒドラジン八十パーセント水溶液だ。酸化剤は過酸化水素だ。正確には過酸化水素八十パーセント水溶液である。

呂号委員会はヒドラジンと過酸化水素の製法をまず調べることにした。海軍省軍需局第二課の山川貞市が聞いて回った。ヒドラジンはアンモニア工場で生産している。三菱化成の黒崎工場、三井化学の三井染料工場でつくっていることがわかった。過酸化水素の製造法はどこで聞いてもわからなかった。

山川貞市は大船の第一燃料廠へ行った。そこには百五十人の研究技術官がいる。廠長が技術系の幹部職員を召集した。ところが、だれも知らなかった。そのとき、小松茂が来ていた。現在、六十二歳になる小松は前に京都帝大の理学部の教授だった。人造石油の権威であり、第一燃料廠の嘱託である。横浜高工の電解科に聞けばよいと小松が言った。山川は横浜高等工業学校へ行った。やっと過酸化水素の製造方法を知り、江戸川工業所の山北工場でつくっていることがわかった[117]。

山北工場は神奈川県足柄上郡の山北町にある。山北は足柄山と丹沢連峰に囲まれた盆地内にある。近くに発電所があり、富士山麓から流れてくる鮎沢川の豊富な水があることから、江戸川工業所は昭和八年にここに工場をつくった。ドイツのエルヘミー社から電解法による過酸化水素の製造法の特許と主要装置を買った。

過酸化水素は工業、医薬、醸造用に販路があって、経営は順調だった。ところが、アメリカとの戦いがはじまり、戦いが激化してからは、日蔭の存在となってしまい、人手は減るばかり、原材料の不足からまもなく操業は停止せざるをえなくなると社長の二国三樹三や山北工場長の秋沢隆三は覚悟を決めていた。ところが、海軍省の山川貞市の訪問を受けてから、状況は一変した。工場のだれもが狐につままれる毎日となった。軍需省航空兵器総局や海軍航空本部といった山北とは縁のなかった花形官庁の課長や課員を迎えることになり、見学者はひきもきらずということになった。

七月十四日の午前十時すぎ、松はジョホール水道の入口に到着した。港内には傷だらけの重巡洋艦が一隻錨をおろしているだけだった。戦艦、空母、駆逐艦を見ることができると想像していただけに、巖谷はひどく淋しく思った。

十四人の便乗者は八十七日間苦労をともにした松の乗組員たちと別れた。巖谷は書類を詰めたトランクを持ち、カラン飛行場から零式輸送機に乗った。

七月十九日の昼前、巖谷英一は羽田に着いた。まっすぐ海軍省の奥にある航空本部へ行った。

この日、海軍省、軍令部をはじめ、海軍の主要機関がある大構内では、だれも落ち着かず、仕事が手につかなかった。嶋田繁太郎大将が海軍大臣をやめ、呉鎮守府長官の野村直邦大将があとを継いだのが二日前の七月十七日だった。

昭和十八年五月に野村がロリアンからドイツ寄贈の潜水艦に乗って帰国したことは前に述べた。その年の十月にかれは呉鎮守府長官となったのだった。

ところが、野村直邦が大臣室に座った翌日の七月十八日になって、東条内閣が総辞職をしてしまった。そしてこの日、米内大将が国務大臣になるのではないかといった情報が部屋から部屋に伝わり、総理大臣は陸軍の小磯大将のようだ、野村大将は留任となるのだろうかといった噂が口から口に伝わっていた。

航空本部総務局の伊藤祐満が落ち着かなかったのは、べつの理由からだった。かれは巖谷英一が来るのをじりじりしながら待ちつづけていた。巖谷を迎えたかれは口を開くなり、「メッサーシュミット１６３を持ってきたか」と問うた。「ここに持ってきました」と巖谷は手にした紙包を机においた。にっこり笑った伊藤から「優秀」と言われて、巖谷は自分の労苦にたいするまことに嬉しいねぎらいの言葉と受け取ったのだった[118]。

ただちに巖谷は伊藤とともに追浜の海軍航空技術廠に向かった。航空技術廠は昭和十八年四月に推進機部を新設し、ロケットの研究をおこなうようになっていた。会議室には、技術研究所、火薬廠、第一燃料廠、それぞれの研究部長が集まっていた。巖谷英一の説明を聞き、ロケット機の開発はできるかどうかを検討することになっていたのだが、ロケットの専門家はいなかったたし、推進薬がわかる者もいなかったのだから、これは形式的な手続きにすぎなかった。研究会の主催者である空技廠長の和田操ができると決断をくだしたのは、前もって決まっていたことだった。

つづいての討論は、ロケット・エンジンをどこでつくるかを決め、ロケット推進薬をどこでつくるかということになった。

ロケット・エンジンは三菱の大幸工場でつくらせようということになった。名古屋市東区大幸町にある三菱重工業の名古屋発動機製作所については前に何回も述べたことがある。ロケット機の開発を陸軍と共同でやることになっても、大幸工場なら問題はなかろうと和田操は思ったのであろう。陸軍と共同といった問題についてはこのさきで述べる。

ロケットの機体の開発はどこにするか。同じ三菱の大江工場にしようということになった。名古屋市港区大江町にある名古屋航空機製作所についても前に何回か述べた。

問題はロケット推進薬の過酸化水素だ。大量の過酸化水素が必要である。大量といっても、その必要量はなみはずれて多い。わずか六分か、七分飛ぶだけなのに、一・六トンから一・七トンの過酸化水素八十パーセント水溶液を使う。水化ヒドラジン八十パーセント水溶液のほうはずっと少なくて済む。

過酸化水素が江戸川工業所の山北工場でつくられていることはすでに述べた。じつはもうひとつ、住友化学の春日出工場でもつくってきていた。二工場合わせて月産百二十トンの能力を持つ。ところで、これらの工場でつくっているのは三十パーセント水溶液である。推進薬は八十パーセント水溶液のものでなければならない。三十パーセント水溶液を八十パーセント水溶液に濃縮すれば、百二十トンのものは二十五トンにしかならない。月に延べ一千五百機が出撃するとなれば、必要量は二千五百トンとなる。現在の生産量の百倍を生産しなければならない。それだけの設備をつくることができるのか。なにがなんでもやらねばならない。電解設備を持っている化学工場、人絹工場をすべて動員しようということになった。

合同研究会は二日間つづき、あらっぽい計画書がつくられた。海軍省と軍令部の次官と次長、かれらの部下たちが会議を開き、この計画書を検討した。B29の来襲を阻止するためにはロケット機は絶対に必要だ。ロケット・エンジンは航空機のエンジンをつくるよりもはるかに容易であり、大量生産はたやすい。機体、エンジンはともに安価にでき、短時間でつくることができる。推進薬の原料はなにも心配はない。原料面で困る問題はない。前に何回か論じられたロケット機生産にあたっての長所と利点がもう一度繰り返され、よし、どうあってもやろうと正式に決まった。

七月二十四日に海軍省軍需局内に特薬部を新設した。過酸化水素水溶液を甲液、水化ヒドラジンを乙液、双方合わせて呂号乙薬と呼ぶことにした。特薬部はこの呂号乙薬のための工場の設計、資材の供給、生産を監督することになった。

そして同じ日、三菱化成工業と三井化学の首脳がこの新設の特薬部の部長、足立助蔵に呼ばれた。ロケット式の戦闘機をつくらねばならない。推進薬が必要だと説明を受け、水化ヒドラジンを緊急生産してもらうと指示された。両社で月産五十トン、二カ月あとには生産を開始してもらいたいと命じられ、肥料その他の生産の犠牲はいたしかたないと言われた。

三菱は黒崎工場でつくることにした。三井は三池工場でつくることにした。黒崎が日産二十トン、三池が三十トンと生産予定をたてた。

三菱の黒崎工場は洞海湾に面する八幡市の黒崎町にある。昭和十年に最初に建設されたのが染料工場である。三池染料工業所、住友の日本染料製造につづいての日本では三番目の染料工場だった。黒崎では染料工場のつぎに硫安製造工場を建設し、コークス工場を建設していた。

水化ヒドラジンをつくるのに、三菱では、アンモニア水に次亜塩素酸ソーダ溶液を注入する方法を採用した。必要な機械、装置、そして建築資材は、アンモニア工場、電解工場、染料工場から転用することにした。染料の生産は中止のほかなく、硫安の生産量は三分の一まで下がるが、これもやむをえなかった。不眠不休で頑張り、八月末までには水化ヒドラジンの生産をはじめる決意だった[119]。

海軍省軍需局の特薬部が頭を悩ましたのは甲液だった。過酸化水素水溶液である。前に触れたように大量につくらねばならず、多くの工場でつくらねばならない。海軍省は第一海軍燃料廠と第二海軍燃料廠を軍需局の指揮下に置き、特薬部と協力させるようにした。こうして一燃廠と二燃廠の研究部員がつぎつぎと江戸川工業所の山北工場へ行った。近くの農家に泊めてもらい、工場へ通った。

かれらはお目当ての電解槽を見学した。電解槽は三槽ある。使っていたのは二槽で、一槽は予備だったのが、特薬部の命令で、これも稼働している。電解容器は畳一枚ほどの広さであり、白色の磁器である。過酸化水素は強い腐蝕力を持っているから、電解容器の材質はすべて磁器である。

電解容器内は素焼きの隔膜で陽極室と陰極室に仕切ってある。陽極室には白金箔の陽極、陰極室には鉛箔の陰極が挿入してある。この電解槽に硫酸アンモニア水を通し、過酸化アンモニア水をつくる。

この電解槽が三百槽から四百槽必要となる。反応塔、付属設備も必要だ。一燃廠と二燃廠の研究部員は過酸化水素製造装置の図面を複写し、図面のないものは製図した。これらを陶磁器会社につくらせねばならない。

もうひとつ、陽極となる白金が大量に必要だ。白金は自給できなかった。北海道の夕張川や石狩川の支流の雨龍《うりゅう》川の流域でわずかに採れるだけで、ずっと輸入に依存してきた。白金をどうするかという問題が生じた。白金をメッキした代用電極、あるいは白金に代る電極を探しださねばならなかった。

そしてもうひとつ、過酸化水素三十パーセント水溶液を八十パーセント水溶液にしなければならないが、その濃縮法がわからなかった。ドイツに電報で問い合わせた。

ところで、空技廠長の和田操がロケット機の開発をおこなうと決め、つづいて海軍最上層のメンバーがこれを承認し、そのあとかれらはもうひとつの問題を検討したはずだ。ロケット機の開発を陸軍と共同でおこなうかどうかといったことである。

じつを言えば、陸軍の幹部は海軍がドイツ空軍省からロケット機とジェット機の技術資料を手に入れようとしていることを承知し、手に入れたことも知っていた。

海軍幹部は陸軍もまたロケット機の開発をしたいだろうと思った。本土の防空に責任を負っているのは、前にも記したとおり、陸軍であり、陸軍首脳はやがて本土を襲うことになるB29の対策に頭を痛めていた。ロケット機はぜひとも欲しいはずだ。アルミニウムと航空揮発油を必要としないことも、陸軍にとって魅力的なはずだ。

ロケット機の開発を陸軍と共同でやることにした。陸海軍双方がロケット機をつくり、生産機数が増えれば、これに越したことはない。だが、海軍幹部がロケット機の開発を陸海軍共同でやろうと言うことにしたのは、べつにもうひとつ理由があった。

巖谷英一がロケット機の図面を手にして東京へ戻った昨十九年七月十八日は、東条内閣が総辞職した翌日であったことは前に述べた。そして小磯内閣が発足したのは七月二十二日だった。

東条内閣を総辞職に追い込んだ元凶は、もちろん、元凶などとは言わずに殊勲者と呼んでもよいのだが、内大臣の木戸幸一と東条内閣の国務大臣だった岸信介、そしてもうひとり、新内閣の海軍大臣となった米内光政だった。この総辞職のこのような内幕は、もちろん新聞には載らなかったから、だれも知らなかったが、海軍次官、軍務局長、軍務課長らは起こったことのすべてを知っていた。当然ながら、かれらは陸軍がこの政変は海軍が仕組んだものと睨み、怒り狂っていることも承知していた。そしてかれらは陸軍が企むであろう仕返しがどういう形をとるのかもわかっていた。

やがて陸海軍の合同問題をもちだすだろう。もちろん、海軍を吸収合併するのが狙いだ。マリアナ沖海戦で空母機部隊が潰滅してしまい、その再建のめどがたっていない状態であることを知ったら、得たりや応と陸海軍の併合を説いて回ることになる。

どうしたらよいのか。

マルロ計画動きだす

陸軍のこのような意図を封じるために海軍がやろうとしたことは、宮廷高官、政治家、新聞記者に向かって、合同なんかしなくても、海軍は陸軍に誠心誠意協力していると説くことだった。ロケット機の共同開発を見てくれと言うつもりだった。

おそらくは海軍軍務局長の岡敬純が陸軍軍務局長の佐藤賢了にこれを呼びかけたのであろう。七月二十五日か、二十六日のことだったのであろう。

陸軍の幹部は膝をのりだした。前に触れたとおり、ベルリンからの情報によって、ドイツがロケット機の開発を進めていることをかれらは承知していた。陸軍の航空技術研究所でロケットを動力とする防空戦闘機の研究をはじめたのだが、まだ手探りの状態だった。

それでもロケット・エンジンの研究をやっているのだと陸軍側は頑張った。海軍は陸軍に花を持たせることにした。ロケット機関の開発は陸軍が指導することになった。機体の開発は海軍が受け持つことを決めた。ロケット・エンジンの開発、生産を名発でおこなうことについて、陸軍は反対しなかった。ロケット機の名称も決めた。秋水《しゅうすい》である。

七月二十六日といえば、もうひとつのことを記しておかねばならない。昭南を出港し、母港の呉へ向かった松が、その日、マニラ沖で敵潜水艦の攻撃を受け、沈没した。前に見た通り、第五次派遣の樅がポルトガル沖で沈められてしまい、第六次潜水艦派遣の計画はもはやなかった。

七月二十九日のことになる。

三菱の発動機研究所に勤務する持田勇吉が所長の稲生光吉に呼ばれた。

発動機研究所は名古屋市東区大幸町の発動機製作所内にある。技術部、材料試験場、試作工場を統合して独立し、昭和十八年十一月に発足した。所長は稲生光吉である。かれが名発で発動機に取り組む前に神戸造船所で潜水艦用のディーゼル・エンジンの設計研究をやっていたことは前に述べたことがある。

稲生が持田に言った。「いますすめているディーゼル・エンジンの試作は中止する。かわりに局地防空戦闘機のロケット・エンジンの設計に即刻とりかかってもらいたい」

持田はびっくりした。かれが試作設計していたのは攻撃機用の二千百五十馬力のディーゼル・エンジンだった。試作完成寸前でどうしてやめねばならないのか。見たことも聞いたこともないロケット・エンジンをなぜやらねばならないのか。なんのことか見当がつかず、すぐにやろうなどという気持ちにはとてもなれなかった。

持田勇吉は東京帝大工学部を昭和十年に卒業し、三菱重工業に入社し、このとき原動機研究課長だった。現在三十三歳になる。

かれは瑞穂区御莨《おたばこ》町の自宅に戻ってからも、ずっと面白くなかった。考え悩んだあげく、東区徳川町に住む稲生の家を訪ねてみようと思った。

敵の長距離爆撃機がマリアナ諸島を基地にするようになったら、内地は爆撃圏内に入るといった話を稲生から聞き、防空戦闘機の開発を急がねばならない、もっとも必要とされる能力は上昇力であり、ロケット機、ロケット・エンジンの試作はいまや焦眉の急なのだという説明を聞いた。やむをえなかった。

翌七月三十日、かれはディーゼル・エンジンの仕事の片づけをした。そして七月三十一日、新しい仕事にとりかかる準備をした。所長の稲生から手渡されたのは、ドイツからもってきたという二十ページほどの小冊子だった。ワルター式という薬液式のロケット・エンジンの原理と構造の概略が書いてあった。小冊子の後半は数種類の燃料噴射弁の燃焼の比較をおこなった試験速報だった。

この説明書は大きさがB４判ぐらいだったから、たとえば薬液を加圧するためのタービン駆動のポンプ装置は、縦三十三ミリ、横百ミリほどの縮小図が入っているだけだった。しかもずさんなつくりで、肝心なポンプの扇車部分の図は欠けていた。

勇吉は小冊子のとびとびの記事を読み、挿絵のひとつひとつを睨みすえ、各部分の機能や特性、構造を考え、ひとつにまとめようとした。

ロケット・エンジンは燃焼室と二つのタンクから燃料液C液と酸化液T液を燃焼室に送り込む装置に分かれる。日本側の秘匿名の甲液がT液であり、乙液がC液である。

二つのタンクからC液とT液を燃焼室に送り込むためには、タンクからの配管にそれぞれポンプをつけなければならない。ポンプ装置の駆動は小型タービンによる。T液を触媒にぶつけて蒸気を発生させ、これでタービンを回し、これに直結したポンプを回す。

ポンプは遠心扇車式である。扇車の外径が百ミリ、一万五千回転の超小型扇車だ。T液は一秒当り六・二キログラム、C液は一秒当り二・一キロを噴射しなければならず、このたいへんな流量を処理しなければならない。このポンプをつくるのがたいへんだと勇吉は思った。

T液とC液は噴霧状となって燃料弁を抜けて、燃焼室に送り込まれる。燃焼室は九リットルの容積だ。燃焼室の底に十二個の燃料弁をつける。初動時に二個、中力時に六個、全力時に十二個が作動する仕掛けとなっている。

C液とT液は短時間で燃焼しつくし、高温高圧ガスとなり、口径八十五センチのスロートから噴出する。この高速流の反作用として推力が発生する。一万メートルまで三分四十五秒で上昇する。

勇吉は武者振るいした。明日からはたいへんなことになる。チームの人選をしなければならない。設計室に泊まり込んでの作業となろう。神戸造船所、長崎の兵器製作所の知恵を借りねばならず、応援を頼まねばならない。徹夜もつづけなければならないと覚悟を決めた。

同じ七月三十一日のことだ。

朝鮮北部の興南に、日本窒素社長の榎並直三郎と重役の工藤宏規、そして海軍艦政本部の斉藤という課長が来た。野口遵は昨十九年一月に没し、本社の営業を担当していた榎並がこのあとを継いだのだった。

興南は日本窒素がつくりあげた町だ。十数年前には、百数十戸の小漁村があるだけだった。日本窒素は朝鮮北端の高原地帯の赴戦江と長津江に大きなダムをつくり、豊富で安価な電力を生みだした。そして最初に建設したのが窒素肥料工場だった。年間六十万トンの肥料を生産し、これが日本窒素のドル箱となり、朝鮮の稲作を変える力にもなった。そして興南には有能な学卒者が集まり、技術開発のエネルギーを集積することになった。かれらは幾多の化学工場を建設した。一万トンの船が接岸できる専用の港をつくり、興南は人口二十万人の工業都市に発展した。さらに日本窒素は鴨緑江に七つの大きなダムを建設し、興南は世界有数の化学工業の中心地になるかと思えた。

このさき数十年あとには、もちろん過去形になるのであろうが、日本の植民都市のひとつだったこの特異な都市、興南を調べる人もでてくるにちがいない。そして多くの政治家と軍人が興南に深い印象を持ったこと、興南がかれらを勇気づけ、力づけたという事実を拾いあげることにもなるのではないか。

昭和十六年の十月から十一月、政策決定の場にいた軍人や政治家はアメリカとの戦いを決意しながら、眠ることのできない夜がつづいた。あとからあとから湧きでる疑惑を抑え、弱気を振り払おうとして、かれらが思い浮かべたのは、前にも見たとおり、ドイツは英国を屈服させることができる、英国さえ脱落させてしまえばということだった。

そして少なからぬ人びとが自分に言って聞かせたのは、日本には興南をつくる力がある、英国やオランダの植民地を占領して、なにも心配はないということだった。

だが、昨十九年、興南に渦巻いていたかつての覇気は消えてしまっていた。徴兵、応召されて若い社員がいなくなってしまったことがその原因のひとつだったが、大きな挫折感もあった。興南から阿吾地、そして吉林へと飛躍発展するはずだった人造石油の生産は、厖大な資金を投じながら、ついに実ることがなかった。

阿吾地はすでに日本窒素の手にはない。もちろん、日本窒素は興南の数多くの工場の操業をつづけてきている。これらのなかで最重要の工場はNA工場の秘匿名で呼ばれているイソオクタン製造工場である。

イソオクタンの説明をしておこう。百オクタン価の航空揮発油をつくるのにアメリカでは良質のガソリンに同量のイソオクタンを配合している。イソオクタンは自動車ガソリンを精製するときに生成する分解ガスからつくる。量は十二分にあるから、百オクタン価の航空揮発油をつくるのはいたって容易である。

日本はアメリカからこのイソオクタンを輸入していた。その後、自給に取り組むことになったが、良質で、豊富な石油を産出するアメリカのやり方を真似することはできない。日本窒素と徳山燃料廠が共同研究をおこない、たいへんに面倒な製造方法を考案した。豊富な電力を利用して、カーバイトをつくる。カーバイトからアセチレンをつくり、ブタノールを製造する。ここまでで五工程にのぼる。さらに四工程あって、やっとイソオクタンができる。合計九工程であり、まことに大規模な装置であり、たいへんな回り道をしてのイソオクタン製造である。

昭和十四年はじめに興南の工場群のいちばん奥の竜興で工場の建設にとりかかった。主要機械と受変電設備を発注し、十種に及ぶ原料を自家供給するために設備の増設をおこなうことになり、興南すべての工場を動員した。そして日本窒素の優秀な人材を投入した。

海軍側の責任者は海軍もこの工場建設に一所懸命なのだと力説し、戦艦一隻の建造を思いとどまり、三万五千トンの鋼材を興南に回すことにしたのだと繰り返し語った。

昭和十六年に試運転がはじまった。急ぎ、急がされて、幹部職員はいずれも過労だった。病気で倒れる者が何人もいた。そして爆発事故を三回も引き起こし、犠牲者をだすことになった。だれもが待ちわびたイソオクタンがはじめて製出したのは昭和十七年五月のことだった。それ以来、イソオクタンはタンク車で興南港に輸送し、千五百トン積みの小型タンカーで徳山か、四日市の燃料廠に運び、南方産のオクタン価の低い航空揮発油に配合してきた。航空本部からせきたてられてのことであろう。ときに空のドラム缶を満載した駆逐艦が興南の桟橋に着くこともあった。

こうしたわけで、航空決戦の主役に血液を補給するのがＮＡ工場だということから、興南のほかの工場は、NA工場で使うのだ、我慢してくれと言われて、うなずくほかなく、NA工場のためだ、至急やってくれと言われれば、うんと答えるしかなく、だれもがNA工場を「殿様」と呼び、「殿様のお通り」と自嘲気味に語るのがきまりとなっていた。

さて、日本窒素の二人の首脳と艦政本部の幹部が興南に来て、NA工場の正式名である日本窒素燃料工業社長の白石宗城、工場長の大石武夫をはじめ、興南の主だった工場の幹部が集められた。なにごとだろうと緊張の面持ちのかれらに向かい、軍需課長が語りはじめた。

「現下の戦況は残念ながら日本の負けだ。神風でも吹かないかぎり、勝機はない。じつは今日、その神風をもってきた。なにをさしおいても全力をあげて急いで完成し、この戦いに間にあわせて欲しい」(120)

濃度八十パーセントの過酸化水素水溶液を年産五千トンと水化ヒドラジンを年産一千トンつくる二つの工場を直ちに建設するようにという命令だった。これが高速航空機の燃料になるという説明だった。

白石宗城をはじめ、興南の幹部たちにとって、持ってこられたのは神風ではなく、一大旋風だった。三井化学、三菱化成をはじめ、内地すべての化学工業会社への割当て分の総計と同じ量を興南でつくってもらうと言われ、誇らしく思ったのは一瞬のあいだのことで、これはたいへんだという気持ちで一杯となった。製品の出荷は向こう一カ月以内にしてもらいたいと言われた。そんな非常識なことをとだれもが息を呑めば、三菱化成でも、三井化学でも、一カ月の期限で建設完了、生産開始を約束しているとおっかぶされた。

ヒドラジンのほうはイソオクタンをつくっている竜興工場でわずかながらつくってきていた。ところが、興南でも過酸化水素の製造法を知る者はいなかった。興南の研究部にある自慢の図書館にも、過酸化水素の本はなかった。研究部長だった田代三郎が「パーオキサイド」というドイツ語の本を持っていた。みなは交代でこの本を読んだ[121]。

竜興のＮＡ工場にヒドラジン生産の設備を増設することが決まり、亜鉛製錬工場、肥料工場、本宮の電解工場の三工場を過酸化水素製造工場に転換することが決定した。新設の工場をＮＺ工場と呼ぶことになった。そして昼夜兼行の工事がはじまった。ドイツで発明したすごい燃料をつくるらしい、ＮＡなんかもうどうでもいいのだそうだといった噂が工員のあいだにひろまった。ＮＺのためだと言えば、興南内でどんな無理も通り、ＮＡの「殿様」の上の存在となった。ＮＺは「将軍様」だとだれかが言い、「将軍様のお通り」と言うようになった。

すべての化学工場を動員

過酸化水素の生産を担当することになった者たちは江戸川工業所の山北工場へ見学に行った。鈴木音吉はその一員だった。

かれは技術系社員の見習い教育の責任者だったのだが、NZ工場の係長となったのである。製造の設備はすべて白の磁器だった。興南でこれを真似るわけにはいかないと鈴木は思った。製陶会社に発注して、一カ月、二カ月でできるはずはない。すでに決めたとおり、電解槽は錫で内張りするしかないと同僚と語り合った。だが、すべてを錫で内張りすることができるほどの錫があるはずがない。

つづいて大船の第一海軍燃料廠へ行った。新設の濃縮部に案内された。三十パーセント水溶液を八十パーセントに濃縮するための連続濃縮装置はいま実験部と研究部で開発中だという話を聞かされ、これも鉄製というわけにいかず、陶磁器と錫、それにステンレスを組み合わせてつくらねばならず、時間がかかると説明され、いま手作業でやっているが、これは実験試料をつくるためだと告げられた。

がらんどうのだだっぴろい部屋に案内され、だれもが茫然とした。空想世界に入り込んだようだった。ずらりとガラスの容器だ。透明な液体が入ったフラスコが向こうの隅までぎっしりと並び、女子挺身隊員と勤労動員の女学生らしい若い娘たちがなにかやっていた。

フラスコを真空ポンプで減圧する。つぎにフラスコを熱湯の入った木箱につけ、沸騰させ、煮詰める。フラスコに目盛りがつけてあり、過酸化水素水溶液がそこまで減少したら、とりだして冷却する。比重を測り、八十パーセントになったら、できあがりだ。

床一杯のフラスコにびっくりした鈴木がつぎに気になったのは、働いている若い女性が手ぬぐいをかぶっていることだった。埃もたたず、日もささないのにどうしてあねさんかぶりなんかしているのかと係りの者に尋ねれば、過酸化水素は漂白剤として使われるから、色が白くなるぞと言って、娘たちを喜ばせたのだが、彼女たちは髪の毛が赤くなることに気づいて、あわてて手ぬぐいをかぶることになったという説明だった。

久しぶりに親の家を訪ねる者もいて、大船からの帰りはばらばらだった。独り旅の鈴木音吉はずっと気がかりなことがあった。五千トンの過酸化水素八十パーセント水溶液をつくるのに、あんなままごとのようなことをやっていたのではどうにもならない。連続濃縮装置はほんとうにすぐにできるのだろうか。かれは濃縮部門の責任者となる予定だった[122]。

大船では二リットル入りのフラスコを一千個並べて濃縮作業をしていた。四日市の燃料廠では三百個[123]、徳山では二百個のフラスコを並べ、過酸化水素水溶液の濃縮をしていた。理化学器具店のフラスコの在庫はとっくになくなってしまっていた。

こうしてできあがった過酸化水素八十パーセント水溶液が面倒をきわめた。不安定で、分解しやすい。この分解はごく微量の金属イオン、塵、容器内の粗面によっても促進される。そして分解がはじまると温度が上昇し、一挙に分解が早まり、爆発する。

大船の研究部員の居谷滋郎は試してみた。八十パーセント水溶液を蒸発皿に入れ、広場へもっていった。遠くから異物を触れさせたところ、物凄い音をたてて爆発した。蒸発皿を探したが、影も形もなかった(124)。

第二海軍燃料廠でつくった過酸化水素八十パーセント水溶液を三菱重工業の長崎兵器製作所に運んだ研究部員がいる。汽車に乗っているあいだに、万が一、爆発したらたいへんだ。温度を低くしておけば分解を起こさないから、二十リットル入りのガラス瓶に入れ、氷の浮いたゴム袋内にその瓶をつけておくことにした。貨車一輛を借り切り、暑い九月のはじめ、かれは貨物列車の旅をした。

前もって停車駅には氷を用意してもらってあった。貨車から飛び降り、駅舎まで駆けていき、南京袋に入れた氷をかついで戻った。ハンマーで割った氷をゴム袋に入れ、その一片を口にふくみ、汗をふきながら、揺れに身を任せ、過酸化水素をつくるのもたいへんだが、大量の過酸化水素を輸送、貯蔵するのもこれまたたいへんなことになると思い、この壮大なマルロ計画ははたして軌道に乗るのだろうかと思ったのだった。

帝国人造絹糸の広島県三原市にある三原工場が過酸化水素の生産を命じられたのも、

昨年の八月のはじめだった。三原工場は昭和九年に操業を開始した最新鋭の人絹製造工場である。工場長の米田豊と部下たちも江戸川工業所の山北工場を訪ねた。電解槽の形状を丹念に調べ、注入口、排出口の位置を確かめ、隔膜を通しての流れの速度を測り、隔膜の材質について尋ねた。

その夜には、国府津《こうづ》の旅館に泊まった米田と部下たちは基本設計の図面をひいた。翌日、再び工場を見学し、質問を重ねた。

山北工場のほかにもうひとつ、住友化学の春日出工場が過酸化水素を生産していることは前に述べた。

羊毛や麦稈真田《ばっかんさなだ》の漂白や消毒用のオキシドールに用いるため、過酸化水素水溶液の輸入が増えているのに目をつけ、大阪市西区にある春日出工場が過酸化水素をつくることにした。ここもドイツから技術を導入した。一系列月産三十五トンの設備をつくり、生産をはじめた。山北工場より一年遅く、昭和九年末のことだった。翌十年に二系列目が動きはじめ、月産能力は七十トンとなった。

ところが、昭和十七年から十八年になって、山北工場と同様、春日出工場も操業をつづけることが難しくなった。もともとは春日出工場は日本染料製造という会社の工場だった。潜水艦の航跡を青色に染める染料とか、マラリア治療剤のアテブリンを製造していたが、こんなことでは認められず、軍需品をつくっていないということで、原料、資材の配給は削られる一方、従業員も減らされ、工科系の新卒者の割当ては皆無となった。

昨十九年一月に軍需会社法が施行されたが、日本染料製造はその選から洩れた。いよいよやっていけなくなり、住友化学の傘下に入ることにした。日本染料製造は住友化学の大阪製造所となった。これが昨十九年七月一日のことだった。ところが、同じ七月の末、山北工場と同じように、あっと言うまに春日出工場は軍需工場のうちの軍需工場、最重要工場にのしあがってしまった。

春日出工場は海軍省特薬部から月に百二十七トンの過酸化水素三十パーセント水溶液をつくるようにと命じられた(125)。

こうして昨年八月には、日本内地から朝鮮まで、二十を超す化学工場と人造繊維工場が一斉に過酸化水素とヒドラジンを製造する装置の建設と増設をはじめた。

どこもが困ったのは磁器製の装置の完成に時間がかかることだった。仮設備でやってみようとした。木製の電解槽にピッチの内張りをして、使用してみた。ピッチやアスファルトではだめだった。たちまち侵された。木槽の内部にガラスを張り、ガラスとガラスの接着部分にタールを流して水どめをしたり、接着部にゴムをはさみ、外からボルトで締めあげたりしてみた。いずれもだめだった。

もちろん、ガラスで電解槽をつくることもやってみた。壊れやすいので、強度を強めるために厚さを増さねばならない。ところが、電解槽は発熱するので冷やさねばならない。厚いガラスはこの温度の変化に対応できず、これまた割れることになった。

電解槽は磁器でつくる以外には、前に触れたとおり、錫なら大丈夫だ。だが、電解槽をつくるほどの大量の錫はどこにもない。同じ昨年八月のことになるが、造幣局は十銭と五銭の錫製の硬貨の製造を中止し、これに代わって十銭紙幣、五銭紙幣をだすことにしたばかりだった。

鉄板に錫ホモゲンをしてみたらどうかということになった。鉄板の表面をはんだろうづけして、錫を溶着させる技術である。ところが、日本のホモゲン技術は不完全だったから、うまくいかなかった。何度も繰り返し試みた。

磁器、錫につづいて、じつは高純度のアルミニウムが腐蝕に耐えることができる。アルミニウムの配分権を実際に握るのは海軍航空本部と陸軍航空本部だ。航空本部の幹部たちはなにがロケットだと機嫌がわるい。厖大な資金を投じようとするマルロ計画に嫉妬心を抱いている。アルミニウムを分けてくれと言ったら、かれらは目をむき、すでにボーキサイトの輸送はとまり、航空本部は飛行機の木製化に懸命なのだと言い、工場の電解槽をつくるのに譲るアルミニウムは一キログラムだってありはしないと答えるだろう。アルミニウムをもらうのは、ロケット機内の燃料タンクの分だけにしなければならない。

結局のところ、装置の構造材は磁器とするしかなかった。装置の連結部分も磁器で接し合わせなければならなかった。ところで、前から磁器、磁器と言ってきたが、正確には磁器ではなく、タイルや信楽焼、備前焼をつくる炻器《せっき》である。そして耐酸炻器でなければならない。

昭和九年から山北工場の炻器製の電解槽、反応塔をつくり、隔膜をつくってきたのは名古屋の日本碍子《がいし》である。そして常滑《とこなめ》の伊奈製陶だ。この両社が大型の円筒槽、角槽をつくることができ、隔膜を大量生産する技術を持っている。

すでに八月はじめに両社の社長は海軍省に呼ばれ、過酸化水素をつくるための装置をつくるように命じられた。納入先の工場は二十以上にものぼり、隔膜十万枚、耐酸ポンプ一千台と並ぶ長大なリストであり[126]、耐酸炻器をつくることのできるすべてのメーカーが分担してやらねばならず、それでも間にあわず、耐酸炻器をつくったことのないメーカーの協力を求めなければならなかった[127]。

こうして多くの陶業メーカーがマルロ計画に組み入れられた。日本碍子と伊奈製陶は東洋陶業や他のメーカーに過酸化水素製造のための隔膜のつくり方を教えた。隔膜は微細な気孔が数限りなくある厚さ二、三ミリほどの三十センチ四方のアルミナ炻器の板である。

東洋陶業の小倉工場も日本碍子の指導で、マルロ用の電解槽、隔膜板、その他装置部品をつくりはじめた。人手は際限なく必要である。中等学校の動員学徒が優先的に送り込まれた。はじめは小倉中学の五十人と鎮西高女の百人だけだったのが、常磐中学、勝山高女、小倉家政学校、小倉農学校、東小倉国民学校の生徒が[128]耐酸機器をつくっている。松風工業、高山耕山、大坂陶業、岩尾磁器、日本陶管、日本陶器、日本理科窯業といったメーカーも[129]、中等学校や国民学校の少年少女の助けを借り、槽類からパイプ、バルブをつくるのに忙しい。

　前に常滑の伊奈製陶と言ったが、知多半島の中央にある常滑は陶業の町だ。三徳火鉢の名で知られる火鉢や衛生陶器をつくる工場がいくつもあった。昭和十七年から、これらメーカーは電力事業に欠かすことのできない碍子や碍管の生産をはじめた。そして昨年の秋からは、伊奈製陶の技術者に教えられて、過酸化水素製造用のタンクやパイプをつくることになった。過酸化水素水溶液や水化ヒドラジンを貯蔵、輸送する瓶の生産を命じられた工場もある。

　陶栄は常滑の窯業会社のひとつだ。昭和十七年、十八年は暗渠排水用の土管の製造で忙しかった。昨年八月につくるように命じられたのは、五百リットル入り、一千リットル入り、人に威圧感を与えずにはおかない二千リットル入りの巨大な瓶である。口ひとつのがあれば、口が三つのもある。前に手がけたことのない大物の生産だから、だれもが苦労することになった。

　そして昨年の末のことであったと思う。日本碍子社長の森村義行は呂号計画の担当者を帯同して、海軍省特薬部に出頭するようにと命じられた。さらに増産を求められるものと覚悟はしていたのだが、特薬部の課長の話にかれらはびっくりした。過酸化水素水溶液を八十パーセントに濃縮するための新しい蒸溜装置をつくってもらいたいという要請である。宿舎の新橋の第一ホテルに戻った森村と部下は溜息をついた。

「家庭鉱脈」を掘ろう

マルロ計画といった大きな台風は、化学工業界と窯業界を襲い、つづいて白金騒動となった。

前に述べたとおり、電解槽の陽極は白金を使わねばならない。八十パーセント濃度の過酸化水素水溶液を月に三千トン欲しいというのが陸海軍の要望だが、そのためには三十パーセント濃度の過酸化水素水溶液を月に一万二千トン製造しなければならない。電極として一千六百キログラムの白金が必要となる。

その白金がない。前に記したことだが、日本では北海道の雨龍川上流その他でわずかに採れるだけだ。炭焼きと同じように田畑を持たない男の仕事だ。四、五人の仲間と川岸をのぼっていく。ここならありそうだというところに小屋掛けし、川原や川床を掘る。白金は岩盤近くに集まるから、底の砂をすくい、お盆にのせ、川の水につけながら揺する。わずかな人びとがこんな作業をしているのだから、採ることのできる白金の量はとるに足りない。

興南の研究部長だった田代三郎が「パーオキサイド」という過酸化水素についての専門書を持っていたということは前に述べた。その本のなかに、白金の代わりに鉛を陽極に使用することができるとあった。白金が不要なら万々歳だ。興南だけでなく、日本内地のいくつかの工場が電解槽に鉛を入れてみた。うまくいかなかった。

白金メッキではどうだろう、メッキなら白金はたいしていらない。海軍第一燃料廠でも、白金メッキの研究をはじめた。大阪市立工業研究所でこの研究をおこなったことのある技術者を招いた。メッキの地金はジルコニウムでなければならないということだった。ところが、ジルコニウムは日本に資源がなく、その精錬も経験がなかった。

昨十九年の八月末には、白金メッキは見込みなしということになった。どうしたらいいのか。戦前、白金はすべてロシアから輸入していた。ソ連から白金を入手できないのかと陸軍省の幹部が言った。

じつはソ連の大連領事館の領事が関東軍の幹部に向かって、日ソ間の貿易をしようと提議してきていた。昭和十八年の春のことで、ソ連側は白金を輸出する、ゴムとコーヒーが欲しいというのだった。実際にはソ連はバーター貿易を望んでいたわけではなかった。関東軍の幹部が詐欺師に瞞されただけのことであったが、参謀副長の池田純久が乗り気になり、指揮をとることになった。

大連では、そのあとさっぱり進展しない会談が断続的に開かれていた。(130)「国防指環」を集めるしかないなとだれかが言いだし、そうだ、「国防指環」があったなとべつの者が言い、だれもがうなずいた。

こういうことだった。白金の装飾品は日本人の好みにあった。白金の簪《かんざし》と帯留は明治末期に新橋や柳橋の芸者のあいだにまずひろがり、第一次世界大戦の好景気の時期に一般に普及した。婚約指環や結婚指環は白金が主流となり、皇室下賜の什器も白金製となった。ところが、白金は触媒として石油の精製過程で使われ、硝酸の製造にも使われ、工業用需要がひろがった。白金の装飾品への使用が制限されるようになる直前の昭和十一年、抜け目のない大手貴金属商が軍需物資として白金を家庭内に確保できると政府に説き、人びとの愛国心に訴え、ひろく売ったのが白金製の「国防指環」だった。

海軍省、陸軍省、軍需省の担当官たちが話し合った。指環一個一匁、三・七五グラムでは大きすぎる。二グラムが平均だろう。五十万人が持っているとして、一千キロになる。よし、「家庭鉱脈」を掘ろうということが決まった。軍需省と交易営団が音頭をとり、昭和十九年九月一日から白金回収運動を開始した。新聞に広告を載せた。「白金でサイパンの仇を討て！　あなたの持っている白金が勝敗を決する！　一刻も早く！　一匁も多く！」といった見出しを掲げ、「今度の緊急回収した白金は来るべき決戦にぜひ必要です。その用途を知ることが出来ないほど重要な方面に使われます。用途を明かさないから供出しないといわず、言えない重要性をどうぞ知って下さい」と訴えた[131]。

九月十五日に、東京では、日本橋、銀座の三越、銀座、浅草の松屋、上野、銀座の松坂屋、そして高島屋が買上げ所を開いた。「売り場供出」で貸しビルに変わってしまったデパートが久しぶりに馴染みの顧客を迎えることになった。買上げ価格は一匁二十六円、細工料として一匁三十五円をつけ加え、六十一円とした。

新聞は人びとの白金供出運動への協力ぶりを何回も載せ、地方版はそれぞれの県の白金供出量を掲げた。都内版は、都の商工経済会の会員が白金の時計を供出した、カフス、ボタン、指環をもってきた、藤山愛一郎会長は十数点の装飾品を供出したと報じた。

新聞はまた、三井本家の三井高公男爵が日本橋三越に二十数点の白金製品を供出したというニュースに大きなスペースをさき、ダイヤをちりばめ、台が白金のティアラ、同家の自動車のミニチュアのブローチ、ダイヤのついた白金の指環の写真を載せた[132]。

軍需省総動員局総務課長の切れものとして知られる長沼弘毅がこの白金供出のキャンペーンの先頭に立った。かれはラジオで何回もしゃべり、劇場の舞台にも何度か立った。各地のデパートに行き、白金供出に来ている人びとに挨拶した。かれが白金供出の重要性を説くときには、まず町にひろがっている噂をとりあげる芸の細かさをみせた。

こんな具合である。屑鉄供出が銅と代わり、ニッケルとなり、金となり、ダイヤモンドや白金に昇格しただけのことにすぎない。せっかく供出した鉄は路傍に積まれて雨ざらしになっている。白金回収は贅沢禁止を目的としただけのものだといった話がある。あるいはまた、これは上海のインフレーション対策であり、白金を上海へもっていき、これを売り、貨幣を回収するのだといった噂がある。こうした話はすべてデマだ。「白金をいかなる兵器に使用するかをいま話せないのは残念だが、従来の金属回収とは質がちがう、贅沢禁止の処置なんかではない、決戦兵器に使うのだ」と長沼は説いたのである。

十月十四日付の新聞には、「各宮家から白金とダイヤモンドを御下げ渡し」といった見出しの記事が載った。京都に住むモルガンお雪が白金を献納したことも、新聞は大きく載せた。雪は祇園の芸妓だった。アメリカの大富豪、モルガン商会の御曹子、ジョージ・モルガンと結婚した。二人はフランスに住んでいたが、モルガンは大正はじめに死に、雪は昭和十三年に帰国していた。新聞は彼女のこのような経歴にはまったく触れることなく、つぎのように報道した。

「数々の思い出を秘めた頸飾や指環、腕環など二回にわたり二十二点を供出、白金は全部で六十五匁六分、ダイヤとあわせ価格にして七万四千余円あり、このうち四万円をこのほど陸海軍へ献金した[133]」

供出された白金の量は予想量を超えた。それでも軍需省はこのさき白金は強制買上げすることになると発表した。「国防指環」を買った人びとの台帳があるのだとも言った。「簞笥をもう一度開けて見て下さい」といった広告もだした。

ところで、また新しい問題が起きた。白金るつぼや蒸発皿、電極といった理化学器具はともかく、ネクタイピンやペンダント、時計の側や鎖は合金が多く、その分離精製はなかなか難しかった。

日本学術振興会は、白金委員会をつくり、専門家たちが標準精製法を研究することになった。そして白金委員会は田中貴金属、徳力、石福金属興業といった精製業者を集め、技術交流会を開いた。大蔵省造幣局の技師もこれらの集まりに加わった。

そして造幣局が白金の精製をいちばん多く手がけた。今年の三月までに大阪と東京支局合わせて五百九十八キログラムの精製白金を製出した(134)。全体の四割近くに達した。

白金の「家庭鉱脈」と前に言ったが、工場内の白金の鉱脈もある。人絹工場とスフ工場の紡糸のノズルだ。このノズルを供出させることにもなった。

こういうことだ。政府は化繊工場を軍需工場に変えようとしてきた。昭和十六年以来やってきたことだ。そして産業設備営団は取り片づける紡糸機や精紡機の一部を廃棄させ、屑鉄として供出させてきた。人絹やスフの設備には相当量の鉛がある。これは有償だ。そして昭和十九年一月にはノズルも供出させることになった。

ノズル一個の重さは指環よりわずかに重いだけだ。四グラムである。だが、ノズルは数が多い。十万個、二十万個とある。産業設備営団の最初の狙いは金だった。ノズルは金八十パーセント、白金二十パーセントの合金である。マルロ計画がはじまって、今度はノズルの白金に目がつけられた。
十月に第二次、第三次のノズルの供出がおこなわれた。総計四十万六千個、一千五百九十八キロだったから、[135]白金は三百キログラムを超えたのであろう。
ところで、ロケット推進薬生産の指導は、海軍、陸軍、軍需省それぞれが勝手に口をだし、ごたごたが絶えなかった。昨年九月の末、陸軍の甲液、乙液の担当官八人と軍需省の二人が海軍省の特薬部に正式に加わることになった。さらに人員を増やさねばならなくなり、どこか広い邸に移ろうということになった。

軍の機関が大邸宅や休業中の大きな料理屋を借り、家族を疎開させた軍人たちが寝泊り兼用の事務所にすることは、はやりとなってきている。マルケ計画の本拠が牛込河田町の徳川の邸に置かれていることは前に述べた。やがて空襲がはじまることを覚悟しなければならなくなり、無人の空き部屋の多い大邸宅は落ちた焼夷弾をいち早く発見できず、「初期防火」ができないといった理由から、軍機関による貸与の申し入れを拒むことはできなくなっていた。

特薬部は三井総領家第十一代の三井高公の麻布区今井町の本邸を借りることになった。三井本社社長の三井高公が白金の供出をしたことが新聞に大きく載せられたことは前に記したが、特薬部長の足立助蔵が三井高公にお礼を言ったことから、三井の邸を借りる話につながった。

軍需省の役人も、陸海軍の軍人も、要するにだれもが大富豪の三井に反感を抱いて育ち、そのイメージを変える機会もなかったのだが、氷川神社の前を通り、今井町の高台への砂利敷の坂道を登りつめ、宏壮な正門を入り、一番奥にある七十二坪の軒の深い饗宴場とその周りの広間と溜之間を借りることになって、かれらのアンチ三井の感情などきれいに消えてしまった。かれらは訪ねてくる人びとに天下の呂号計画の本部は日本一の大金持の邸が似つかわしいと得意げに語り、この饗宴場は英国の皇太子が見えるというのでわざわざ建てたのだと自慢し、饗宴場の東側の縁にでて、二本の渡り廊下がつづくさきを指さし、あちらが三井六本家五連家のうちの総本家の邸宅だと言ったのだった。

本邸は建坪二千坪、部屋数八十ほどもある。現在、四十九歳になる高公と家族が住んでいる。もっともひとり欠け、女子学習院に通っている昭和八年生まれの久子は塩原に集団疎開している。

さて、肝心要《かなめ》のロケット・エンジンはどうなっていたのか。

研究課長の成田豊二と持田勇吉、田島孝治、望月卓朗ら十人足らずのメンバーは八月末までにエンジンの全図面をつくりあげた。このあいだ、だれも家へ帰らなかった。毎晩十二時か、午前一時まで仕事をして、そのまま設計室に椅子を並べて寝た。朝は七時半から仕事にかかった。出図間際には二晩徹夜をした。九月下旬にはポンプ装置の試作ができ、実験を開始した。

ロケット機の機体のほうはどうだったのか。機体の試作は三菱の名古屋航空機製作所でやることに決まったことは前に述べた。

じつは技術部長の河野文彦は海軍側の要請にうんと言わなかった。ロケット・エンジンの資料と同じく、機体の資料も不完全だった。縮尺図があるだけで、正確なデータがなかった。そして大江工場では、水平尾翼のない飛行機をつくったことがなかった。航空技術廠で試作したらどうかと河野は言った。

結局、航空技術廠科学部が基礎データをまとめあげ、機体の線図を描きだすことになった[136]。三菱側はそれを待つことにしたのだが、自分のほうでも、線図の研究をすることになった。八月十日に秋水の機体の設計陣を決めた。新築の設計室が仕事場となった。

疋田徹郎は木製の主翼と垂直尾翼の設計を担当することになった。かれは技術部第一設計課の木製機係長である。四式重爆撃機・飛龍の木製化に取り組んでいた。秋水の胴体、兵装、艤装、降着装置の担当者も決まった。

疋田は河野文彦が語ったことをノートに記した。「官要求完成期　坐席木型　八月末　兵装木型　九月十五日　動力木型　十月十五日　供試体　十一月末　一機　滑空機　十一月末　二機　試作機　十二月中　一又ハ二機　十二月末　二機[137]」

まさしく突貫作業である。かれはノートを読み直し、鳥肌が立つ思いだった。

主翼は高速に適する先細りの三角翼である。主翼内に水化ヒドラジンを入れる四個のタンクを収納する。過酸化水素八十パーセント水溶液は胴体中部のタンクに入れる。アルミニウムを使うのはこれらのタンクだけだ。そしてこのタンクを収めた胴体はずんぐりとしていて、ドイツの技師たちが「馬力の卵」と呼んだとおり、卵の形をしている。胴体の下側についたゴムタイヤつきの小さな車輪は離陸のあとに投下する構造となっている。着陸のときには引込式の橇をだす。そこで兵装だが、日本製鋼所と豊川海軍工廠でつくっている三十ミリ機銃を翼の根にそれぞれ一挺ずつ搭載する。弾薬は各五十発だ。

ところが、陸軍は自分の側の三十ミリ機関砲を搭載すると頑張り、まだ陸海軍のどちらにするか決まっていない。なお、陸軍では口径十二・七ミリ以上を機関砲と呼び、海軍は四十ミリまでを機銃と呼んでいる。

九月一日から秋水の機体設計チームに夜食がでるようになった。疋田が技術部長の河野文彦に頼み込んでのことだった。設計陣はだれもが無理をして働きつづけ、体を壊す者が続出していた。夜食がでることで、昼夜兼行で頑張ることになった。それでも一杯の雑炊ぐらいではどうしても夜中になって腹が減る。部屋の戸棚に「栄養食」ということで、バターがたくさんしまってあることをだれもが知っていた。鍵がかかっていて、秋水の機体関係の設計主務者となった高橋巳治郎がその鍵を持っていた。

あのバターを頂戴しようと疋田徹郎は同じ徹夜仲間の黒岩信に言い、二枚の引き戸を一体のままはずし、バターをとりだし、羊かんのように薄く切り、残りをもとへ戻し、戸をそっとはめこんだ。パンも、ビスケットもなく、バターだけを舌にのせた。バターだけでは、そうそう食べることはできないなと徹郎は思った。

ほんとうはそのバターはおいしくなかったのである。戸棚に入れておいて、融けることのないそのバターは、魚の油脂を食塩水とともに混合乳化し、固めただけのもので、食用固型油脂と呼んでいいような代物なのである。

つぎに徹夜をすることになった夜、疋田が同僚と再び戸をはずすとバターの山は減っていた。徹夜する者たちはだれもが戸をはずし、バターをなめていると気づき、いささか気が大きくなり、かれらはまたなめることにしたのである。

十月十五日に秋水の機体の設計は完了した。ずっと休みをとっていなかったので、終わったら、パーティを開こうとかれらは決めていた。翌十月十六日に各務原《かかみがはら》飛行場のすぐ近くの鵜沼《うぬま》へ松茸狩りに行った。小見山広夫、富田章吉、原田金次、箕原英一郎と一緒だった。落ち葉で蒸し焼きにした松茸を裂いて食べながら、これですき焼きが食べられたらなとだれかが言い、みなが真面目な顔でうなずいたのである。

つづいて大江工場は実機と同じ大きさの操縦訓練用の滑空機の製作をはじめた。追浜の航空技術廠も滑空機をつくりだした。これは木製羽布張りの軽量の滑空機である。じつはこれもドイツのやり方を真似たものだ。ドイツでは、ロケット・エンジンが完成するまで、Ｍｅ１６３のマークをつけたグライダーをつくってテストをつづけていた。つけ加えるなら、ドイツではロケット機の原型となるいくつかのグライダーを戦争開始前にすでにつくっていたのである。

空襲下のマルロ計画

Ｂ29による本格的空襲がはじまったのは昨十九年十一月二十四日だ。二十七日、三十日、十二月三日と空襲はつづくことになった。

だが、見てきたとおり、マルロ計画は日暮れて道遠しといった状況だった。

そして天災に襲われた。十二月七日午後一時半、愛知県、三重県、静岡県は大地震に見舞われた。この遠州灘地震[138]については前に何度か述べた。死傷者四千人、二万戸が全壊し、なによりも国民学校、工場、公会堂、役場の倒壊が多く、いくつかの飛行機工場も倒壊した。

大江工場内の飛龍の機体組立工場は半壊し、新司偵を組立てる道徳工場は全壊した。中島の知多半島にある半田製作所山方工場が潰滅し、大江工場と同じく名古屋市港区にある愛知時計電機の本社と機体組立ての永徳工場が崩壊した。

大江工場の秋水の設計室は天井が三分の一ほど落ちたが、大幸工場の被害はわずかだった。マルロ計画の被害はべつにあった。知多半島の陶磁器工場が潰滅した。煉瓦積みの煙突の上部がいずれも崩れ落ち、工場の建物が倒れた。

今村年は短現の主計士官である。津市にある津海軍工廠に勤務のあと、昨十九年十月に名古屋海軍監督官事務所に転勤となった。地震の翌日から翌々日、ときどき地鳴りがして、余震がつづくなか、かれは海軍の監督工場を見て回り、常滑にも行った。かれは茫然とした。屋根が落ち、できあがった大瓶が砕け散り、パイプやバルブが割れ、仕掛け品は壊れ落ち、手を施す術もなかった(139)。

その大地震から六日あとの十二月十三日の正午すぎ、大幸工場が爆撃された。そのとき持田勇吉は本館にいた。中島の武蔵製作所がすでに二回爆撃されたことをかれは知っていたから、近いうちに敵は大幸を襲うだろうと覚悟はしていた。重なって聞こえる爆音が真上に近づいてきて、来たなと思った。

近づいてくる爆弾の破裂音と地響きは巨象が突進してくるようだった。踏みつけられるかと思ったとき、壕の扉が飛び去り、壕内は土煙で一杯になり、息が詰まった。飛びだすと目の前の本館のガラス窓がすべて黒い穴に変わり、そこらじゅう木や鉄、スレートの破片が散らばり、土が積もっていた。小栗正哉と秋水のメンバーが何人か同じ壕にいた。工場の外へ出ようと言った。爆弾の炸裂した穴があいている脇を通り、子供を亡くしたのか泣いている女の横を抜け、敵の後続部隊が工場に爆弾を落とすのを振り返り振り返り仰ぎ見ながら、工場の北を流れる矢田川の浅瀬を渡った。気がついたときには、矢田町の長母寺《ちようぼ》の境内にいた。

爆撃が終わって、持田たちは工場へ戻った。工場の被害は大きかった。ロケット実験場も瓦礫の山となってしまっていた。土中に埋まっている者がまだいるとのことで、提灯をかざしてもらい、持田も土の山を夜遅くまで掘った。

翌朝、持田は追浜の航空技術廠から派遣されていた藤平右近と相談した。航空技術廠がロケット実験場を建設した追浜に移ったらどうかと言われた。持田もそうする以外にないと思った。常務の深尾淳二の部屋へ行った。

死傷者五百人をだし、深尾はひどいショックのなかにあった。地下壕は充分にあったのだが、五百キロ爆弾には役に立たなかった。かれは部下から被害の報告を聞き、命令をくだしながら、つぎのように考えていた。警戒警報がでたら、少数の保安人員を残し、すべての者を矢田川の対岸に避難させねばならない、駐在の監督官に言ってもらちがあかないだろうから、中部防衛司令官の岡田資中将に説こう、今日、明日中にしなければならない⑭、もうひとつ、各単位の疎開を今日からでもはじめなければならない。深尾はこう思っていたときだったから、持田の進言にうなずいた。即刻、追浜に移れと命じた。陸軍の了解をとっておけとは言わなかった。

持田と藤平は横浜へ向かった。地震のために東海道線は何個所も盛土の路盤が崩れてしまい、不通となっていた。中央線を回り、二十時間かかった。航空技術廠発動機部の種子島時休と永野治が実験場を使ってくれと言い、持田はさっそく大幸工場に電報を打った。試作機、実験器具から製図机までを八台のトラックに載せ、チームの十五人も乗り込み、追浜へ向かった。

大幸工場の陸軍の監督官とロケット・エンジンの担当官がこれを知って、地団駄を踏んだ。ただちに引き返させろと深尾淳二に迫った。追浜の航空技術廠の表門には、着剣した銃を持った兵士を連れた陸軍のロケット・エンジンの指揮官が待ち構え、トラックの入門を阻止した。陸軍は松本に実験場を建設するから、松本へ移動せよと言った。

実験場ができてもいないのに松本へ行ってもしようがなかった。持田は立川にある陸軍第二航空技術研究所へ行き、所長の絵野沢静一に訴えた。

絵野沢静一について触れておこう。かれは陸軍士官学校の二十八期の卒業だ。いわゆる員外学生という資格で東京帝大の機械科で学んだ。大正十二年の卒業である。そこで東大工学部の教授たちのなかでかれを知る者は多い。絵野沢閣下は陸軍航空発動機部門の大御所的存在なのだと助教授や助手に聞かされ、あの絵野沢がと驚き、いまは陸軍中将なのだと教えられ、そんなに偉いのかと教授たちはびっくりしている。現在、四十九歳か、五十歳の二十八期生のなかで中将になった者は数えるほどしかいない。前に触れた関東軍参謀副長の池田純久が二十八期の卒業であり、中将になったばかりだ。つけ加えるなら、池田も員外学生で、東京帝大経済学部の出身である。二十八期の出世組はともに変わった経歴の持主なのである。そしてこの昭和二十年三月に中将になったばかりなのが、沖縄で戦っている第三十二軍の参謀長の長勇《ちょういさむ》である。

なかなかに政治手腕の持主である絵野沢は持田に言った。「陸軍の設備ができ次第、松本に移動すべし。秋水ロケット・エンジンの指導は陸軍であるから、俺の方針に従って実験をすすめよ。俺の方針は、技術は三菱にまかせるということだ(141)」

こうして十二月下旬から追浜での作業がはじまった。設計員と実験員は追浜町の数軒の旅館に分宿することになった。

ロケット・エンジンの実験場は航空技術廠内にはなく、隣接する横須賀海軍航空隊内の夏島の尖端にある。夏島はかつて金沢湾の入口にあり、明治二十年にここで伊藤博文が憲法草案を起草したことで知られている。昭和初年にここにある小山を切り崩し、金沢湾を埋めてつくったのが横須賀海軍航空隊である。

実験場は航空隊の衛門から歩いて三十分以上かかる。朝晩だけでなく、昼食のときにも航空技術廠の食堂まで行かねばならない。入江から唸りとともに吹き抜けてくる北風をまともに受けるのは、いつも腹を空かせている人たちにとっては辛いことだった。

ターピン・ポンプを使用しての燃焼実験は、この実験場でおこなわれた。一月十六日には分力試験に成功した。装置すべてを総合しての本試験だった。そして三日あと、全力試験をおこなった。

防空壕のような見学席から覗く顔のなかには、種子島時休、絵野沢静一もいた。いずれも耳栓をしている。持田をはじめ、実験員たちはコンクリート壁の穴から発射試験台上のロケット・エンジンを祈る気持ちで見詰めている。カン、カンと記録時刻を知らせる鉦を合図にかれらはメーターを読み、記録する。いよいよタービンは全開となる。天地を引き裂くような轟音がとどろき、わずかにオレンジ色を帯びた焔がスロートから噴出した。焔の長さは四メートルほどにもなった。

実験は成功した。だれもが目をうるませた。根岸湾の向かい側の根岸、本牧の人びとは思わず腰をうかせた。なんという物凄い音だったのだろうと思い、なにか悪いことが起きたのではないかと心配し、追浜、横須賀の方向を眺めたのである。

勇吉は家族を疎開させるために名古屋へ戻ることにした。名古屋への爆撃はつづいていた。大幸工場が二回、大江工場が二回、そして名古屋市の中央部と北部が焼夷弾攻撃された。妻と二歳の女の子と一歳の女の子を名古屋に残して、かれはずっと気がかりだった。鎌倉市材木座の親戚の家へ住まわせてもらうことにした。家族が鎌倉へ移ってきたのは一月の末だった。

だれもが家族を疎開させていた。秋水の主翼を設計した疋田徹郎も家族を愛知県内の西賀茂郡三好村に疎開させた。昨十九年五月に生まれた娘は九カ月になったばかりだった。

さて、ロケット・エンジンの全力試験はうまくいったが、このあと実験をつづけているあいだに故障が続出した。原因の究明と修復に追われる毎日となった。

乙液、水化ヒドラジンの生産はどうなっていたか。

三菱化成の黒崎工場が水化ヒドラジン月産五十トンの緊急生産命令を受けたのは、前に触れた通り七月末だった。水化ヒドラジンの製造は前にやったことがあったから、製造法で迷うことはなかった。アンモニア工場と電解工場、染料工場を転用することにして、ここでもまた昼夜兼行で取り組み、八月末には月産二十トンのプラントの建設を完了した(142)。

水化ヒドラジンの製造は簡単だ。だが、その生産量を二倍にするためには、建設資材はもちろんのこと、必要な装置も他工場から移してこなければならない。そしてさらに増やしてくれと命令されたら、どの工場に手をつけようかと幹部たちは頭痛鉢巻である。

甲液、過酸化水素の生産はどうなっていたか。

帝国人絹の三原工場が頑張ってきていた。三原工場でも、炻器質の電解槽や吸収塔ができてくるのを待たず、木製でつくり、内側をガラス板で貼ってみたりした。うまくいかなかった。

発注した電解槽六槽のうち、二槽だけが到着した。電解槽以外の装置は鉛を貼ってなんとか腐蝕に耐えることができた。ところが、過酸化水素水溶液を蒸溜する吸収塔は鉛ではどうにもならなかった。鉄でつくり、薄い錫板を貼ってみた。ところが、内部を真空にすると錫板がなかにくぼんでしまった。

日本製鋼所の広島製作所が大量の錫を持っていることがわかった。海軍の監督官に頼み、十七トンの錫を供出してもらった。これを呉の海軍工廠で鋳造し、吸収塔二基をつくってもらった。

白金も配給を待とうとしなかった。化繊用の紡糸のノズルがあるから、吹分けて白金をとりだした。わずかだから、薄い箔にして使うことにした。

ところで、電解に使用する電気は直流電気である。帝人は化学工場ではないから、直流変換機を持っていない。自分たちで探しだして、軍に徴発してもらうことにした。「将軍様のお通り」は興南だけのことではなかった。東京都電溜池変電所の直流変換機を手に入れ、京都大映の太秦撮影所のライト用の直流変換機を入手した。

よし、これでいける、ほかには負けないぞと三原工場の幹部たちは思った。競争相手は化学工業界の二十社であり、三菱化成、三井化学、東亜合成、保土谷化学、日産化学、昭和電工、関東電化、日本曹達といった会社である。どこも錫ホモゲンがうまくいくと思って、これを繰り返しやって手間どっている。そして半田、常滑の窯業工場が遠州灘地震と三河地震にやられて、炻器質の装置のできあがりはさらに遅れる。白金だってすぐには手に入らないだろう。うまくいけば、過酸化水素製造の先頭に立つことができる。だれもがこんな具合に思った。あるいはかれらは日本窒素の最初の試産品は不合格だったといった話を小耳にはさんでいたのかもしれない。

言うまでもなく、人びとを一生懸命に働かせるのは競争心という刺激である。前に述べたことだが、風船爆弾の厚紙をつくる女学校生徒たちの他校にたいする、他のグループにたいする競争心、負けまいとする気持ちが彼女たちを頑張らせることになったのだが、これは化学工場の男たちも同じである。

だれもがマルロに懸命だが

昨十九年十二月上旬には、建設を命じられた六基のうち、二基の装置が試運転に入った。マルロ計画ははじまってすでに四カ月がたちながら、二十以上の過酸化水素製造工場は、吸収塔ができないとか、電極材料がない、電解槽が壊れてしまったという理由で、どこも操業できないでいたから、特薬部はたいへんに喜んだ。

今年の一月になって、特薬部は帝人にたいし、甲原液製造装置十二基と甲液連続濃縮装置一基の建設を命じた。一千坪ほどある紡糸室の紡糸機、これも一千坪ほどの繰返室の繰返機を撤去して、過酸化水素の製造装置を建設することにした。濃縮装置は九百坪の原料倉庫に設置することにした。いよいよ人絹糸の生産は中止するほかはなくなった。

二月はじめに過酸化水素水溶液が製造できた。細口瓶二本にこれを詰め、工場の高瀬兼太郎が大船へ持って行った。つづいて酢酸用籠瓶に詰め、貨車で送った。この品質がきわめて優秀だとお墨付きがでた。三原工場の人びとを喜ばせたのは、江戸川工業所の製品より優れていると言われたことだった。帝人のマルロの最高責任者である大屋晋三をはじめ、だれもが、ドイツ製の装置を使っている大先輩格の山北工場よりいい製品ができたのだと口々に語り合った。

三原工場は「マルロ甲」の製造会社のなかの順位は二十二社のなかの十一位であり、資材や原料の配給はずっと遅かったのが、この見事な成績をあげて、特薬部から一躍上位にランクされることになった。一位、江戸川工業所山北工場、二位、住友化学春日出工場に次いで三位となった。

つづいて三原工場は第二次の増産命令を受け取った。甲液製造装置二十二基と甲液連続濃縮装置二基を建設しなければならない。そして岩国工場も甲液製造装置二十基の建設を命じられた。数日おいて、さらにもう十基、連続濃縮設備三基を設置するようにと指示された。

ところで、過酸化水素の三十パーセント水溶液を八十パーセント水溶液にする方法をみつけだしたのか。たくさんのフラスコを使うといったことはしなくてもすむようになっていたのか。

山北工場が濃縮のための装置をつくりあげた。うちがやらなければどこにもできはしないと技術者たちがこれまた工場に泊まり込みで頑張り、第一海軍技術廠の技術陣も協力した。これまであった設備に手を加え、今年の三月に濃縮設備を完成させた[143]。

二十四時間の操業をつづけ、二交代で頑張っている。危険な作業だから、圧力計、比重計をたえず睨み、うとうとするどころではない。八十パーセント水浴液は青味を帯び、さらさらしている。衣服に少しついただけで燃えだすから、近くに置いてある水槽に飛び込むことにしている。

昨年十月から東京帝大医学部薬学科の三十五人が山北工場で働くようになっていたが、今年一月、同じように過酸化水素を製造している三菱化成の黒崎工場に行く者、東京や甲府の衛生材料廠に行く者とばらばらになった。山北には四人が残るだけだが、新たに名古屋帝大の応用化学、早稲田大学の理工科の学生が山北工場で働くようになっている[144]。

帝人の岩国工場は三月でスフの製造を断念することになり、工場長の白岩太一がマルロ建設の責任者となった。海軍監督官によってスフ生産設備の撤去を急がせられ、その督促が厳しかったから、泣く泣くハンマーを振るって紡糸機を壊すことにもなっている[145]。

秋水の実物大のグライダーを製作するほうはどうなっていたか。

できあがっていた。昨年の十二月二十六日、茨城県の百里基地で練習機白菊に曳航され、この無尾翼のグライダーは試験飛行をした。パイロットは航空技術廠の犬塚豊彦だった。高度三千メートルで曳航機から離脱した。黄色く塗られたグライダーは澄み渡った青空のなかをゆっくり滑空をつづけ、無事に着陸した[146]。

三菱大江工場でつくった重量一トンを超える重グライダーも、同じように百里基地で一月八日にテストをおこなった。これに乗ったのも犬塚豊彦だった。偵察機の彩雲に曳航された。高度五十メートルで車輪を捨て、橇と尾輪を引き込み、高度千七百メートルで曳航機から離れ、滑空を開始した。離陸から二十五分あとに着陸した犬塚は、「舵のきき、安定、釣り合いともに良好」と報告した[147]。疋田徹郎はほっとしたのである。

海軍航空技術廠がつくった軽グライダーは陸軍にも渡された。各地の木工場を動員して同じものをつくることにした。海軍側は予備学生五、六十人を集め、百里基地でグライダーによる慣熟飛行をはじめた。陸軍ははじめは大阪の盾津《たてつ》飛行場を秋水のグライダーの訓練センターにしたが、すぐに千葉県の柏飛行場に変えた。

荒蒔義次を隊長とする部隊も柏に移った。荒蒔は第十七戦隊を率いてフィリピンで戦っていた戦闘機乗りである。三式戦に乗っていた[148]。航空審査部付きを命じられ、フィリピンから福生に戻ってきたのが今年はじめである。秋水の試験、実験のための部隊をつくるように命令されて、かれは八人の操縦員を選んだ。ほかに整備、医学関係の専門家を集め、六十人に近い部隊である。

最初のグライダーが柏飛行場に到着したのは四月の中旬になってからである。

木村秀政はこのグライダーをはじめて見て、思わずにっこりした。嬉しかった[149]。十年前にかれは無尾翼グライダーを設計したことがあるのだが、目の前にある無尾翼機は、胴体の太いことを除いては、かれの設計したものとそっくりなのである。

木村は東京帝大の航空学科の教授である。現在、四十歳だ。無尾翼機を研究したことがあり、昭和十七年四月号の「航空朝日」に「無尾翼機のやさしい理論」といった文章を書いたこともある。このことが買われて、荒蒔部隊の一員となっている。家族を妻の故郷の松江に疎開させ、かれは野田市に下宿し、柏飛行場に通ってきている。

グライダーの飛行訓練は毎日おこなわれているが、飛行がないときには、木村は隊員の伊藤武夫という研究熱心なパイロットと無尾翼機やロケット機についての議論をしている。伊藤武夫は航空審査部の練達なパイロットであり、荒蒔の右腕である。一日も早く本物の秋水を飛ばして、B29をバタバタ撃墜したいと伊藤も、木村も大きな期待を抱いている[150]。

この二十年四月下旬、マルロ計画全体の進捗ぶりはどうなのか。

昨十九年の十一月二十四日に本格的な空襲がはじまったとき、マルロ計画は日暮れて道遠しといった状況だったとは前に述べた。それ以来、敵の空襲はつづいてきている。敵ははじめはもっぱら飛行機工場を狙ったが、これも前に述べたとおり、戦法を変え、東京、名古屋、大阪、神戸といった大都市にたいする焼夷弾攻撃をおこなうようになっている。そして街々を焼き打ちする合い間には、敵が言うところの精密空襲、飛行機工場への爆撃もつづけてきている。

この組織的な空襲は大都市に住む人びとの毎日の生活を大きく変えてしまったばかりか、軍需産業への打撃も大きく、当然ながらマルロ計画もズタズタに切り刻まれてしまっている。

伊奈製陶と日本碍子の二社が過酸化水素の製造装置をつくる中心的存在であることは前に述べた。昨年十二月七日の遠州灘地震による損害は、日本碍子の名古屋市内の工場と半田市の知多工場、伊奈製陶の常滑の工場ともに大きかった。一時的にトンネル窯の火止めをしなければならなかった。復旧したのは今年になってからだった。ところが、一月十三日に再度、大地震に見舞われ、再び被害を受けた。

そして、三月に入ってからは空襲がつづいて、甲液製造の装置と部品の生産は中断また中断となった。空襲のたびに、発生炉とボイラーの火止めをしなければならない。警戒警報がでただけで、作業は二時間、三時間、ときに半日ストップすることになる。そして名古屋市街地の焼夷弾攻撃は二度、三度と繰り返され、従業員の罹災するものが増え、出勤率は三分の二から半分のあいだとなってしまっている。

四月に入ってからは、日本碍子も工場疎開をすることになった。名古屋市内の工場の一部、製作機械の一部を瀬戸市の横山町に移し、このために作業は中断している。

マルロの耐酸装置製造のために、知多工場は拡張工事をはじめたが、こちらの方は資材、原料が不足のために完成のめどはたっていない。資材、原料が不足するといえば、日本碍子の子会社が釜山の西にある港、馬山に耐酸炻器の製造工場を建設しようとしているが、これも思うようにならない[151]。

この子会社は日本窒素と日本碍子が共同出資してつくった朝鮮碍子である。これについて説明しよう。過酸化水素八十パーセント水溶液を年間五千トンつくるように命じられ、日本窒素がNZ工場を建設することになったことは前に述べた。興南の電解工業の力量と高度な技術能力に自信を抱く技術陣は、昨年の十月には濃度八十パーセントの過酸化水素水溶液を試産することになった。前に触れたようにこれが失敗だった。分解してしまった。製造装置中の銅、鉛、銀の微粒子が入り込んでいたのである。

山北工場の装置どおりにしなければならない、炻器質のものにしなければだめだということになった。興南のNZ工場は装置を交換するまで休止することにした[152]。そしてあわてて昨年十一月に日本碍子と子会社をつくることにした。一方の口から入れ、長いトンネルのような窯を通り、でてくるときには製品となっているといったトンネル窯の建造にとりかかっているが、完成はいつのことになるのかわからない[153]。

ロケット・エンジンのほうはどうなっているのか。

故障が続出していることはすでに述べた。四月半ばには、実験の終了後、突然、甲液用のポンプが爆発し、実験場内を散水していた従業員がはねとばされた[154]。

持田勇吉はロケット・エンジン・チームの再疎開のために忙しい。松本へ行き、大幸工場へも行った。整然として、清潔だった三十四万坪の大幸工場構内は湿ったセメントの匂いと機械油の匂いのする瓦礫の山と鉄骨の残骸に変わっていた。昨年十二月十三日に工場内に落とされた爆弾は二百発だった。七回目、この年四月七日に落とされた爆弾は六百発だった。受電設備が破壊され、全機能は停止し、もはや復旧の見込みはない。

前の巻で述べたとおり、久々利、平牧といった農村地帯の丘陵に地下トンネル網をつくり、発動機工場を移転する計画をたてているのだが、これが間に合わず、大幸の各工場は傘下の分工場へ移り、県内そして隣の県の国民学校や繊維工場に移転している。

持田のロケット・エンジン・チームの新しい実験場は松本市内の松本商業学校である。市内浅間の温泉宿を仮住まいとし、家族を呼びよせている。勇吉の家族も鎌倉から移ってきた。

じつは大江工場の設計、試作部門の人びと、秋水の機体を設計した疋田のグループも、松本市の松本高等学校を新しい仕事場にしている。かれらも北アルプスの山々を目の前に見る浅間の温泉旅館を住まいとしている。そして大江工場の第一工作部と第二工作部の各工場はいずれも各地にばらばらに疎開してしまっている。

秋水の生産を開始すれば、三菱が主体となるはずであった。昨年の末に呂号委員会は、三菱と横浜市金沢区にある日本飛行機、大船の富士飛行機の三社が秋水を生産する計画を定めた。三菱の生産割当て量は、今年三月に一機、四月に五機、五月に十機、七月に三十機と決められたのだが、三菱がこんな状態であり、しかもロケット・エンジンがまだ完成していないとあっては、さきの見込みがたつはずもない。

そしてほんとうのことを言えば、海軍の軍務局長、第一部長といった人たちはずっと前にマルロ計画を見限ってしまっている。陸軍幹部は海軍に負けていないところを見せようとしてマルロ計画に取り組んでいるだけだから、その真剣さを論じてもはじまらない。

海軍の首脳陣がマルロ計画を見放してしまった証拠はある。前に記したことだが、(155)八幡製鉄から購入した鋼材配分の優先順位が変わってしまっている。

この優先順位の変更を知っているのは、幡監と呼ばれる八幡監督官事務所に勤務する横越英一である。かれはいわゆる短現の主計士官である。八幡監督官事務所は日本製鉄八幡製鉄所の本事務所内にあり、一階が陸軍と鉄道省、二階、三階が海軍監督官事務所である。幡監の略称で呼ばれる八幡監督官事務所の管轄区域は山口県の西半分と福岡県東半分、大分県、宮崎県であり、この地域の海軍関係工場の監理をおこない、陸軍監督官事務所と資材、製品をめぐって争奪戦をやってきた。そして八幡製鉄からの鋼材購入の仕事がある。八幡製鉄所は全国製鋼量の三分の一を生産するから、この仕事はなによりも重要である。海軍次官からの通達によって、昨年後半、鋼材供給の第一位はマルロ計画向けだった。ところが、マルロからマル四とマル六に変わった[156]。マル四のことは前に述べた。爆装の突撃艇、震洋である。マル六についても前に述べた。乗員が搭乗、操縦する魚雷、回天である。

海軍省の軍務局長や軍令部の第一部長は、おそらく今年はじめには、決戦兵器・マルロにたいする関心を失ってしまったのである。

関心を失ってしまって当然だった。東京を守るだけでも最低二百機の秋水が必要である。そして四百トンの甲液と乙液が必要になる。一日に百トンから百五十トンの過酸化水素八十パーセント水溶液を製造し、それを輸送、貯蔵できるのか。四月末までに、二百機、四百トン、双方ともに生産できるようにはとてもなるはずがない。マルロ計画に資源を注ぎ込んでもどうにもならないと判断したのである。

こうして鋼材配給の優先順位はマル四を一位とした。敵の本土上陸に備える用意をすることが、なによりも大事と海軍の幹部たちは思ったのである。そしてマル四、マル六が実際に役立つかどうかはともかく、たいした問題もなく完成数字が増え、つぎつぎと震洋隊、回天隊が編成されていくのが嬉しい。

もちろん、霞ヶ関の幹部たちはマルロ計画を見捨てたとは口にだしたりはしない。そしてマルロ計画にかかわっている人びとはだれもが一所懸命だ。東洋陶業の小倉工場では中学校の生徒が電解槽の成形を慣れない手つきでやっている。伊奈製陶の常滑町の工場では女学校の生徒がバルブやポンプを窯詰めのために運び入れ、窯出しをしている。

夏島のロケット実験場は空襲の危険があるから、よそへ移す計画をすすめている。疎開先は山北工場のある山北町の南に接する内山村だ。技術士官がひとり建設現場で作業員を指揮し、一日も早く完工させようと懸命に働いている。

満洲でも過酸化水素をつくることになった。日本や朝鮮よりずっと遅れた。今年はじめのことだったのであろう。大連の満洲中央試験所長の佐藤正典は関東軍参謀副長の池田純久の訪問を受けた。

佐藤正典は池田純久から、過酸化水素を製造する工場をつくらねばならないが、三井、三菱のどちらに任せたらいいかを問われた[157]。

昭和十年代の前半には、財閥は満洲に入れないと胸を張ったこともあったが、いまはそんなことは池田純久も言わない。佐藤の提言を受け入れてのことかどうか、三井と三菱の双方にやらせるということになった。

今年二月、三菱は調査団を編成し、三菱化成の中原省三、三菱商事の田部一郎と三菱地所の幹部が満洲へ行った。豊満ダムの近くの大長屯に工場を建設することを決めた[158]。

三井では、三井直系十社のうちの中核会社、三井本社、三井鉱山、三井物産、三井造船、三井化学の五社が均等出資をして、吉林に松花江工業をつくることにした。

二つの工場の建設は工兵隊がおこない、日本から派遣された陸海軍の技術士官が資材と転用できる機器を探し、満洲中を飛び回り、常滑の伊奈製陶へ行き、電解槽の製造を早くしてくれと催促し、順番を待っている工場の数が四十もあると知って、気落ちしている。

「ドイツの戦闘機は松の木から採った油で飛んでいるぞ」

昨十九年のことだ。駐独海軍武官の小島秀雄から軍令部に届いた電報のなかに、ドイツでは針葉樹のテレピンから航空揮発油を生産しているという情報があった。ドイツの戦闘機は松の木から採った油で飛んでいるぞ、これは面白いと軍令部に勤務する者たちが話し合った。

じつは昨年のはじめから、タンカーの喪失量が一挙に増えるようになった。一月二日、日本石油の持ち船だった一万トンの一心丸が沈められた。つづいて一月五日には飯野海運の所属船だったこれも一万トンの東亜丸が沈められた。こうして一月の末までに八万総トンの油槽船を失った。

二月十七日と十八日には、トラック島がアメリカの空母機部隊に襲われ、日本タンカーの持ち船だった八千トンの宝洋丸が沈められた。鯨工船の一万三千トンの第三図南丸は油槽船となっていたが、これもトラックの環礁内で沈められた。九千トンの富士山丸も沈められた。二月二十日には、バリクパパンからダバオに向かう昭和タンカーの油槽船、一万トンの日帝丸が雷撃によって沈められた。二月中に十二万総トンのタンカーを失った。

そして三月には十隻のタンカーが沈められた。昭和タンカーの一万トンの日章丸、飯野海運の一万トンの南邦丸、興国汽船の一万トンの健洋丸、神戸桟橋のこれも一万トンの神国丸、ほかに六隻のタンカー、総計八万八千総トンにのぼった。(159)

昭和十九年に入っての一月、二月、三月のあいだに二十八万総トンのタンカーが沈められたことになる。

これより前の昭和十八年十月のタンカーの総トン数はつぎのとおりだった。昭南と内地を結び、石油を輸送するタンカーは三十万総トン、四十五隻だった。連合艦隊と海軍省に所属するタンカーは四十二隻、三十万総トンだった。(160)陸軍に徴用されていたタンカーは、ジャワ、スマトラ、ボルネオ産出の石油を昭南へ運ぶ小型船だった。

そこで昨年の最初の三カ月間のタンカー二十八万総トンの損失はとてつもなく大きかった。損失量を上回るタンカーの新造はできないし、このさき損害をくいとめる有効な新兵器の開発も望み薄だった。輸送する石油を完成品の航空揮発油だけにしぼっても、やがて航空揮発油も運べなくなってしまうだろう。松から採れる油が航空揮発油になるのなら、これは調べてみる価値があると軍令部の部課員たちは考えた。

なんといっても、松は豊富にあるのが心強い。東日本にはクロマツが、西日本にはアカマツの林がつづく。部落の周りの低い山、海岸、河口、あるいは湖岸に沿って松林がある。

軍令部は海軍省と協議した。そして大船の第一海軍燃料廠に松から採れる油を研究するように命じた。さっそく、研究部員たちは廠内の松の木を伐り、乾溜を試みた。生の松の木にたいして、八パーセントの乾溜油を得た。つづいて丸釜蒸溜によって松根油の精製をおこない、その成分性状を調べ、処理方法を検討した。そして高温高圧下の水素添加分解法によって、また接触分解法によって航空揮発油を生成した。

オクタン価九十、九十二の航空揮発油ができた。当然ながら発動機による試験を試みたはずだし、練習機に使用してみたはずだ。これはうまくいかなかったのであろう。精製技術の研究がさらに必要だということになったのである。

第一燃料廠の幹部は海軍省の担当官に松の木はものになると言った。だれもが農商省に足を運ぶことになった。第一燃料廠の企画部員の上原益夫は農商省の林業試験場を訪ね、耳よりな情報を得た。油を採るなら、松の枝や幹からではなく、古い切り株の根から採る。乾溜釜を使って松の根から油を採っているところがある。岡山県や鳥取県、群馬県の農村工業だ。松根油は塗料、香料の原料となり、年間五千キロリットルから六千キロリットルを生産したことがある。松根油生産の業者の団体もあり、日本松根油統制組合がつくられている。こうしたことを教えられた。[161]

海軍省の軍需局員は石炭乾溜の研究をやったことのある第一燃料廠の技術士官とともに群馬へ行き、岡山へ行き、松根油をつくっている作業所を調べて回った。

松の根の研究もおこなった。ずっと以前に伐られ、土中に残っている松の根のほうが収油率は高いことがわかった。伐られて二年以内のものは十パーセント、伐られて五年たったもので十五パーセントといった数字がでた。これはいいぞとだれもが歓声をあげた。第一燃料廠の一千五百人の従業員は交代で松の根を掘りはじめた。

農商省山林局の造林課には、松根油の生産行政にかかわってきた伊藤清三という技師がいる。かれのところに、第一海軍燃料廠や海軍省軍需局第三課の課員が入れ替り、立ち替りやってきた。日本中に伐り跡の松の根っこはどのくらいあるだろうかと問いかけられ、二十億貫(162)、七百五十万トンはあるだろうと伊藤が答え、質問者は即座に答えがもどってくるとは思っていなかったから、だれもがびっくりした。

十年、二十年のあいだ地中にあって、松の根は腐ってしまわないのかという質問にも、山林局の技師ははっきり答えた。松は腐らない。東京駅の赤煉瓦の駅舎は五メートルほどのコンクリートの土台で支えている。その土台の下には十五メートル以上の長さの松丸太が打ち込んである。五十年たっても、百年たっても、変化はなにもないはずだ。だれもがこの答えに喜んだ。そして七百五十万トンもの量があるのなら、なんの心配もないと思った。

さて、人ひとりで、一日にどれだけの松の根を掘りだすことができるのか。平らなところと斜面ではずいぶんと違った。平均百キロを掘ることができた。十二リットルの松根油を採ることができる。

海軍省内の会議で、軍需局第三課長の井川一雄が松根油に取り組むべきだと説いた。あるいはこのさきかれやかれの部下たちがきまって話すようになったことをこのとき喋ったのかもしれない。「ドイツでは航空燃料として依存しているのは人造石油で、はじめはいいオクタン価のものが取れなかった。近頃になって非常に性能の良い速力の速い飛行機ができたので、よく調べてみるとその燃料が松根油であることが判った(163)」

そして海軍省内のべつの会議で、またべつの課長がつぎのように説いたのであろう。新潟や秋田では、油井ひとつで一日に百五十リットルの原油が採れる。乾溜釜ひとつで一日に二十リットルから三十リットルの松根油を採ることができる。千葉、茨城、群馬に五百、一千と釜を据えていけば、新潟や秋田の採油量を軽く追い抜くことができる。

海軍内の松根油の研究はいよいよ熱が入った。

森田穰は大船で松根油の水素添加の実験を手伝ったことがある。かれは朝鮮人造石油の社員である。旅順工科大学を卒業し、日本窒素に入社し、昭和十五年に阿吾地に赴任した。阿吾地で働く人びとの努力は空しく、石炭液化はうまくいかず、昭和十八年八月に中止せざるをえなくなり、いま阿吾地がつくっているのはメタノールである。

森田は昨年八月に大船へ派遣された。有力化学会社は毎年ひとり技術系の社員を大船へ送らねばならないという決まりがあり、燃料分野の技術センターと自負する第一燃料廠の研究実験員の指導を受け、研究することになっている。一般の製油所と変わりない第三海軍燃料廠の徳山や航空燃料を製造してきた第二海軍燃料廠の四日市と異なり、第一海軍燃料廠の大船ははじめから研究実験機関なのである。阿吾地は石炭液化をやめてしまったが、森田のテーマは阿吾地の社員が念願としたものだった。石炭液化によってできる軽油の水素添加分解による揮発油製造であり、オクタン価の高い航空揮発油を得ようというのだ。

ところが、一カ月がたったある日、かれは廠長に呼びだされた。大豆油を水素添加分解して航空揮発油はできないかを研究してくれと直接命じられた。可能性があるなら、すべてのものを原料にして航空揮発油をつくろうとしているのだと森田は思った。

かれは松の根から航空揮発油をつくろうとしていることを承知していた。廠内の西広場の一角には松の根が山積みにされていた。松根油を採取するための乾溜炉は二十ほど並んでいた。そしてかれの実験室のすぐ近くには小型の装置があり、松根油の連続水素添加がおこなわれていた。勉強になると思い、かれは時間の余裕があるときはこの仕事を手伝った。高オクタン価の航空揮発油ができていた。[164]

海軍省首脳はいよいよ決意を固めた。次官や軍務局長が集まっての会議の結論はつぎのようになったのであろう。十年の歳月をかけ、多くの研究者と技術者を投じ、政府資金だけで七億円の巨費を費した人造石油製造の現状はご覧のとおりだ。航空揮発油の代用としてアルコールの緊急増産をはじめたが、これはまだこれからだ。松根油に見込みがあるのなら、これに全力を投入すべきだ。

そしてこの計画を陸軍に告げることも決まったのであろう。北海道から九州まで、日本全国で松の根を掘るとなれば、陸軍に向かって、松根油から採ることのできる航空揮発油について説明し、陸軍もまた松の根を掘るかどうかを尋ねなければならなかった。

前に述べたことだが、熱線追尾の爆弾の開発は陸軍が単独でおこなってきている。風船爆弾の開発、生産は、陸海軍双方がそれぞれ勝手におこない、やがては双方が情報交換をするようになり、海軍が風船の生産を打ち切ったときには、それまでつくった風船を陸軍に譲ることになった。そして陸海軍が最初から共同でおこなってきているのは、ロケット機・秋水の開発である。

陸軍側はわれわれも松根油を生産したいと言い、製造方法を教えてくれと言った。つづいて起きたのが、原料地の奪い合いである。内地全域の資源の半分は陸軍に権利があると言い、ここが欲しい、あそこが欲しいと言い、海軍が反対し、陸海軍将校集会所での協議は、双方が声を荒らげることになった。

全国の農業会に松の根掘りを命令

燃料油をめぐっての争いといえば、同じ陸海軍将校集会所で、陸海軍の担当官は、南方から運んでくる油の種類と数量、そしてタンカーの配分をめぐって、毎回、喧嘩腰の交渉をつづけたものだった。そしていがみあいのはてには、陸海軍の合同を陸軍がもちだすのではないかと海軍側は警戒することになったのだった。

その話をするとなれば、三年前のことから語らねばならないだろう。昭和十六年十一月、陸海軍のあいだで会議がつづき、それこそ英国を屈服させて戦いを終わりに導くといった方針を決め、そのあとのことになるが、このさき占領する南方地域を陸軍と海軍とのあいだで分けあうことになった。すったもんだの揚げ句、十一月二十六日に双方は中央協定を結んだ。

陸軍の担任地域は、香港、フィリピン、マレー、スマトラ、ジャワ、英領ボルネオ、ビルマとなった。海軍は、蘭領ボルネオ、セレベス、モルッカ諸島、小スンダ列島、ニューギニア、ビスマルク諸島、グアム島と定めた。

両者が睨み合っての口論になったのは、陸軍支配地内にある港湾の管理を海軍が要求したときだった。海軍はシンガポールやジャカルタの港をどうしても自分のものにしようとした。海軍はこの争いに精力を使いはたしてしまい、プラジュー製油所とパレンバンの油田があるスマトラを自己の担任地にしようとして最後まで争うことを断念してしまった。

海軍はボルネオのバリクパパンにある製油所とサンガサンガとタラカンの油田を押さえるだけで、陸軍はそれ以外の油田すべてとスマトラとジャワにある三大製油所を自分のものとしてしまった。

こうして海軍は陸軍よりもはるかに多くの燃料油を必要とするにもかかわらず、陸軍が南方石油資源の八十五パーセントを支配するといったいびつな形になってしまった。戦いに入ってから、陸軍と海軍が石油をめぐって争いをつづけることになった原因はここにあった。

ところが、燃料をめぐっての陸海軍の争いは入り組んでおり、もう少し述べる必要がある。

南方地域の石油資源のあらかたを陸軍が支配して、陸軍側は満足だったのかといえばけっしてそうではなかった。大半のタンカーを押さえていたのは海軍だった。タンカーははじめから不足していた上に、つぎつぎと沈められていたから、燃料を日本に運ぶことができず、陸軍は海軍が連合艦隊専用のタンカーを抱えていることに怒りを向けるようになった。

昨十九年九月二十四日に参謀本部第二十班の種村佐孝は日誌につぎのように記した。

「今ヤ燃料問題ハ如何ナル小細工ヲ弄スルモ其ノ量タルヤ微々タルモノニシテ　茲ニ連合艦隊ヲ解体シ　之ガ油槽船全量ヲ即時一貫輸送ニ充当スルヲ要ス
日清　日露戦争時代ノ連合艦隊作戦ハ現代ニ於テハ存在シ得ザルハ　海軍自体ニ於テモ認識シアリ　敵撃滅ノ用ヲ為サザル連合艦隊ノ為ニ一ケ月七万トンノ重油ヲ徒費セシムルノ可否ハ三才ノ児童モ判決シ得ル所ナリ
本件ニ関シテハ陸海両軍務局長　両作戦部長間ニ於テ近ク話合ヲ進ムルコトトナレリ(165)」

燃料不足をどうしたらいいかと市谷台内部で論じれば、タンカーの問題になり、連合艦隊への悪罵になった。つづいては海軍の戦略、政策のすべてにたいする非難となった。もちろん、海軍の幹部は自分たちにたいしての陸軍のこのような非難悪口を聞き知っていたばかりか、陸軍幹部の肚のなかに秘密のプログラムがあることも承知していた。

連合艦隊はもはやなんの役にも立たないと言い、海軍が独立の存在である時代は終わったと説き、陸海軍は合同しなければならないと陸軍お雇いの宣伝係や下働きが説いて回り、このままでは負けてしまう、どうしても陸海軍は合同しなければならないと陸軍系の皇族が主張するようになると睨んだのである。どうあってもこういった甘言に宮廷高官とかれらに影響力を与える人びとがひきずりこまれないようにしなければならなかった。

海軍を合併してしまおうとする陸軍の動きを潰すためには、海軍航空は半端ものの陸軍航空とは大きく違うことを誇示、宣伝することが第一に必要だった。海軍の幹部が松根油の生産に大変な熱意を見せたのも、航空燃料の自給に取り組む真剣な姿勢を見せてこそ、海軍航空の存在を際立たせ、海軍の独立を確保できると考えたからだった。

陸海軍合同の主張を食いとめるためにもうひとつやらなければならないことは、海軍が陸軍にどれだけ協力しているかを、これまた誇示、宣伝することだった。

前の巻で述べたことだが、昭和十八年末に海軍が陸軍航空に雷撃部隊編成のため教育をおこなうと申し入れ、陸軍重爆隊の搭乗員と地上勤務員の訓練をおこなったのは、なによりも海軍航空の優秀さと陸軍にたいする献身的な協力ぶりを誇示するためだった。あるいはまた、陸軍に向かって、マルロ計画への参加を求めたのも、前に記した通り、同じ考慮によるものだった。松根油の生産をおこない、航空揮発油の自給に取り組まないかと陸軍に呼びかけたのも、海軍の意図はこれまた同じだったのである。

さて、陸海軍将校集会所における松の根の資源をめぐっての陸海軍の争いはようやく決着した。東北、関東、中国、四国地方を海軍の担任地域とし、中部、近畿、九州を陸軍の担任地域とした。北海道は二分しようということになった。

松根油増産要綱がつくられ、閣議決定したのが昨十九年の十月二十三日だった。その施行細則を定めたのは農商省山林局だった。松根油の採集目標を十万キロリットルとし、このための乾溜釜を全国に一万四千七十基設けることにした。

軍は舞台の袖に下り、農商省が指揮をとることになった。地方長官に松根油生産の運動をはじめるように命じた。そして生産責任団体を農業会と定めた。十一月に入って、どこの県でも、松根油緊急増産協議会をつくり、知事が会長となり、経済部長が副会長となった。(166) そして経済部長が各町村の農業会の会長から町村長、国民学校の校長までを集め、指示を与えることになった。この冬の農閑期のあいだに松根油製造工場をつくり、松根油の生産をはじめてもらいたいと言った。乾溜釜や資材は軍からの配給があり、技術の指導もあると告げ、松の根を掘るのは村総出でやってもらうと言った。

農業会の会長、町長たちはびっくりした。これはたいへんだとみなが思った。お盆の迎え火に焚くあの松の根で、飛行機を飛ばせることができるのかと驚いた者もいた。お盆の前に松の切り株を掘り、掘りだした根を細かく割っておく地方がある。

そして村長や会長は自分の村の松林を思い浮かべた。あの松の根を掘ればいいと考えた農業会長がいた。前年の昭和十八年に政府は全国各地に木造船工場の急設を命じた。野天の小工場である。そしてその周辺の町や村では、木材供出運動がはじまり、大量の松の木を伐った。その松の根があると思ったのである。

部落の周りの山の松林にある切り株を掘らねばならないと考え、大きく息をした農業会長もいた。松は乾燥地を好むから、松林は山の尾根に多い。女や子供では、掘るのも、山の下までおろすのも、簡単にはいかない。

できたばかりの農業会にこんな重荷を押しつけられ、はたしてうまくいくのだろうかと多くの人が思った。

農業会はできてまだ九カ月がたつばかりだった。農会と産業組合の二団体が、政府の命令指導によって統合し、全国の町や村に農業会がつくられたのは昨十九年四月一日だった。農会は農業技術の改良普及を任務としていたが、供出米の割当てと督促を仕事とするようになり、役所内に事務所を置いていた。産業組合は、預金業務をはじめ、資材の配給、農産物の出荷統制を仕事としていた。この五年のあいだ、統合はあらゆる分野でおこなわれ、町村が合併され、市域が拡張され、新聞も、工場も、銀行も、なにもかもが統合させられてきていた。そこで農会と産業組合の統合に反対する声はなかったが、昭和のはじめからの農会と組合との争いは合併機関内の椅子の奪い合いとなり、新役員の選出をめぐって、ごたごたがつづいている農業会はいくつもあった。

ところで、陸海軍と農商省はもうひとつすることがあった。農業会はもちろんのこと、村役場の役員、村の主婦から国民学校の高等科の児童たちまでに、松の根を掘ること、松根油工場を建設することの重要性を理解させなければならなかった。このためには、新聞を利用して、松の根で飛行機が飛ぶのだと言い、軍民一体でやろうと説かねばならなかった。

だが、海軍省や陸軍省の幹部たちはつぎのような心配をしたのであろう。新聞にこのような記事を載せれば、やがて新聞は延安、重慶の手に渡り、日本はついに航空燃料に困るようになったと教えてしまうことになる。これは面白くない。だが、かれらのほんとうの心配はべつにあったのであろう。敵はこちらの窮状を知りつくしている。なにも知らないのは国民だ。戦闘機を飛ばすのに松の根を掘らねばならないと言ったら、もうだめだという気分にだれもがなってしまい、軍への信頼感は消えてしまうのではないか。海軍幹部がこんな不安を抱き、陸軍もこれを警戒したにちがいない。新聞で大々的に宣伝するな、軍が主導していると言及してはいけないと情報局に指示したのであろう。

新聞は松の根が「貴重な液体燃料資源」だと述べたのだが、この全国の農民を動員する大規模な運動を展開するにあたって、最高責任者の声明を新聞に載せなかった。全国の農家の皆さんにお願いすると陸海軍の軍務局長の挨拶がなかった。そんな記事はおろか、陸海軍の要請によるといった文字すらなかった。

陸海軍が尻込みするなら、農商省の幹部、農商大臣の島田俊雄、それとも次官の重政誠之、少なくとも山林局長の鈴木一の農家への呼びかけがあってもいいはずであったが、これもなかった。たとえば朝日新聞には、「全国の経済部長に檄して協力を求め、特に資源の性質上採集、生産に全国民の認識と協力を希望している」[167]といった粗雑な記述があるだけだった。

もちろん、海軍はこんな小さな見出しや中途半端な解説でいいと思ったわけではなかった。海軍担任地域の地方都市で講演会を開き、松根油生産がいかに重要かを説くことにしていた。軍務局に勤務する短現士官の派遣を決めた。

軍務局外局の南方政務部に勤務する江波洋三郎は報道部から臨時の海軍報道部員という肩書きをもらい、群馬県へ行くことを命じられた。

江波は海軍経理学校で四カ月学び、昨年三月に卒業した主計中尉である。任地発表の日のことはよく覚えている。期待と不安が交錯し、だれも緊張した表情だった。艦隊勤務を筆頭に、外地勤務、国内の陸上部隊とつぎつぎと名前が読みあげられていった。いつまでたっても自分の名前がでてこない。もちろん、かれも艦隊任務が第一志望だった。聞き洩らしたのかと思っているうちに「最後は本省勤務」と教官が言い、やっとかれの名がでた。がっかりした。牛込の生まれ、三田で学んだのだが、東京に残れて嬉しいとは思わなかった。かれひとり取り残されたように思ったのだが、元気をなくしている母を喜ばせることができると思い、考え直した。すぐ上の兄が昭和十八年四月にフィリピン沖で戦死してしまってから、母は気弱になっていた。牛込から霞ヶ関へ通うようになり、仕事は南方へ進出している民間会社が相手であったから、サラリーマン生活と変わりない毎日となり、坊主刈りだった髪の毛も生えそろった。

俄か仕込みの報道部員となって、軍需局員から松根油の講義を受けた。どのように宣伝するか教えられたのである。

江波は前橋で講演会を開き、高崎、伊勢崎、桐生へも行き、集会所、劇場で一日二回、一時間から一時間半にもわたる講演をした。「海軍報道部員来る」と町には貼り紙がしてあり、旅回りの芸人になったような気がした。暗い客席と向かい合い、かれ自身はフットライトに照らしだされ、最初はなんとも面映ゆい思いだった。そしてかれは富岡、下仁田まで行った[168]。

海軍報道部員が各地で松根油生産の重要性を説いて回ったのは、昨十九年十一月のことだった。

かれらはきまってつぎのように話しはじめた。昭和十五年にドイツはフランスを打ち破ったが、英本土を攻略することに失敗した。英本土上空の戦いに負けたからであり、ドイツの戦闘機は英国の戦闘機と比べて、上昇能力、加速能力ともに劣ったためだ。理由は英国の戦闘機がアメリカから輸入した良質な航空揮発油を使っていたからだ。良質というのはオクタン価が高いということだ。英国の戦闘機が百オクタン価の航空揮発油を使ったのにたいし、ドイツの戦闘機は人造石油から精製した八十七オクタン価の航空揮発油を使っていた。航空機のエンジン内で異常燃焼が起きるとエンジンの出力が低下し、上昇能力、スピード、航続距離、運動性が落ちる。航空揮発油は異常燃焼を起こしにくい性質でなければならず、この尺度を数量的に表わすのがオクタン価だ。ところが、あるときからドイツの戦闘機が大きな戦果を挙げるようになった。調べて見るとオクタン価を高める針葉樹の油を使っていることがわかった。

市町村長、農業会長をはじめ、中等学校、青年学校、国民学校の校長たちがこのような話を聞いた。つづいて町や村の農業会はどこも役員会を開いた。B29をやっつけるには最新鋭の戦闘機が出撃しなければならず、燃料には松根油が必要なのだといった話にはじまり、松根油製造工場をつくらねばならないと会長が語り、その場所を決めねばならず、工場の責任者を選出しなければならないと言った。釜と資材が届くのを待たねばならないが、年末か、来年にずれこむらしい。松の根は各部落の責任で掘ってもらうことになる。最初の集まりの話はこんな具合だった。

みなで松の根を掘り、釜で焚く

関東、東北地方は海軍の担任地域であることは前に述べた。横須賀鎮守府が指揮をとり、第一海軍燃料廠に松根油増産推進本部を設け、各県に指導官を置くことにした。中国、四国地方も同じで、呉鎮守府が指揮をとり、徳山の第三海軍燃料廠に推進本部を置き、百人ほどの予備士官を各県に派遣することにした。

国元新は予備学生出身の技術士官である。海兵団の訓練を終えたあと、第一海軍燃料廠の研究部に赴任した。松根油製造法の実習を受け、もうひとりの技術大尉とともに、群馬県に派遣された。松根油増産指導官補佐官といった肩書きである。

乾溜釜は横須賀海軍工廠でつくっている。特急だといって割り込みを図り、ほかに使う予定の資材を使って釜を生産できるのは海軍工廠だけだ。

ところで、工廠が面倒をみるのは釜だけだった。炉を築くための煉瓦、煙突の材料、冷却器用のパイプは農商省が配給することになっている。だが、それを待っていたらいつのことになるのかはわからないことはだれもがまもなく知った。指導官や補佐官がどうにかしなければならなかった。

冷却管は銅でつくらねばならないと指示されていた。生産されるわずかな銅は、そのあらかたを弾薬包用に回さねばならず、松根油製造所の分などあるはずはなかった。

神社の屋根の堅魚木《かつおぎ》、千木《ちぎ》についている銅をはずした村がある。山形県の雄物川町では、寺の山門の銅の屋根を剝ぐことにした(169)。

だが、山あいの村の神社や寺の屋根が銅で葺いてあるところなどめったにない。そのうちに推進本部からの指示があって、冷却管は竹を使っていいということになった。

乾溜炉とタール分離器を継ぐのは、鉄管か陶管ということになっている。鉄管は探すことも、つくることもできないから、陶管にしようとした。タール分離器も陶製にすることにした。ところが、陶磁器業界は、前に述べた通り、マルロ計画に組み込まれ、とてもほかのものをつくる余裕はない。

群馬県に派遣されている国元新は農業会の倉庫に土管が山積みされているのを見つけた。昭和十八年からはじまった水田裏作化のための暗渠排水事業に使う土管である。陶管を土管にしてもいいことになった。煙突もこの土管を使うことにした。

問題は煉瓦である。県に任せていたら、どうにもならない。国元新は煉瓦工場を訪ねた。人手がなく、石炭不足と配電統制が厳しく、気息奄々《えんえん》といった有様だった。無理矢理さきにやってもらおうとすれば、石炭を提供しなければならず、無理に石炭を手に入れようとするなら、炭鉱が不足している資材とバーターするしかないと言われ、諦めるしかなかった。

国元は前橋市内で煉瓦を見つけた。開港初期から生糸貿易を通じ横浜と縁の深い前橋には、横浜の居留地の建物を真似て、煉瓦を使った建物が多い。建物を壊すわけにはいかないが、煉瓦塀を壊すのならかまわないだろうと考えた。新は県の経済部長に頼み、この煉瓦塀を譲ってもらうことにした。

そこで煉瓦塀をていねいに割って、窯の四方を囲むのに必要な煉瓦の壁をとった。煉瓦塀を探して回り、つくることのできる窯の数を計算し、新はにこにこ顔だった。

新は松根油製造所の建設を督促するために、赤城山周辺の村を回り、雪におおわれた三国山脈の山麓の村に泊まることになった。かれがびっくりしたのは、どこへ行っても、海軍にたいする信頼感がひじょうに大きなことだった。群馬県では陸軍の軍人はどこででも見られるが、海軍の軍人は珍しいからだろうとかれは思った。そして会う人だれもが抱いている海軍への大きな期待をひしひしと感じた。

松根油製造所への山道を歩いていると、国民学校の子供たちがあとをついてきた。これら少年たちがかれの短剣を話題にしているのが耳に入り、かれの肩章がベタ金に見えるところから、中佐だ、中将だと話し合っているのが聞こえて、くすぐったい思いだった。くすぐったい思いといえば、子供たちのうしろにいる娘たちの視線がかれをどぎまぎとさせた。ずっと遠くから、かれをじっと見詰めている娘たちがどこにもいた(170)。

森春男は海軍の工作兵であり、松根油製造の窯づくりの仕事をしてきている。かれは昭和十六年に平塚の第二海軍火薬廠の工員養成所に入り、教育が終わって、船岡の第一海軍火薬廠に配属された。徴兵適齢の二十歳になって、昨十九年九月に横須賀海兵団に入団した。

かれはただちに松根油製造所を建設する部隊に加えられた。五人ずつの班をつくり、かれの班は千葉県の君津郡を回ることになった。

釜が横須賀海軍工廠でつくられたものであることはすでに述べた。乾溜窯は高さ百五十センチ、直径九十五センチの円筒である。大きさは松根油業者が百貫釜と呼んできたものと同じだから、だれもが百貫釜と呼ぶようになっている。この釜を入れる窯をつくる。煉瓦を積む。煉瓦塀はないから、煉瓦は配給を待たねばならない。火床の桟は、釜と同様、工廠製である。焚口をつけ、窯をつくりあげる。この窯に百貫釜を据える。

百貫釜の底には穴があいている。この穴から鉄管が通じ、二メートルほど離れたところにタール分離器を置く。直径三十センチぐらいの陶製だ。タール排出口が下部についている。タール分離器の上部には管がでていて、冷却管につながる。三メートル以上の冷却管は木製の水槽のなかを通る。この冷却管は銅製でなければならないと指示され、山門の銅の屋根を剝いだということは前に述べたが、竹でもいいということになって、森の班が使っているのは竹である。竹は二本使い、水槽のなかを往復する。土管と土管、竹管の連絡部分は粘土と石灰を七三の割合に混ぜたものを丹念に塗り、ガスが洩れないようにする。

こうして村の人びとも手伝って、松根油製造の装置はできあがる。森春男と仲間たちは窯が乾くのを待ち、つぎにはどのようにして松根油を採るのかを村の人たちに教えなければならない。

村の人が掘りだしてきた松の根を、長さ三十センチ、径三センチほどの小割りにする。百貫釜を窯に据えると前に記したが、じつは百貫釜のなかに中釜が入っている。ひきだした中釜に小割りにした松の小片をていねいに入れていく。百貫釜と呼んではいるが、松の根は百貫は入らない。七十貫だ。二百五十キロである。松の根の小片を上まで詰める。多少の空間を残しておかねばならないから、ギュウギュウと足で踏みつけるようななことはしてはいけない。松の小片で一杯になった中釜を四人がかりで持ちあげ、百貫釜のなかにそっとおろす。

蓋をする。ここも粘土と石灰をねりあわせ、蓋と釜とのあいだに塗る。

いよいよ火入れ式だ。東の空は白みはじめたが、まだ暗い。村長、農業会の会長、国民学校の校長が並ぶ。県農業会の役員、海軍の指導官も来ている。これが千葉県最初の松根油製造所の火入れ式だったら、県知事、経済部長も出席したのである。

火入れの直後はどんどん薪を入れる。できるだけ温度をあげる。一時間ほどたち、百貫釜の底からでてくる蒸気はタール分離器を通り、冷却管に入る。冷却管の出口の下に五十リットルほど入る容器が置いてある。ここに液体がしたたり落ちる。油と水がいっしょにでてくるから、あとで水分を取り除く。これが松根原油である。

冷却管から液体がではじめたら、薪を入れるのを控え、火加減を弱める。薪を入れ、加熱をつづけると、このあとでてくるはずのタールが分解してしまい、冷却管の出口からガスのままでてくる。目を刺激するガスだ。作業をしている者はポロポロと涙をこぼすことになる。

こんな状態になったら、火をおとす。ガスの発生がとまったら、再び薪を入れる。

釜番を残して、森春男とほかの兵士たちは松の根を割る仕事を手伝う。四斗樽ほどもある松の根は、掘るのもたいへんだが、割るのも難儀だ。村の女たちの手に負いかねる。

火入れをしてから六時間ほどたって、タール分離器の底の出口からタールがでてくる。タール分離器は陶製だと前に述べたが、森春男の班は煉瓦を積んでつくり、内面をセメント塗装した。

タールはこれも五十リットルほど入る甕で受ける。タールの溜出時間は三時間から四時間だ。タールが出るのが少なくなったら、窯の加熱度を高める。中釜の松の根の小片を完全に炭化させてしまうためだ。火入れのときから十一時間か、十二時間かかって、作業は午後六時すぎに終わる。

松根タールと冷却管から出る松根原油は双方合わせて三十リットルほどになる。松根原油と松根タールを揮発油化するのは、専門の精製工場に運んでおこなう。松根油製造所の仕事はここまでだ。

春男と仲間たちは農業会の役員の家に分かれて泊まる。風呂にまず入る。焚口にいる若い女が湯の加減はどうかと声をかけ、べつの女が背中を流してくれる。そして彼女たちに給仕をしてもらって、晩御飯を食べる。軍人はずいぶんと信頼されているのだとかれらはしみじみ思う。高等官の待遇だなあというのが[171]、かれらの感謝の表現である。

ところで、千葉県君津郡の村のように、昨年十一月から十二月のあいだに松の根を掘り、乾溜釜を据え、松根油を採りはじめたところはまだまだ少なかった。

松の根を何貫掘るのかの割当て量を県が各町村に示したのが今年に入ってからのとこ

ろも多い。

千葉県東葛飾郡の新川村では、今年の一月に農業会と村役場の幹部たちが村内の松林を回って歩いた。

新川村はアルファベットのBの字の形をしている。縦の一本線が江戸川である。この川に沿う低地には水田がひろがる。三百町歩にのぼり、村の総面積の四分の一を占める。Bの字の出っ張りの部分が畑と山林である。松林もここにあり、東深井、大畔《おおぐろ》といった部落に集中している。村役場と農業会の役員たちは松林を見て回り、掘り取ることのできる松の根のおよその数量を計算し、松林の持ち主を調べた。

そして二月三日、村長の柳沢清春は各部落会長に宛ててつぎのような指示をだした。

「一　松根ノ掘取ハ各部落ニ於テ人員配当ヲ行イ至急現場ニ於テ作業ヲ開始セシムルコト

二　掘取作業ハ各部落共部落会長指揮ノ下ニ之ヲ行ウコト

三　各部落会長ハ毎日作業シタ人員氏名　掘取数量　掘取場所ノ地主名等別紙ニ依リ報告書ヲ作成シ　農業会ニ即日提示シ　人夫賃ノ請求　農業会ニ於ケル現品買付準備ニ資セシムルコト……

七　現品ハ農業会ノ集荷指示に基キ　最寄リ乾溜工場へ搬送スベキ小運搬作業ニモ御協力願イタキコト」(172)

そして村役場と農業会は松根掘り取りの各部落割当て量を定めた。県から命令された数量は一戸当り六十貫である。新川村は七百戸あるから、四万二千貫である。ところで、前に述べたとおり、松林は大畔と東深井にある。松林から遠い部落に住む者、大畔に住む者が同じ六十貫では不公平ということで、一世帯七十貫の部落、六十貫、五十貫の部落に分けた。

新川村の部落数は十七ある。平均が四十世帯から五十世帯だから、各部落の割当て量は二千貫から二千五百貫である(173)。

そこで一世帯六十貫、二百二十五キロの松の根を掘るのにどれくらいの日数がかかるか。若い男なら一日半か、二日で掘ることができる。だが、若い男は村に残っていない。女が掘るとなればたいへんだ。四日から五日はかかる。

神奈川県相模原町下溝《しもみぞ》に住む小山源吉は農業を営む。稲作をやり、小麦をつくっている。四十七歳になる。

八つの町村を合併して四年前に誕生した相模原町はその半分以上が相模野台地の上にのっている。相模野台地については前に述べた。この台地上に陸軍士官学校、陸軍病院、造兵廠がつくられ、職員の住宅が建てられ、相模原町は軍都と呼ばれるようになっているのだが、日本一広い町は依然として農村である。

相模原町も県経済部から松根油の採取を命じられた。昨年の十二月二十五日、下溝の農業会は役員会を開いた。役員の小山源吉も出席した。相模原町内に来年はじめには二十個所以上の松根油製造所をつくらねばならないと会長が言い、製造所は農業会が運営しなければならないと語った。

そして今年の一月三十日の役員会で、会長は下溝の町有地に建設する製造所について説明し、松の根掘りをはじめねばならないと語った。士官学校の練兵場の松の根を掘ることはすでに許可をもらってある。二月六日から二十日までのあいだにやる、各部落会には出張所から割当て量を一両日中に知らせることになると言った。出張所というのは町村合併前の麻溝村の村役場のことである。

練兵場内には残っている松林もあるが、なくなってしまった松林も多い。松の木を切り、その切り株をそのまま土台としたのが練兵場の東南端にある陸軍病院である。昭和十三年に突貫工事でつくられたバラック建ての病院だ。

旧麻溝村は多くの土地を練兵場に取られてしまったから、かつてあった松林の話をはじめれば、役員たちの思い出はつぎつぎと湧いた。だれもが思いだすのは冬のあいだの松林の掃除のことだ。林のなかの萱を刈る。屋根葺き材料となる。松の枯れ枝、下枝を集める。燃料だ。そして松林のなかの松葉を熊手で掻き集め、竹籠に詰めるのが少年時代のかれらの仕事だった。家へ背負って帰り、堆肥置き場に積みあげる。苗床に使い、麦の肥料として使う。役員たちは練兵場内のすっかり忘れていた場所や地名をひょいと思いだし、懐かしい昔話はしばらくのあいだつづいたのである。

二月三日の午後、小山源吉は物置の前で俵編みをやっていたとき、農業会長が訪ねてきた。新たにできる予定の松根油製造所の主任になってもらえまいかという相談だった。源吉はちょっとのあいだ考えた。四月になったら忙しくなり、時間の都合はとてもつかなくなる。長男は教員だし、国鉄に勤務している次男はまもなく兵隊だ、三男は学校に行っているから、あてにはできない。申し訳ないが、できないと答えた。

源吉は俵編みの仕事に戻った。秋に必要となる米俵は冬のあいだにつくっておかねばならない。最低二十六俵分をつくらねばならず、縄ないもしなければならなかった。だれなら時間の余裕があるだろうと源吉は部落の人びとの顔を思い浮かべた。

二月六日の昼すぎ、源吉はリヤカーを曳き、練兵場へ行った。二キロの道のりだが、台地にのぼる坂が途中にある。夕方までに松の根二本を掘り、リヤカーに乗せて帰った。つぎに松の根を掘りに行ったのは二月十三日だった。早朝、小麦にかけ肥をして、そのあと枯れ草におおわれた練兵場に行った。同じように松の根を掘っている人が近くにいたし、遠くにもいた。

鶴嘴《つるはし》をふるって、松の古株の周りを掘る。横に張った根に鶴嘴のさきがぶつかると腕がしびれた。横にひろがっている根のあいだの土を丹念にシャベルですくいだし、斧で根を切る。どんな具合かと切り株の頭を両手で押してみる。だいぶ動くようになった。

もう少しの辛抱だ。

すぐ向こうで松の根を掘っている人がいる。同じ部落内の者だ。かれと協力し、滑車を使って掘りだせば、はるかに能率がいいことはよくわかっている。

だが、ワイヤ・ロープがないから、滑車を使うことができない。ひとりひとりが鶴嘴とシャベルで取り組まねばならない。これが日本のしている戦争なのだろうとかれは思った。

翌二月十四日は朝早くから練兵場へ行った。前日と同様、弁当を持っていった。一日、松の根を掘った。

二月十九日、かれは松根油工場ができる予定の当麻坂下まで松の根を運んだ。松の根を積んだリヤカーを曳いた[174]人が何人も来ていた。秤にのせ、算盤をいれ、六十七貫五百匁と農業会の職員が言って、にっこり笑い、源吉も笑いを返した。相模原でも一戸の割当て量は六十貫だった。何日かかったと聞かれ、ゆっくりやった、三日通い、丸二日かかったと答え、たいらなところを掘るのだし、石もない、このあたりの松の根掘りは楽なものだと言った。

延べ一億二千万人を動員して

朝日新聞や毎日新聞は各地でおこなわれているこの松の根掘りの大運動についてなに

も触れなかった。朝日新聞が松根油の記事を掲げたのは三月十日だった。「松根油採りに水兵さん出撃」という見出しの下に、「農村に泊り込んで松根油採取窯の構築に揮う水兵さんの腕は本職より鮮かに力強く七ツ八ツと素晴らしい窯を造り上げて行く。……」といった記事を載せた。写真は窯をつくっているところでもなければ、完成した窯でもなく、兵士たちが薪を割っているところだった。

これが昨年十一月につづく朝日新聞の二度目の松根油の記事だった。それから一週間あとの三月十七日に朝日新聞は再び松根油の記事を載せた。前日十六日の閣議で松根油拡充増産対策措置要綱が決まったのだといい、四月からの昭和二十年度はさらに松根油を増産することになったと伝え、はじめて政府の責任者の言葉を載せた。

農商省山林局の新設の松根油課長がつぎのように語った。

「敵の大型機を高高度で邀撃するためには是非とも性能の良いいわゆるオクタン価の高いものが必要で、現在のところ松根油から精製したものが最良とされている」

松根油課長はさらにつづけ、檜、ヒバの根、針葉樹の葉や樹皮からも松根油と同じものが採れるから、原料についてはまったく心配していないと言った。

三月十九日のことになる。清沢洌は東洋経済新報社の評議員会にでた。雑談になって、いっとき三月十日未明の大空襲の惨状の話がつづいた。そして話は二日前の新聞に載っていた松根油のことになった。評議員のひとりがだれかからか聞いた話を披露した。砂糖からアルコールを採り、松根油を採ることになったのは、南方からのタンカーの一割ぐらいしか帰ってこないからだと言った。

これは内緒の話だとか、これは秘密だがといって聞かされるきわどい話は、情報を握っている軍人が意図的に流すささやき宣伝であるのが普通である。実際に起こっていることとはほど遠い甘ったるい話であり、打明け話より事実ははるかにひどく、ずっと厳しいのが通例なのだが、評議員会でのこの話も同じだった。

一割しか着かないといった話は絵空事だった。昨十九年十二月に石油積出し港のバリクパパンとスラバヤは日本向けの石油の輸送を打ち切った。そして三月の半ば、日本の港に着くタンカーはもはやなかった。二月七日に三隻の護衛艦に守られた一隻のタンカーが下関沖の六連《むつれ》に無事到着したのが最後となった。その二週間足らずあとの二月二十日、ドラム缶入りの航空揮発油を積んだ三隻の軍艦が呉に錨をおろしたのが、ほんとうの最後となった。

六連に着いたタンカーのせりや丸は一万七千トンの航空揮発油を積んでいた。呉に戻った戦艦日向と伊勢は双方合わせて一万本の航空揮発油のドラム缶を積んでいた。タンクに入れた分と合わせて、総計二万二千キロリットルだった。

清沢洌は評議員会の集まりで言ったことか、帰宅してから計算してのことか、日記につぎのように書いた。

「松根油は一トンをとるのに三百人の人数が要る。十万トンをとるのに三千万人が必要なわけで、しかもその釜を目下、山に設置しているという有様だ。米国では一トンの石油が十ドルで、人間が二人分である。ここからいうと日本の戦力は百五十分の一ということになる」[175]

評議員会の集まりで、清沢やほかの人たちに松根油の話をした人は一万トン、十万トンと言ったのではないだろう。一万キロリットル、十万キロリットルと言ったはずである。松根油十万キロリットルを生産するには、たしかに三千万人が必要となる。評議員会で松根油の話をした人物は、三月十六日に閣議決定した松根油等拡充増産対策措置要綱とそれに付属した実施方策の中身を聞き知っていたのである。要綱は目標として昭和二十年に四十万キロリットルの松根油を生産することにしていた。そこで延べ一億二千万人が必要となると見込んでいた[176]。

松根油課長の語った話が三月十七日付の朝日新聞に載せられたことは前に記した。かれは実施方策の中身を説明したのだが、四十万キロリットルと一億二千万人の数字については黙っていたか、それとも新聞記者にこの数字を記事にしてはいけないと言ったようであった。新聞には一億二千万人の数字は載っていなかったが、つぎのような動員計画を載せていた。松の根を掘るために、第一に農業要員の資格を持つ工場や事業場の労務者を帰村させる。第二に農村地帯の中等学校生徒の通年動員をおこなう。第三に国民学校の本年度卒業者のうち農家の子弟を動員する。

ところで、松の根を掘るのに延べ一億二千万人を動員して、四十万キロリットルを生産すると述べたのは、もちろん、松根油であって、航空揮発油ではなく、松根油そのものは重油の代用ともならない。それ故に松根油一キロリットルと重油一キロリットルと比べるのは正しくない。

松根油を航空揮発油に精製して、その収率はどのくらいか。二十パーセントである。原油を処理して得る航空揮発油の収率は四十パーセントである。もっとも産地によって収率は異なり、国産原油のなかには三十パーセント、二十パーセントといったものもある。

四十万キロリットルの松根油を処理して、八万キロリットルの航空揮発油ができる計算だ。八万キロリットルとはどれほどの量か。この四月はじめから、海軍と陸軍は沖縄水域で航空決戦を敢行してきたことは前に述べた。この作戦でこれまでに五万六千キロリットルの航空揮発油を費消している[177]。松根油から精製する予定の八万キロリットルの航空揮発油は年産なのだから、かりに生産が軌道にのっても、けっして多い量ではない。

だからと言って、全国の農村でつくらねばならない四十万キロリットルの松根油はけっしてわずかな量ではない。

三月までに一万四千の窯の建設を終え、四月から三万一千の窯をつくる予定なのだが、昭和十九年度分の一万四千の窯の建設がまだ終わっていない。釜がない。松の根は建設予定地の脇の広場に積み上げられているが、釜が届かない。土管、煉瓦ができるのを待たねばならない。

操業をはじめている松根油製造所の主任と作業員たちが困っているのは、松根油を入れる容器が足りないことだ。監督官に依頼し、県農業会、県経済部に何回頼んでも、ドラム缶が届かない。監督官や補佐官は駈けずり回っているが、ドラム缶はどこにもない。ドラム缶とはべつに五ガロン入りの容器があれば、松根油製造所の人びとは大助かりなのだが、五ガロン缶などだれも見たことがない。

ドラム缶は二百リットル入りだ。ゴロゴロ転がしていく以外、ひとりでは手に負えない。五ガロン缶は約一斗、二十リットル入りだから、ひとりで持つことができる。ドイツ軍が使いだしたのがはじまりで、アメリカ軍、英国軍が使い、戦場でいまやもっとも役に立つ容器となっている。

もう少し述べておこう。

二百リットル入りのドラム缶と二十リットル入りの容器は消耗品である。燃料廠内の製缶工場に勤務する者は内地の航空隊を回り、ドラム缶の回収に忙しいが、海を越えて運ばれたドラム缶はまずは戻ってこなかった。

ドラム缶をいちばん使う海軍航空本部と陸軍航空本部は、ドラム缶をつくってくれと矢の催促をするが、燃料廠内の製缶工場やドラム缶工場がつくっている量はごくわずかだ。ドラム缶の素材の薄鋼板の配給がつぎつぎと削られてきたからだ。陸海軍の航空本部は代用ドラム缶をつくれと主張するようになった。

長岡市にある北越製紙の長岡工場はファイバーをつくっている。ファイバーは皮革やゴム、金属の代用品である。防毒マスクの箱、物量投下筒、防弾タンクに使われていたのだが、これでドラム缶をつくれないかと海軍航空本部がもちかけた。ファイバー製のドラム缶が第三燃料廠に送られてきた。頼りなげに見えた。よし、水を入れて、トラックのうしろから落としてみろ、巻締めの部分がどうなるか調べろと部員のひとりが言った。さて、どうだったのであろう。

長岡工場は昭和十八年から二百リットル入りのドラム缶と二十リットル入り容器をつくるようになった。設備を拡充し、日産五百本を目標とした。できあがったファイバー製のドラム缶はそのまま港に運ばれ、貨物船に積み込まれた。タンカーが不足していたから、航空揮発油や航空潤滑油をこのドラム缶に入れて運ぼうとした。ボルネオやジャワの石油積み出し港が閉鎖される前の昨年の話だ。

長岡工場の主力となって働いてきているのは長岡中学や斉藤女学校の生徒たちである。(178)国民学校の高等科の児童たちがつくっているドラム缶もある。これは紙製だ。陸軍航空本部が町工場に紙製ドラム缶の試作をさせてうまくいかず、王子製紙に持ち込んだ。昨十九年五月のことだ。王子製紙は操業を停止している江戸川工場でつくることにした。

江戸川工場は四年前から操短をはじめた。原料のパルプの入荷が減ってのことだ。とうとう最後には青写真用紙をつくるだけとなり、そのあいだに工員はつぎつぎと軍需工場へ強制転出させられ、昨年はじめになって、いよいよ石炭は入らなくなり、電力の制限もいっそう厳しくなって、ついに残っている機械の運転もとまってしまった。

ドラム缶の材料となる紙は富士第三工場でつくっている白ボールを使うことにした。風船爆弾の風船づくりと同様、すべては手仕事で、糊付け作業が多く、人手を集めなければならなかった。ドラム缶をつくることになったとはいえ、江戸川工場は軍需工場ではないから、自分の手で必要人員を確保しなければならなかった。区内の国民学校を訪ね、教師と子供たちの父兄を工場に招いて、説明会を開いた。やっとのことで六百人を集めることができた。

本物のドラム缶は円筒の部分の剛性を高めるために、胴体の周囲に膨らみを二本以上つけているが、この紙製ドラム缶は細くそいだ竹のたがを二本巻くことにした。京都工場に竹工場をつくった。

最初は一日に八十本しか生産できなかったのが、二百本できるようになった。陸軍航空本部からは三百本つくってくれと要求された。[179]ところが、資材が減りはじめた。三月十日未明の空襲で工場は焼け残ったが、届く資材は減るばかりで、ドラム缶の製造は一日に二十本から三十本となってしまっている。

ファイバーのドラム缶や紙のドラム缶を考える前に、木樽をつくったらどうかとは、だれもが考えたことだ。木樽といえば、関係者には鮮明な記憶があった。これについては前の巻で述べたことがあるが、もう一度記そう。

昭和十六年はじめ、日本の貨物船はロスアンジェルスでドラム缶入りの航空揮発油と航空潤滑油をぎっしりと積み込み、瀬戸内海の港や島に輸送したことがある。陸海軍ともに航空燃料の備蓄に努めていたときのことだ。

火気は厳禁だった。乗組み員の作業靴に裏金が打ってあるものは履くことを禁じられた。これも火花がでるおそれのあるハンマーや懐中電灯にはゴムが巻かれた(180)。

日本が外国のタンカーを雇うのをアメリカが邪魔したことから、やむをえず航空燃料をドラム缶入りで買い、貨物船で運んだのだが、つぎにアメリカ側は鉄製ドラム缶の輸出を禁止した。アメリカ駐在の三菱や三井の商社員は、ウイスキーの空き樽を集めることに懸命となった。ウイスキーの木樽十五万本に入った航空潤滑油(181)が徳山に着き、燃料廠の職員を驚かせたのである。

さて、タンカーの不足はアメリカとの戦いがはじまって、いっそうひどくなったことは、前に述べたとおりである。昭和十八年、十九年には、貨物船をタンカーに改装し、建造中の貨物船をタンカーに模様変えもした。艦政本部は木造船に木製のタンクを据えるといったことも考えた。野田醬油は大きな樽をつくる技術を持っていることから、木製のタンクをつくることになった[182]。

木樽づくりはどうだったのか。うまくいかなかった。昭和十八年に全国で木造船の建造を大々的に開始したことは前に触れたが、失敗した理由はこれと同じだった。

陸海軍は建造できた木造船の隻数だけを成功の目安とした。山元に製材設備を設け、部材を切り出した。そして充分に乾燥していないまま、海岸の工場で組立てた。船殻に隙間ができ、水に浮かべると船底はたちまち海水で一杯になった。樽だって同じだ。杉の原木を充分に乾燥させることをしなかったし、粗仕上げ板を最低半年おくということもせず、充分に乾燥していない木材を使ってつくった木樽は、松根油を入れると滲み出た。

こうした訳で、松根油製造所はどこも容器の不足に音《ね》をあげている。たとえば千葉県市原郡の姉崎町の農業会は松根油をつくる窯を一個所に集中している。一日に松根原油と松根タール合わせてドラム缶一本ほどになる[183]。県内でも抜きんでた量であり、近く海軍大臣から表彰されると噂され、窯番の娘たちも大張切りである。

だが、これだけの生産をあげるためには、松の根を掘るのがたいへんなばかりか、容器にも頭を悩まさなければならない。予備のドラム缶が十本あっても、たちまち足りなくなる。

多くの製造所で、だれもがやきもきしている。三本のドラム缶が満杯だ、早く取りに来てくれ、新しいドラム缶を持ってきてくれと言っても、いっこうに取りに来ない。早く窯をつくれ、松の根を早く掘れとせきたてておいて、これはどういうことだと怒りながらも、樽の外に滲みでたタールを見ながら、だれもが気落ちしている。

もっとしっかりやってもらいたい、ドラム缶を回送するしっかりしたシステムをつくらねば、この松根油作戦は失敗に終わると向こう意気の強い指導官が軍需局員に声を張りあげる。鉄は特攻兵器が優先だ、われわれのほうは空の石油タンクを解体して、その鋼板でドラム缶をつくっている有様だ、蛸が自分の足を食っているのだと自嘲気味に語られれば、松根油生産担当の若い士官も口をつぐむことになる。

松根油で飛行機はほんとうに飛ぶのか

そこでだが、松根油の精製はどうなっているのか。

最初に述べたことだが、松根原油と松根タールから航空揮発油をつくろうとする試みはすでに成功し、高オクタン価の航空揮発油が製造できたのだと少なからずの人が言ってきた。だが、昨十九年の十月下旬、松根油増産要綱が閣議で決まったときに、松根油による航空揮発油で飛んだ飛行機はなかった。それから三カ月あとの今年一月末になっても、まだ実用化されていなかった。(184)

それからさらに三カ月たった現在はどうであろう。パイロット・プラントでつくった試製揮発油が空技廠の実用実験をパスしたのだという主張がある。そして横須賀航空隊の飛行試験に合格したのだとも言われる。[185] これが事実かどうかはべつとして、いまなお実用化されていないことに変わりはない。松根油や松根タールからつくった航空揮発油で飛んでいる雷電や月光はない。

松根油の航空燃料化の研究開発は大船の第一燃料廠でおこなわれてきたのだから、合格した航空揮発油をつくったという話がほんとうなら、そのパイロット・プラントは大船にあるのだろう。

海軍省の最初の方針は、大船で松根油の精製装置を開発し、四日市の第二燃料廠と徳山の第三燃料廠に同じ装置を建設しようというものだった。この四月末、四日市ではまだ工場は完成していない。徳山では四月に入って作業を開始したが、まだ試行錯誤の段階だ。

ところが、海軍省は松根油を四日市と徳山で加工するといった方式を事実上断念してしまっている。全国の農村でつくられた松根油を四日市と徳山に運びつづけることはできないと気づいたからだ。横須賀の海軍工廠でつくったわずかな数の釜を各地の農村に輸送することすらできなかった。青森、秋田、山形行きのものは鉄道省が引き受けてくれなかった。[186] 一刻を争うのだ、B29を撃墜するために必要なのだと大声をあげてもどうにもならなかった。機帆船で運ぼうということになり、機帆船を探すことになった。こんな状況なのだから、全国から松根原油入りのドラム缶、松根タール入りのドラム缶を四日市、徳山へ経常的に配送し、空のドラム缶を還送することはとてもできはしなかった。

そこで各県に一個所から二個所の航空揮発油の小型製造装置を建設する計画に換えた。すでに遊休設備となってしまっている日本石油や昭和石油をはじめ八つの石油精製会社の機器を転用することにする。海軍の首脳が賛成し、この新方針が決まった。三月に入ってからのことだった。陸軍も海軍のこの方式を支持した。陸軍が唱える本土防衛の基本路線は、各地域が自給自足の態勢をとることであり、航空ガソリンを各県でつくるのは望ましいことだからである。

陸軍が支配する工場が二十以上、海軍が統轄する工場がこれまた二十以上、あわせて五十に近い分散工場をつくることになった[187]。陸海軍の燃料に関係する担当者はもちろんのこと、その上の幹部たちはこの新しい計画に取り組むことになって勢いづいた。アルコール大増産計画につづいて、今度はすべての石油会社を動員する大計画である。

海軍省軍需局の幹部は日本石油の責任者と折衝した。日本石油は秋田と岩手、福島、東京の南多摩に一日三十キロリットルを処理できる接触分解装置をつくることになった。日本石油の東京製油所、横浜製油所、鶴見製油所、秋田、新潟、柏崎の製油所内の装置を移設するか、転用することにした(188)。

そして中国、四国地方では、島根、徳山、徳島、愛媛に、それぞれ一日二十キロリットルを処理する接触分解装置をつくることになった。これは丸善石油の担当である。

山口県の下松市には日本石油の末武製油所がある。原油の輸送がとまる以前に資材不足から工事を中断した製油所だ。この接触分解装置を利用して、日本石油は松根油を処理することが決まった。

また三菱石油の担当で福島に十キロリットルの装置をつくることになり、日本揮発油は秋田県の船川にこれも十キロリットルの装置をつくることになった。つづいて海軍側は第二次計画をたてることにした。

陸軍側はどうだったか。

まず、大協石油の四日市製油所の設備を中部地方と近畿地方のいくつかの県に移し、松根油精製工場をつくる計画をたてた。

大協石油の四日市製油所はこれも遊休設備だ。操業を開始したのは昭和十八年八月になってだった。昨年十二月には地震にやられ、タンクが傾いた。被害は大きくなかったが、すでにその前から輸送されてくる原油がなかった。

この四日市製油所をアルコール工場に転換しようと望んだのが陸軍の最初の計画だった。大協石油に勤務する石崎重郎はこの三月末からこの仕事に取り組んできた。石崎は企画課長であり、三十九歳だ。無能で、役に立たない幹部たちを引っ張り、ひとり頑張ってきた。それというのも、大協石油は寄り合い所帯なのである。輸入したボルネオのミリの原油を処理し、機械油をつくり、全国に売るのが仕事の新潟県下の個人の製油業者八社が昭和十四年に合併してできたのが大協石油である。

四月二十日、石崎重郎は新たにもうひとつの仕事を背負うことになった。新潟工場の機器を転用して、松根油から航空揮発油を精製する工場を長野県、富山県、石川県に建設しなければならない。これも陸軍燃料本部からの命令だった。

新潟工場は新潟市関屋にある。マレー半島から輸送された生ゴム一万トンの滞貨を活用し、高級潤滑油を製造しようとした。昭和十八年十月に建設をはじめ、昨十九年三月に試運転に入ったのだが、さっぱりうまくいかず、工場の建設も中断状態だった。

四日市製油所をアルコール工場に変えるばかりでなく、新潟工場を松根油工場に転換せよという命令書を受け取って、石崎がふっと思い浮かべたのは、無蓋車に積まれた釜の光景である。二カ月ほど前の二月のことだった。渋谷駅のプラットホームでその釜を見た。話に聞いていたから、松根油をつくる乾溜釜だとすぐに気づいた。三輌、四輌と釜を積んだ貨車が目の前を通り過ぎていくのを見ながら、そのときに思ったことを重郎は改めて思いだした。薩摩芋から採ったアルコールと松根油で飛行機を飛ばし、アメリカと戦争をつづけようというのだ。「二羽の雀と二十羽の鷲」か、よくもぬかしやがった、畜生めとそのとき思わず口にでたのだった。

畜生めとかれはもう一度言った。二羽の雀と二十羽の鷲というのは、アメリカの飛行機が落とした宣伝ビラに書いてあった絵と文句だった。二羽の小雀と二十羽の鷲とどちらが強いかよく考えて見給えというのだった(189)。

この夜、重郎は日記につぎのように書いた。

「新潟のゴム潤滑油製造設備はこれを長野県に移設して松根油製造に転換すべき旨、陸軍燃料本部より電命あり、ここに方針決定して六月一杯にてこれが移設を完了すること、さてさて又一つ仕事ができた。新潟のあの立地条件とあの陣容では所詮今日の燃料国策に寄与しうるものではないのだ。ここに所をかえ、敢然新たなる戦いに入る。明日陸軍燃料本部と具体的打ち合わせに入る予定、アルコールの方もあり、人手はなし、おれ一人で忙しい。これは少々責任をもちすぎるかな。手足となって働いてくれる二三人が是非とも必要(190)」

各県に松根油の精製工場をつくることになって、海軍の燃料廠も、陸軍の燃料本部も、小型化と簡易化を強調するようになっている。すでに見たとおり、松根油の航空燃料化は接触分解法でおこなうことにしている。接触とは触媒を接触させるということであり、蒸発器と反応筒だけの簡単な装置を用い、酸性白土を触媒とすることにしている。

この簡易化した装置で、信頼性のある航空揮発油をつくることがほんとうにできるのか。飛行機を実際に飛ばすことができるのか。[191]

強力電波への断ち切れぬ夢

もう一度、電波兵器の開発について述べよう。

海軍は、見張り用の、そして射撃用の電波兵器の開発と生産に取り組んできたが、そのほかに強力電波の研究をつづけてきている。このことは前に何回か触れた。海軍だけではなく、これも前に触れた通り、陸軍も強力電波の開発をおこなってきている。

大電力を使い、真空管やマグネトロンから発射する超短波や極超短波によって、敵兵を倒し、敵の飛行機のエンジンをとめることができるかもしれないと想像するようになったのは、昭和のはじめからだ。フランスやイタリアの科学者が「殺人光線」を発明したというニュースはときどきの新聞記事となり、「殺人光線」の登場する空想科学小説が少年たちを興奮させた。科学者が「怪力線」の可能性を語り、陸海軍の軍人がこれに関心を持つようになった。

昭和十一年に陸軍科学研究所は強力超短波の研究をはじめた。昭和十四年に陸軍科学研究所は登戸にあった実験場を出張所に昇格させた。出力五百ワット、波長三メートルの超短波をだす三極真空管をつくり、兎にこの電波を照射するといった実験を繰り返すことになった。[192]

海軍の超短波の研究は陸軍より進んでいた。陸軍が登戸に出張所をつくった昭和十四年には、海軍技術研究所電気研究部は日本無線の協力を得て、波長十センチ、連続出力五百ワットのマグネトロンを完成させた。そのときには世界でも類のない成果だった。

前に何度か述べたことを繰り返そう。電波の波長が短いほど、超短波より極超短波、極超短波よりマイクロ波の方が、電波の束《ビーム》を細くでき、測距の精度を向上でき、しかも遠方から目標を捕捉できる。また、空中線は小さくて済むから、小型にすることもできる。そこで優れた捜索用の電波兵器、航空機に搭載できる小型の電波兵器を開発するためには、センチメートル波をもちいなければならず、センチメートル波をつくるためには、真空管ではなく、マグネトロンをつくることがなによりも必要となる。

ところが、海軍技術研究所電気研究部で大きな力を持つ伊藤庸二はこのマグネトロンを強力電波の発射源にしようと考え[193]、それこそ新しい兵器体系をつくることを夢見た。

伊藤庸二と少数の海軍省の幹部が日本の電波兵器の立ち遅れに気づいて慌てたのは、昭和十六年五月にドイツ戦艦ビスマルクが沈められたあとだった。だが、連合艦隊の指揮官たちが、対空見張り用の電波兵器を持たないことの恐ろしさにほんとうに気づいたのは、昭和十七年五月のミッドウェー海戦が終わったあとのことだった。

それでも、強力電波なんかにうつつを抜かしている余裕はないと言う者はいなかった。昭和十七年十月に海軍技術研究所は日本無線の三鷹本社工場の隣接地に三鷹分室を設けた。[194]超強力のマグネトロンを設計試作しようとしてのことだった。

この直後、またも電波兵器開発の関係者たちをひどく慌てさせる出来事が起きた。前にも述べたことだが、十一月五日の夜にソロモン水域で戦艦同士が戦った。戦艦霧島はいきなり命中弾と至近弾を雨霰と射ち込まれた。前進基地のラバウルで、横須賀で、そして呉で、水上見張り用の電波兵器の整備はいつになる、射撃用の電波兵器の開発はどうなっているのだといったきびしい声が湧きたった。ところが、強力電波に首を突込んでなんになる、研究をやめてしまえといった声はこのときも起きなかった。

軍令部の第一部長や海軍省の軍務局長はつぎのように考えたのである。信頼性のある見張り用の電波兵器や射撃用の電波兵器をつくらねばならない。だが、敵の装備のあとを追っているだけでは、勝つことはできない。是非ともマイクロ波を使って、攻撃兵器をつくらねばならない。

三鷹分室の研究人員を大々的に増やそうということになった。ところが、三鷹分室は狭く、さらに拡げることができなかった。

水間正一郎が日本無線の大株主である大倉喜八郎に助力を求めた。水間は現在、三十二歳になる。日本大学の電気科の出身であり、なかなかの行動力を持った企業家タイプの男である。伊藤庸二の片腕である。伊藤と同様、強力電波開発の推進者だ。

大井川を挟んで、金谷町と向かいあう島田町に大倉鉱業が六万坪の遊休地を抱えていた。大倉系の大倉鉱業はそこにマグネシウム製造工場を建設しようとしたのだが、発電所をつくることができないために、工事を断念した土地だった。そこに強力電波の研究所をつくることにした(195)。

昭和十八年六月には、日本無線のマグネトロンの研究者と工員たちは島田へ移った(196)。東京芝浦電気の研究者も島田で強力なマグネトロン、ひまわり型とたちばな型の設計試作をすることになった(197)。さらに各大学の教授や助手、学生たちも島田へ行った。だれもが島田分室を島田研究所、島田実験所と呼ぶようになり、学者、技術者から工員までを含め、一千人の大所帯となった。

ところで、島田で研究する大学教授や助教授は、その多くが戦時研究員の肩書きを持っている。戦時研究員の制度は昭和十八年十月に勅令で定められた。戦時研究員は総理大臣の監督のもと、陸軍大臣あるいは海軍大臣の指揮を受けることになっている(198)。大学の教授や助教授は進んで戦時研究員になろうとした。戦時研究員になれば、陸軍、海軍に召集されることがないからである。

島田には多くの物理学者も集まった。萩原雄祐《ゆうすけ》が参加した。かれは東京帝大天文学科を卒業した。昭和五年に理学博士となり、昭和十年に東大理学部の教授となった。現在、三十八歳である。菊池正士《せいし》も島田に来ている。かれは東大の総長だった菊池大麓の息子である。四十二歳になる。東大物理科を卒業し、キクチ・ラインを発見して、世界の物理学界に知られる存在となった。ドイツに留学したことがあり、現在は大阪帝大理学部の教授である。

小谷正雄が加わった。現在、三十九歳の小谷は東大物理科の出身で、同大学の教授であり、昨十九年に理学博士の学位を得た。朝永振一郎も参加している。かれも現在、三十九歳である。京都帝大物理科をでて、昭和十四年に理学博士となった。ドイツに留学した。東京文理大の教授である。

渡瀬譲がいる。京大で経済を学んだあと、東北帝大で物理学を専攻した。阪大の物理学助教授であり、理学博士だ。現在、三十七歳になる。

化学者も加わっている。水島三一郎だ。化学といっても物理化学が専攻であり、物理学者といっていいだろう。東大理学部の出身であり、理学博士だ。東大理学部教授である。現在、四十六歳になる。

そして渡辺寧《やすし》がいる。かれが島田実験所の所長である。かれは物理学者ではない。東大電気科の出身であり、工学博士である。この十年にわたってかれは伊藤庸二に協力してきた。二人は大変に仲が好い。現在、四十八歳である。

かれらのある者は島田に常駐し、べつの者は東京と島田とのあいだを往復している。

島田の建物はいずれもバラックだが、実験設備が整っていることに感心したのは小田稔である。かれは阪大の菊池研究室の学生である。三年生になって、ウラニウムの分離装置の真空テストをしていた。かれがしていた計算がマグネトロンの研究開発にも使えるということで、菊池正士から島田へ行くように勧められたのである。稔は現在は大学院の特別研究生であり、島田では海軍士官の待遇である。渡瀬譲に協力して、連続出力五百キロワットの巨大なマグネトロンをつくろうと努力をつづけてきている[199]。

ところで、島田に集まっている有能な物理学者たちはB29を撃墜できる強力電波を開発できると思っているのか。

竹田政民は現在、北海道帝大の理学部助教授であり、超短波を研究している。昨年まで、かれは東大水島研究室にいた。かれは昭和十六年に東大理学部を卒業し、召集されて海軍技術研究所に勤務することになったのだが、古巣の水島研究室で波長十センチの極超短波発振装置を使って、物質の誘導的性質を測定していた。

強力電波を用いた新兵器を開発しようとする大計画があり、島田に大規模な研究所ができたことは、かれも聞き知っている。懐疑的である。この計画はとてもこの戦争には間に合わないのではないかと心ひそかに思っている[200]。

島田にいる物理学者のなかには、強力電波の利用方法に反対の考えを持ち、はたしてわれわれは正しい方向を的確に選んで、進んでいるのかと疑問を抱く者もいるのではないか。強力電波計画の中心人物である渡辺寧と伊藤庸二の二人は、かれらの考えを聞いたことがあるのか。

じつは渡辺と伊藤を中心とする電気を専門とする工学分野の人たちと「物理屋」と呼ばれる物理畑の人びととのあいだには、越えることのできない大きな溝がある。工学畑の人たちは物理屋をばかにし、理屈をこねるだけで、なにひとつ実際にはできないと悪口を言っている。物理屋は物理屋で、電気屋は原理を明らかにする努力もしないで、すぐに手をだすと軽蔑している。そこで双方のグループは互いに協力し合うことはなかったし、このさきもできる見込みはない。

そうしたことはともかく、伊藤庸二と渡辺寧の二人は軍務局や艦政本部の幹部たちに呼びだされ、あと六カ月で強力電波を実用化できるかと問われたことがあったはずである。昨十九年六月のことだ。この計画の基本技術の完成には、まだ一年はかかると伊藤と渡辺は答えたのではなかったのか。海軍の幹部たちはこれを聞き、ロケット機の開発を決定する直前、そしてロケット燃料を生産するためにすべての化学会社の動員を決めるに先立ち、強力電波に期待を賭けることを断念していたのである。

そうであるなら、軍務局長や艦政本部長はいつになるかわからない強力電波の開発に莫大な資金と頭脳を投じるのをやめさせ、たとえば潜水艦を捜索する航空機搭載の電波兵器の開発に全力を注げと指示すべきではなかったか。

潜水艦を捜索する電波兵器はどうなっていたか。前に見た通り、航空本部に所属する電波兵器の研究者は数が少なかった。そこで昨年二月に電波本部をつくり、艦政本部の麾下の研究者を航空機搭載の電波兵器の開発に回すことにしたのだが、思うような成果をあげることはできていない。

哨戒機に搭載する電波兵器はH6型があるのだが、部品の真空管が不良でほとんど役に立っていなかった。前に述べた通り、潜水艦の海上に出ているわずかな上部構造物を捉えるためには、マイクロ波が必要である。東京芝浦電気は三極管を使用してマイクロ波を発振させようとした。優れた分解能を持つ三極管をつくることができたが、実用兵器とすることはいまなおできないでいる[201]。

だが、昨年の夏に潜水艦を捜索できる優れた電波兵器ができていたとして、敵の潜水艦を片端から沈めることができ、輸送路の確保ができたであろうか。下関沖の六連から昭南までの水域を昼夜のべつなく空中哨戒するためには、数多くの艦上攻撃機と飛行艇が必要だが、とてもそれだけの飛行機はない。

対空警戒用の電波兵器はどうか。

一号三型、一般に一三号と呼ばれる電波兵器が優れた性能を持つことは前に述べた。東京芝浦電気の製品だ。水上艦に装備されている。一三号は回路構成を簡単にし、小型なものとしたから、分解して、人力でどこへも運搬できるため、陸上の見張り用としても重宝がられている[202]。

この一三号のおかげで、敵機の来襲を二十分から三十分前に知ることができるようになった。だが、実際にはそれだけのことなのである。駆逐艦や海防艦が敵機の襲来を知っても、友軍機の緊急出動をあてにすることができない。陸上の陣地でも同じことだ。敵の観測機や戦闘機の来襲が二十分前にわかっても、地上部隊は空からの支援を望むことはできない。

敵機が上空に来る。敵機が落とした数個の五十キロ爆弾がこちらの陣地の一角を吹き飛ばし、油脂爆弾の炎が壕の入口をなめたとき、向こうの山の稜線の敵兵たちはいずれも壕からとびでてきて、たちのぼる土埃やものすごい火災に拍手をし、歓声をあげるのが、毎回の戦闘のパターンなのである。

足りないのは電探ではなく、飛行機なのだと海軍首脳、そして電波本部、その後身の第二航空技術廠の幹部たちは思っている。それだからこそ、敵の飛行機を撃墜する新兵器を開発する島田への期待を捨てきることができないのである。

昭和二十年三月になって、島田実験所は強力電波のほかに新しい研究をはじめた。高射砲弾を地上管制によって起爆させるというものだ。砲弾内に受信機と起爆装置を組み入れようとしている。

陸軍の強力電波の研究はどうなっているのか。

登戸出張所は昭和十七年に第九陸軍技術研究所に昇格した。ここでは強力電波を怪力《くわいりき》線と言っているから、く号と呼んでいる。前に記した通り、昭和十八年六月に電波兵器の研究機関を統合したとき、登戸のく号研究は第九陸軍技術研究所を離れて、多摩技術研究所の傘下に入ることになった。

怪力線による直接破壊をめざし、波長五十センチ、百キロワット以上の出力がある真空管をつくろうとしている。そしてもうひとつの研究は、この怪力線によってB29を捉え、高射砲の弾丸はこの電波の軌道を追うというものだ。[203]

もういちど英国の電波兵器開発の歴史を振り返ってみよう。英国の物理学者ワトソン＝ワットが軍当局に「電波による破壊ではなく、電波による探知」を勧告したのは、いまから十年も前のことだ。かれの優れた想像力は英国を救い、英国、そしてアメリカの電波兵器の進路を定め、そのときどきの新兵器は戦局を変える力を持つことになった。初代のコック・ドールはドイツ空軍の英本土爆撃を失敗に終わらせ、二代目のコック・ドールはドイツの戦艦から、補助巡洋艦、柳船までを太平洋、大西洋、北海から駆逐してしまい、三代目のコック・ドールは大西洋におけるドイツ潜水艦の活動を封じ込み、爆撃機に積んだ四代目のコック・ドールはドイツの夜間防空戦闘機の反撃を阻止したのである。

日本では、いま、「電波による破壊」を夢見てきた強力電波、怪力線の研究所は疎開で忙しい。登戸のく号研究部門は長野県北安曇郡の池田町と松川村に疎開し、工場を建設している。地元の人びとはなにもわからないまま、この工場をノボリトと呼んでいる。[204]

島田分室も疎開しようとしている。島田にいる研究者は東京に残っている者から、島田は空襲の危険がないからいいなとうらやましがられてきたのだが、ここも疎開騒ぎに巻き込まれている。

上川根村がいいだろうということになった。大井川中流の右岸にある丘陵地である。そこの千頭《せんず》に決めた。昭和十年に完成した千頭ダムがあり、電力のほうは心配がない(205)。

今日、四月三十日、疎開研究所の建設予定地にはトラックと牛車が古い板切れや柱を運んできている。

ヒトラーは死んだか

今日は五月一日だ。

東京の空は厚い雲でおおわれている。風が烈しい。東の海にある高気圧にはばまれ、低気圧は東に向かうことができない。風は南風だ。関東地方から中部地方にかけて、明日は海や山は大荒れとなるだろう。五月の嵐だ。

昨日は午前十時に昭和町が狙われた。立川市の西にある多摩川沿いのこの町は見渡すかぎり桑畑と栗林だったのが、この十数年のあいだに陸軍航空工廠、昭和飛行機をはじめ、多くの軍需工場が建ち並んでいる。敵が爆撃したのは、一昨日、四月二十九日につづいてまたも陸軍航空工廠だった。二梯団、合わせて百機が襲い、P51百機も来襲した。

厚木や福生の迎撃戦闘機は避退し、立川基地の高射砲は百数十発射つにとどまった。

午前十時半には浜松市がべつのＢ29百機によって襲われた。市の南部の利町《とぎ》、龍禅寺町から中央部の元城町が爆撃された。市民の殺傷を目的とする瞬発性の信管をつけた爆弾が炸裂したから、道ばたには女子供の屍体がいくつも転がり、病院には、手を失い、足をなくして、死にかけている人びとが戸板にのせて運ばれてきて、惨憺たる有様だった。死者は一千人近くにのぼった[206]。

今日はどうであろう。

偵察用に改造したＢ29一機が午前十一時半に浜松の東の上空から伊那盆地の上を通った。Ｆ13の名で呼ばれるこの写真偵察機はこちらの戦闘機に迎撃されるのを避け、高高度を飛行する。松本、上田を抜け、東に進路を変え、前橋上空から関東平野を斜めにゆっくりと横切った。九十九里海岸から太平洋に消えたのが午後一時少し前だった。

偵察機の乗員は浜松市と昭和町の爆撃跡を撮影し、ほかにも多くの爆撃目標地の写真を撮ったのだが、はるか下界の中部地方の山と盆地、そして関東平野を覗いて、この国にも春が来ているのだと思うことはあるのだろうか。

山岳地帯を真っ白に彩っていた雪はいつか切れ切れになっている。平野から台地、川沿いの狭い谷あいは色とりどりの複雑なモザイクをつくっている。さまざまな緑色は小楢や櫟《くぬぎ》を中心とした落葉広葉樹の林だ。薄茶色のところは田起こしが終わった田んぼである。赤紫色に彩られているのはれんげの花の群落だ。まだ田起こしがはじまっていない。青竹色がひろがっているのは、大麦と小麦の畑である。

寒さと麦踏みで地にはいつくばっていた麦も、いまは中耕している人の腰の高さまで伸びている。麦畑で土寄せをしているのは、四月末から五月はじめにおこなう二番耕だが、松の根を掘る仕事が三日、四日と入って、どこの麦畑も作業はいくぶん遅れている。三月も、四月も寒かったから、麦の穂の長さはまだ三ミリほどだ。畑の境界木の卯の花は蕾が押し合うようにふくらみはじめているが、まだ咲いていない。

今年は麦の病気が多い。銹《さび》病が発生している。赤銹病と黒銹病だ。そしてこの冬は数十年ぶりの大雪だったから、雪解けの遅れた東北地方と北陸地方で麦の雪腐れ病が発生している。各県、そして農商省の幹部たちは麦の生育がどこも不良と聞いて、頭が痛い。麦作が三割減、四割減となったら、今年の米の収穫まで、どうやって食いつないだらいいのだろう。

明日は八十八夜だ。静岡の茶畑では新茶の摘み取りで忙しいはずだが、人の姿はまばらだ。ここでも十日ほど遅れている。

稲作の見通しはどうか。九州では苗代の籾の芽は十センチほどに伸び、順調である。だが、農家はどこも来月の田植えのことを考えると落ち着かない。若い者は男も女もいない。人手がない。遅れずに田植えができるのだろうか。

九州はべつとして、この冬の寒さは稲作に影響を与えずにはおかない。どこでも苗代の苗の生育は遅れている。石狩平野では雪がやっと消えたばかりで、刈株が残った去年のままの田圃は雪解け水でおおわれている。部落の木が白い花をつけているのは、少し遅れて咲きはじめた辛夷《こぶし》である。そういえば、鯉幟《こいのぼり》をどこにも見ることができない。

やっと辛夷が咲いているのは軽井沢も同じだ。清沢洌が四月十五日の夜の空襲で危うく自宅の焼失を免れたことは前に述べたが、かれは軽井沢に来ている。この数年、辛夷の花が咲くころには別荘の庭を耕しはじめる。じゃが芋を植えるための準備にとりかからねばならない。

じゃが芋の種芋や苺の苗を分けてくれ、畑仕事を手伝ってくれるのは、近くに住む井出有徳である。井出がやって来て、町の噂を語り、ドイツが無条件降伏したことをだれもがいぶかり、「どうしてドイツはがんばることができなかったのだろう」と不思議そうな表情で語っているのだと言う。

新聞がこれまでずっと楽観的なことを書きつづけてきたからだと清沢は思う。今日の「信濃毎日新聞」の記事を切り抜き、日記帳に貼った。

「独・降伏を申し入れ『無条件』で米英両国へ　英首相声明

『ストックホルム二十八日発同盟』ロンドン来電＝英首相チャーチルは、二十一日首相官邸から次の特別声明を発表した。

ロイター通信社の報道によれば、ヒムラー氏は米英両国のみに無条件降伏を申入れ、米英両国はソ連を含めて反枢軸全体に対する申入れがない限り、無条件降伏の申入れを受諾せぬ旨、回答したといわれるが、英政府は今のところ以上に関し発表すべき情報は何も持合せていないが、米英ソ三国に対する無条件降伏のみを受入れるであろう。

『リスボン三十日発同盟』欧州戦争が最終的段階の様相を呈するに至ると共に、米英両国の宣伝機関は、独国民の情勢についてあらゆる種類の報道を流布しはじめたが、二十八日午前桑港《サンフランシスコ》会議に出ているAP特派員が『会議に参加している高官の言明』と称し、ヒムラー独内相が米英両国に降伏を申入れた旨報道、一大煽風を捲き起した。……」(207)

冒険・探偵小説作家の海野十三は世田谷区若林町に住む。まだかれの住まいの一帯は焼かれていない。昨日は千葉県の大和田にある鷹ノ台ゴルフクラブへ久しぶりに行った。ロッカーに入れてあったクラブや靴をとりにいったのだが、なにもなかった。盗まれてしまっていた。手ぶらで戻ってきた。かれが大きなショックを受けたのは、両国駅から中川を渡って江戸川区の平井駅まで、窓の外、左を見ても、右を見ても、さきのさきまで焼け野原だったことだ。二カ月近く前の三月十日未明の大空襲の惨害であることは、すぐにわかった。煙突がやたらに目についた。焼け跡に残っているのは煙突だけなのだ。亀戸駅南側の大島町一帯の工場もあらかた焼けてしまい、わずかに焼け残った三菱製鋼と日本製鋼の工場の煙突から煙があがっていた。煙がでているのは七、八本、ほかの数千本の煙突からは煙がでていない。工業生産はどん底にまで落ちてしまっている。敗けるのだろうかとかれは思った。

昨日見た光景を再び思い浮かべ、日暮れ前、十三は日記にそのことを記し、つづけてつぎのように書いた。

「○ベルリンはあと五分の一を余すのみ。ヒムラー内相より英米へ降服申入れありしとの噂立つ。

木村毅氏の曰く『イギリスではヒットラーが昨年七月の爆弾事件で死んだという説を盛んに言いふらしているぜ。今居るヒットラーは贋者だというんだ』

私はいった。『それが真偽いずれにしても、興味ある報道ですね』

○ラジオ報道はムッソリーニ総統が遂にイタリアの反乱軍の手によって殺害されたと伝う。

○モロトフ氏、急いで桑港会議より引揚げ、モスクワに帰る。イーデンはまだうろうろしている様子だが、これもいずれ帰るだろう。

○ベルリン陥落乃至はドイツ休戦申入れをめぐって、英米ソの間にまた一波瀾ありそうだ。

○ドイツ亡ばんとす。巷間『ドイツはかわいそうですね』『ヒットラー総統はあそこまでやったのに』『ドイツ軍、ヒットラー・ユーゲント、ベルリン男女市民軍、みな悲壮な戦をしますね』と言い、『ドイツも亡びます。いよいよ世界中が日本へ攻めかけ、イタリアやドイツのようにするのでしょうね。ああどうしましょう』と悲たんし、恐怖する者をほとんど見かけない。

○K氏曰く、『僕は生来楽天家かしらんが、この戦争は日本の勝だと信じている。ヨーロッパはもうすぐ食糧で大破綻を生ずると思う。アメリカも食糧でたいへんらしい。食糧で反枢軸国はまず敗北相をあらわしはじめるよ』

○先日F君の話によると、まだ風船爆弾はあがっているよし。アメリカでも報道厳禁だそうだから、かなり被害があるらしい(208)」

衆議院書記官長の大木操は午前十時に衆議院の執務室に入った。永田町のかれの官舎はまだ焼けていないが、かれの部下で家を失った者はすでに二十人になる。かれの登庁を待っていた同盟通信の政治部記者の石井文治と東京新聞政治部記者の大久保猛を執務室に招じ入れた。

スウェーデンのベルナドッテ伯がドイツのヒムラー司令官に会見したところをみれば、ヒトラーはすでに死去したのではないか、それとも重傷を負っているのではないかと石井文治が語り、ムッソリーニも北イタリアで逮捕され、銃殺のうえ、さらし首にされたようだとつづけた。

沖縄の戦いも面白くない、敵は徳之島に上陸企図があるようだと二人の記者のうちのひとりが語った。では、そのあとは種子島だろうかと大木が尋ねた。いや、つぎは上海か、朝鮮と陸軍は見ているようだとその記者が答えた[209]。

だれも意気があがらない。気が滅入るばかりだ。


すでにこの時刻、政府と軍の主要機関の幹部のところには同盟通信社の速報が届いている。謄写版刷りの半紙には、ヒトラー総統の死を載せている。

参謀本部第十二課の課員は日誌につぎのように書いた。

「独総統ヒトラーノ戦死、ムッソリーニノ銃殺ニ関スル悲報アリ。天命トハ言エ感ナキ能ワズ」

さらにつづけて書く元気はなく、どのように締めくくっていいのかも見当がつかず、いい加減な文字を書き並べた。

「次ハ悲報カ、快報カ、ワレラノ頭上ニ在リ。神ノミコレヲ知ラン[210]」

内大臣の木戸幸一が御文庫に向かったのは午前十一時少し前だった。赤坂新坂町のかれの邸は四月十五日の夜に焼かれてしまい、近くに住む和田小六邸内の貸家に移っている。

かれの心は重い。昭和十五年九月二十七日の三国同盟調印の数日前、天皇はかれに向かって、「今度の場合は、日英同盟のようにただ慶こぶというのではなく、情勢の推移によっては重大な危局に直面することもありうる」⑪と語ったことがあった。木戸は四年七カ月前の天皇のこの言葉を思いだしたであろうか。いま、三国のうちの二国の国家元首が殺され、同盟は崩壊するということ以上はない「重大な危局に直面」することになった。

夕刻、木戸は日記につぎのように書いた。

「十時⑫五十五分より十一時四十五分迄、御文庫にて拝謁　独乙《ドイツ》の運命を中心に種々御話ありたり」。

（第6巻、了）

引用出典及び註

(1) 特に重要と思われるものについてのみ出典を明記した。
(2) 引用中の旧仮名は新仮名に改めた。また読みやすさを考慮し、表記を改めたり、言葉を補ったりした場合がある。
(3) 「木戸幸一日記」「天羽英二日記」等、文中にて出典がわかるものは、特に出典を明記しなかった場合がある。
(4) 同一資料が二度以上出てくる場合は、発行所及び発行年度は初出時に記載するにとどめた。
(5) 本文のどの部分が参考文献に該当するかを、より明示したいときには〈本文○―○行〉と補った。

第19章　首都防空戦と沖縄の米軍降伏の噂

(1) 福田貞三郎編「福田機還らず」私家版　昭四〇　一頁
(2) 岡本喬「海軍厚木航空基地」同成社　昭六二　三―四頁
(3) 〈本文一一―一二行〉渡辺洋二〈熱き血の三〇二空―防空戦闘機隊始末記　第11回〉「航空情報」酣燈社　平一・二月号　一〇一頁（この連載はのちに『首都防衛302空』朝日ソノラマ文庫・平七にまとめられた）
(4) 「昭和二十年　第5巻」七九―八二頁
(5) 「昭和二十年　第2巻」二〇〇頁
(6) 〈本文一三―一七行〉渡辺洋二〈熱き血の三〇二空――防空戦闘機隊始末記　第20回〉「航空

情報」平二・四月号　八六頁
(7)〔本文六―八行〕渡辺洋二〈熱き血の三〇二空――防空戦闘機隊始末記　第31回〉「航空情報」平四・四月号　九一頁
(8)〔本文七―一〇行〕渡辺洋二〈熱き血の三〇二空――防空戦闘機隊始末記　第14回〉「航空情報」平一・六月号　九〇頁
(9)〔本文一〇―一二行〕渡辺洋二〈熱き血の三〇二空――防空戦闘機隊始末記　第15回〉「航空情報」平一・八月号　九六頁
(10)〔本文一五―一七行〕渡辺洋二〈熱き血の三〇二空――防空戦闘機隊始末記　第20回〉「航空情報」平二・四月号　八七頁
(11)〔本文一五―一七行〕渡辺洋二〈熱き血の三〇二空――防空戦闘機隊始末記　第21回〉「航空情報」平二・六月号　一三七頁
(12)〔本文五―八行〕渡辺洋二〈熱き血の三〇二空――防空戦闘機隊始末記　第24回〉「航空情報」平二・十月号　一三三―一三五頁
(13)〔本文五―一一行〕渡辺洋二〈熱き血の三〇二空――防空戦闘機隊始末記　第24回〉「航空情報」平二・十月号　一三五頁
(14)阿山須美雄〈東京空戦記〉「孤独な戦闘機」今日の話題社　昭四二　一九頁
(15)〔本文二六頁一七行―二八頁一四行〕渡辺洋二〈熱き血の三〇二空――防空戦闘機隊始末記　第17回〉「航空情報」平一・十一月号　九〇―九五頁。〈同　第26回〉平二・十二月号　一三一頁
(16)〔本文二八頁一四―二九頁二行〕渡辺洋二〈熱き血の三〇二空――防空戦闘機隊始末記　第29回〉「航空情報」平四・二月号　一〇六―一〇七頁
(17)アメリカ側の作戦任務報告によれば、一月二十七日に東京を空襲したB29は六十二機であり、

損失は九機だった。小山仁宗訳「米軍資料日本空襲の全容　マリアナ基地B29部隊」東方出版　平七　三〇頁

(18) 塚田浩〈福田大尉を偲ぶ〉「福田機還らず」一四一頁

(19) 「昭和二十年　第2巻」一七五頁

(20) 〔本文三四頁六行―三五頁六行〕渡辺洋二〈熱き血の三〇二空――防空戦闘機隊始末記　第32回〉「航空情報」平四・六月号　一一〇―一一一頁

(21) 〔本文六―八行〕渡辺洋二〈熱き血の三〇二空――防空戦闘機隊始末記　第33回〉「航空情報」平四・七月号　九〇頁、九三頁

(22) 〔本文一一行―一七行〕渡辺洋二〈熱き血の三〇二空――防空戦闘機隊始末記　第8回〉「航空情報」昭六三・十月号　一三八頁

(23) 森岡寛〈手記・B29撃墜で失ったわが片腕〉「宝石」光文社　平五・八月号　二四二頁

(24) 〔本文八―一一行〕渡辺洋二〈熱き血の三〇二空――防空戦闘機隊始末記　第33回〉「航空情報」平四・七月号　九五頁

(25) 〔本文一〇―一六行〕渡辺洋二〈熱き血の三〇二空――防空戦闘機隊始末記　第33回〉「航空情報」平四・七月号　九三―九四頁

(26) 〔本文三七頁一七―三八頁九行〕渡辺洋二〈熱き血の三〇二空――防空戦闘機隊始末記　第35回〉「航空情報」平四・十月号　九七―九八頁。〈同　第36回〉平四・十二月号　一一〇頁

(27) 〔本文四―一七行〕渡辺洋二〈熱き血の三〇二空――防空戦闘機隊始末記　第37回〉「航空情報」平五・二月号　一〇二―一〇五頁。〈同　第38回〉平五・三月号　九二頁

(28) 〔本文一―七行〕渡辺洋二〈熱き血の三〇二空――防空戦闘機隊始末記　第38回〉「航空情報」平五・三月号　九三頁

(29)〔本文八一一〇行〕渡辺洋二〈熱き血の三〇二空——防空戦闘機隊始末記　第38回〉「航空情報」平五・三月号　九三頁、九五頁
(30)〔本文四一頁一六—四二頁一三行〕渡辺洋二〈熱き血の三〇二空——防空戦闘機隊始末記　第39回〉「航空情報」平五・五月号　八九頁
(31)〔本文四二頁一六—四三頁一行〕渡辺洋二〈熱き血の三〇二空——防空戦闘機隊始末記　第38回〉「航空情報」平五・三月号　九七頁
(32)渡辺洋二〈熱き血の三〇二空——防空戦闘機隊始末記　第39回〉「航空情報」平五・五月号八六頁
(33)堀越二郎〈技術一すじ〉「往事茫茫　第一巻」菱光会　昭四五　一九〇頁
(34)押本直正〈福田大尉の霊に捧ぐ〉「福田機還らず」一四一頁
(35)「福田機還らず」七—八頁
(36)「昭和二十年　第3巻」三一六頁
(37)植草甚一「植草甚一スクラップ・ブック39　植草甚一日記」晶文社　昭五五　五八頁
(38)清沢洌「暗黒日記」評論社　昭五四　六六三—六六六頁
(39)添田知道「空襲下日記」刀水書房　昭五九　一二七—一三〇頁
(40)古川緑波「古川緑波日記」昭二〇・四月二〇日
(41)太田正雄「木下杢太郎全集　第十二巻」岩波書店　昭二六　二五一頁
(42)「木下杢太郎全集　第十二巻」二五二頁
(43)寺島珠雄編「時代の底から——岡本潤戦中戦後日記」風媒社　昭五八　一五一頁
(44)清沢洌「暗黒日記」六六七—六六八頁
(45)宇垣纏「戦藻録」原書房　昭四三　五〇二頁

(46) 防衛庁防衛研修所戦史室「戦史叢書　大本営海軍部・聯合艦隊(7)」朝雲新聞社　昭五一　一六六頁
(47) 宇垣纏「戦藻録」四九九―五〇〇頁
(48)「戦史叢書　海軍軍戦備(2)」昭五〇　三三四頁
(49)「植草甚一日記」五九頁

第20章　日独両国はどれだけ助け合ってきたのか

(1) 大西新蔵「海軍生活放談」原書房　昭五四　四二一頁
(2) カーユス・ベッカー　松谷健二訳「攻撃高度四〇〇〇　ドイツ空軍戦闘記録」フジ出版社　昭四九　一八五頁
(3)「昭和二十年　第5巻」一一九頁
(4) 松井宗明〈日本海軍の電波探信儀研究の概要〉「兵器と技術」日本兵器工業会　昭五〇・一〇月号　四四三頁
(5) 横山一郎「海へ帰る」原書房　昭五五　一四二―一四三頁
(6) カーユス・ベッカー「攻撃高度四〇〇〇　ドイツ空軍戦闘記録」一八五頁
(7) 中川靖造「ドキュメント海軍技術研究所」日本経済新聞社　昭六二　九七頁
(8)「戦史叢書　海軍軍戦備(2)」四二七頁
(9) 佐竹金次〈電波兵器の全貌〉「陸戦兵器総覧」図書出版社　昭五二　五八四頁
(10) 佐竹金次〈電波兵器の全貌〉「陸戦兵器総覧」五八五頁
(11) 田丸直吉「日本海軍エレクトロニクス秘史」原書房　昭五四　二〇九頁

(12) バリー・リーチ　戦史刊行会訳「ドイツ参謀本部」原書房　昭五四　一五三頁
(13) イアン・V・ホッグ　陸上自衛隊高射学校訳「対空戦」原書房　昭五七　七〇—七一頁
(14) 田丸直吉「日本海軍エレクトロニクス秘史」二一〇—二一一頁
(15) 田丸直吉「日本海軍エレクトロニクス秘史」二一一—二一二頁
(16) リデル・ハート　上村達雄訳「第二次世界大戦」フジ出版社　昭五三　一一五頁
(17)「現代史資料34　太平洋戦争1」みすず書房　昭四三　三五三頁
(18)「現代史資料34　太平洋戦争1」二九七頁
(19)「昭和二十年　第1巻」三二六—三三〇頁
(20)「郵船の思い出」游仙会　昭三七　一八八頁
(21) 宗像英二〈阿吾地（石炭液化）工場の思い出〉「日本窒素史への証言　第四集」同書編集委員会　昭五三　三三二—三四頁
(22)「本邦人造石油事業史概要」人造石油事業史編纂刊行会　昭三七　一二頁
(23) 工藤章「日独企業関係史」有斐閣　平四　八七—八九頁
(24) G・ライマン　田中英夫ほか訳「ヒトラーの特許戦略」ダイヤモンド社　昭五八　一一一頁
(25) 脇村義太郎「回想九十年」岩波書店　平三　二〇四—二〇五頁
(26) 鈴木茂「日本のエネルギー開発政策」ミネルヴァ書房　昭六〇　五七頁
(27)「東京ガス百年史」昭六一　一五六頁
(28) 山内肇「一石油人の想い出」石油文化社　昭五八　七二頁
(29)「戦史叢書　大本営陸軍部大東亜戦争開戦経緯(5)」昭四九　四九九頁
(30)「戦史叢書　大本営陸軍部大東亜戦争開戦経緯(5)」二一三頁
(31)「戦史叢書　大本営陸軍部大東亜戦争開戦経緯(5)」二七一頁

(32) 「戦史叢書　大本営陸軍部大東亜戦争開戦経緯(5)」三四四頁
(33) 「戦史叢書　大本営陸軍部(3)」昭四五　一九八頁
(34) 「戦史叢書　大本営陸軍部(3)」一九六頁
(35) 〈沢本頼雄海軍次官日記〉「中央公論」昭六三・一月号　四五六頁
(36) 「戦史叢書　大本営陸軍部大東亜戦争開戦経緯(5)」一九四頁
(37) 「戦史叢書　大本営陸軍部(3)」一九五頁
(38) 「戦史叢書　大本営陸軍部(3)」二四九頁
(39) 野村直邦「潜水艦U－511号の運命―秘録日独伊協同作戦」読売新聞社　昭三一　五八頁
(40) 「戦史叢書　大本営陸軍部(3)」二五一頁
(41) 「戦史叢書　大本営陸軍部(3)」二五二頁
(42) 宇垣纏「戦藻録」七三頁
(43) 「戦史叢書　大本営陸軍部(3)」四六三頁
(44) 「戦史叢書　大本営陸軍部(3)」四六三頁
(45) 野村直邦「潜水艦U－511号の運命」六三頁
(46) 「戦史叢書　大本営陸軍部(3)」六三七頁
(47) 野村直邦「潜水艦U－511号の運命」六四頁
(48) 「現代史資料34　太平洋戦争1」六七二頁
(49) 「戦史叢書　ハワイ作戦(3)」昭四二　三三三頁
(50) 「現代史資料36　太平洋戦争3」みすず書房　昭四四　一三九頁
(51) パット・フランク、ジョージ・ハリントン　谷浦英男訳「ミッドウェイ」白金書房　昭五一　六四頁

(52) 津田清一「幻のレーダー・ウルツブルグ」CQ出版株式会社　昭五五　一八頁
(53) 谷口善也「海獣を追う人々」日本極地研究会　昭六十　一六一―一七七頁
(54) 斉木雅夫〈煙州会五〇〇回を記念して〉「自由の翼　煙州会五百回記念」昭六一　二〇八―二三〇頁
(55) 「室蘭製鉄所五十年史」昭三三　一八四頁
(56) 「戦史叢書　大本営海軍部・聯合艦隊(2)」昭五〇　二二八頁
(57) 星野直樹「見果てぬ夢」ダイヤモンド社　昭三八　三〇八頁
(58) 「戦史叢書　大本営陸軍部(4)」昭四七　二七六頁
(59) 「戦史叢書　陸軍航空兵器の開発・生産・補給」昭五〇　三二八頁
(60) 「戦史叢書　大本営陸軍部(4)」五八一頁
(61) 「戦史叢書　海軍軍戦備(2)」四三七頁
(62) 「戦史叢書　大本営海軍部・聯合艦隊(2)」二二八頁
(63) 野村直邦「潜水艦U－511号の運命」六五―六六頁
(64) 「戦史叢書　大本営陸軍部(3)」五一七頁
(65) 「戦史叢書　大本営陸軍部(4)」二七二―二七三頁
(66) 「戦史叢書　大本営陸軍部(4)」四〇三頁
(67) 「戦史叢書　大本営陸軍部(4)」四三一―四三二頁
(68) 「戦史叢書　ミッドウェー海戦」昭四六　四一〇頁
(69) 「技術資料」防衛庁技術研究本部技術部調査課　昭五三・八二号　四〇頁
(70) 横山一郎「海へ帰る――横山一郎海軍少将回想録」原書房　昭五五　一四三頁
(71) 中島親孝「聯合艦隊作戦室から見た太平洋戦争」光人社　昭六三　九二頁　一一〇頁

(72)「戦史叢書　陸軍航空兵器」昭五〇　三二三頁
(73)松井宗明〈日本海軍の電波探信儀研究の概要〉四五一頁
(74)E・B・ポッター　南郷洋一郎訳「提督ニミッツ」フジ出版社　昭五四　二八九頁
(75)I・ミュージカント　中村定訳「戦艦ワシントン」光人社　昭六三　一六九―一七三頁
(76)松井宗明〈日本海軍の電波探信儀研究の概要〉四五三頁
(77)野村直邦「潜水艦U-511号の運命」一一四―一一五頁
(78)安川泰〈ドイツ封鎖突破船ほか〉「海軍主計科士官物語」浴恩出版会　昭四三　一一六頁
(79)斉木雅夫〈煙州会五〇〇回を記念して〉「自由の翼　煙州会五百回記念」二〇八―二二〇頁
(80)レオンス・ペイヤール　長塚隆二訳「大西洋戦争　上」早川書房　昭五六　二九三頁
(81)「日立精機25年の歩み」昭三八　八五頁
(82)K・デーニッツ「デーニッツ回想録　10年と20日間」光和堂　昭六一　三五九頁
(83)野村直邦「潜水艦U-511号の運命」八九頁
(84)「戦史叢書　大本営海軍部・聯合艦隊(4)」昭四五　三三三頁
(85)野村直邦「潜水艦U-511号の運命」九八頁
(86)野村直邦「潜水艦U-511号の運命」九九頁
(87)W・フランク　松谷健二訳「デーニッツと灰色狼――Uボートの栄光と悲劇」フジ出版社　昭五〇　三七五頁
(88)桜井一郎〈岡本中将倒る〉「史」現代史懇話会　昭四七・一一月号　一八頁
(89)油橋重遠「戦時日ソ交渉小史（一九四一年―一九四五年）」霞ケ関出版　昭四九　六四頁
(90)野村直邦「潜水艦U-511号の運命」一六七頁
(91)レオンス・ペイヤール「大西洋戦争　下」一一二頁

(92) 田丸直吉「日本海軍エレクトロニクス秘史」二一七頁
(93) W・フランク「デーニッツと灰色狼」四〇二頁
(94) W・フランク「デーニッツと灰色狼」四二六頁
(95) リデル・ハート「第二次大戦」フジ出版社　昭五三　四三三頁
(96) 「戦史叢書　大本営海軍部・聯合艦隊(5)」五八五頁
(97) 「戦史叢書　海軍軍戦備(2)」四三一頁
(98) 津田清一「幻のレーダー・ウルツブルグ」二一八頁
(99) 斉藤有〈レーダー開発を推進〉「西浦進」私家版　昭四六　二六五—二六六頁
(100) 斉藤有〈レーダー開発を推進〉「西浦進」二六六頁
(101) 津田清一「幻のレーダー・ウルツブルグ」七二—七六頁
(102) 氏家卓也〈私の艦隊勤務〉「滄溟」海軍経理学校補修学生第十期文集刊行委員会　昭五八　一〇四一頁
(103) 氏家卓也〈私の艦隊勤務〉「滄溟」一〇四二頁
(104) 立石行男〈電探早くの声にこたえて〉「孤独な戦闘」今日の話題社　昭四二　三四四頁
(105) 巖谷英一〈危急存亡の秘密兵器導入の経緯〉「機密兵器の全貌」原書房　昭五一　二七頁
(106) 「日本無線史　第十巻」電波管理委員会　昭二六　二一七頁
(107) 宇垣纏「戦藻録」一五五頁
(108) 鹿山誉〈VT信管の最初の実践使用について〉「水交」昭六三・一〇月号　二四頁
(109) ピエール・ダーヴィッド「レーダー」白水社　昭二八　八六頁
(110) 「昭和二十年　第5巻」一八八—一九三頁
(111) Ian Gow *Okinawa 1945: gateway to Japan*, Grub Street 1986, p. 204.

(112) 扇一登〈ドイツへの潜航一万五千カイリ〉「歴史と人物」昭五二・八月号　六五頁
(113) 扇一登〈ドイツへの潜航一万五千カイリ〉七三頁
(114) 巖谷英一〈危急存亡の秘密兵器導入の経緯〉「機密兵器の全貌」三八頁
(115) 史料調査会訳編「第二次大戦米国海軍作戦年誌」出版協同社　昭三一　一六四頁
(116) 「戦史叢書　海軍軍戦備(2)」四三九頁
(117) 山川貞市〈第二海軍燃料廠名古屋分工場と戦争末期の燃料対策概要〉「日本海軍燃料史　下」原書房　昭四七　八六一頁
(118) 巖谷英一〈危急存亡の秘密兵器導入の経緯〉「機密兵器の全貌」四四頁
(119) 「三菱化成社史」昭五六　九〇頁
(120) 大石武夫〈思い出の人々〉「日本窒素史への証言　第十三集」昭五六　二〇頁
(121) 田代三郎〈興南研究部のこと〉「日本窒素史への証言　第三集」昭五三年　三一頁
(122) 鈴木音吉〈九年間の興南生活断片（その一）〉「日本窒素史への証言　第二十八集」昭六一　六〇頁
(123) 山本利夫〈思い出の部〉「日本海軍燃料史　下」八八三頁
(124) 居谷滋郎〈呂号薬の思い出〉「日本海軍燃料史　下」一〇八五頁
(125) 「住友化学工業株式会社史」昭五六　一二七頁
社史の記述では、過酸化水素液の生産の緊急示達を特薬部から受けたのは、昭和十九年十月一日となっている。これは誤りではないのか。電解槽を持つ企業はいずれも七月末から八月はじめに過酸化水素の生産を命じられていた。日本に二つあるだけの過酸化水素製造工場のうちのひとつの春日出工場が七月末にも、八月にも、そして九月にも、ロケット推進薬としての過酸化水素製造の命令を受けなかったというのは理解しにくい。

(126)「五十年史資料」日本碍子株式会社　昭四五　一〇九頁
(127)「伊奈製陶株式会社三〇年史」昭三一　三一頁
(128)「東陶機器七十年史」昭六三　一三六頁
(129)三井弘三「概況近代陶業史」日本陶業連盟　昭五四　二三一頁
(130)池田純久「陸軍葬儀委員長」日本出版協同株式会社　昭二八　八二―八三頁
(131)「岡山県史　第十二巻　近代Ⅲ」岡山県　平一　四七六頁
(132)「朝日新聞」昭一九・一〇月六日
(133)「朝日新聞」昭一九・一一月一四日
(134)「造幣局百年史」大蔵省造幣局　昭五一　三〇二頁
(135)「帝人のあゆみ4」帝人株式会社　昭四四　二〇九頁
(136)碇義明「海軍空技廠　下巻」光人社　昭六〇　一九八頁
(137)疋田徹郎〈「秋水」突貫作業と昭十九年前後のことども〉「往事茫茫　第二巻」四五頁
(138)遠州灘地震はその発生直後の中央気象台による名称である。そのマグニチュード八と推定される地震は、戦争が終わったあと、同じ中央気象台の報告では東南海大地震と呼ばれている。実際には南海道に被害がなかったことから、東海道地震、東海大地震と呼ぶ研究者もいる。(「昭和19年12月7日東南海地震の震害と震度分布」愛知県防災会議　昭五二　一頁)
(139)今村年〈想い出〉「滄溟」一一三一頁
(140)深尾淳二〈落日の死闘〉「往事茫茫　第三巻」昭四六　二頁
(141)持田勇吉〈秋水ロケット物語〉「往事茫茫　第二巻」七一頁
(142)「三菱化成社史」昭五六　九〇頁
(143)「三菱製紙七十年史」昭四五　五七五頁

(144) 笹部一郎〈マルロ勤労動員始末〉ほか「杉の子―学童疎開から五〇年の年月が過ぎて」私家版　平七
(145) 「帝人のあゆみ5」八一頁
(146) 碇義明「海軍空技廠　下巻」二〇八頁
(147) 碇義明「海軍空技廠　下巻」二〇八頁
(148) 生田惇〈荒蒔義次特兵隊長と『秋水』〉「航空情報」昭五九　七五頁
(149) 木村秀政「わがヒコーキ人生」日本経済新聞社　昭四七　一五四頁
(150) 木村秀政「わがヒコーキ人生」一五五頁
(151) 「五十年史資料」日本碍子株式会社　昭四五　一一二頁
(152) 福田耕顕〈日窒のNZ事件〉「日本窒素史への証言　続巻第十五集」平四　一一四頁
(153) 「五十年史資料」日本碍子株式会社　一一三頁
(154) 藤平右近〈ロケットエンジンと局地戦闘機『秋水』の試作より進発まで〉「機密兵器の全貌」原書房　昭五一　九四頁
(155) 「昭和二十年　第5巻」二〇九頁
(156) 横越英一〈八幡監督官事務所〉「滄溟」一九一頁
(157) 佐藤正典「一科学者の回想」私家版　昭四六　一七九頁
(158) 田部文一郎〈「社長になるぞ！」を実現する法〉「文藝春秋」昭六一・八月号　一五三頁
(159) 妹尾正彦「日本商船隊の崩壊」損害保険事業研究所　昭二四　六〇―六一頁
(160) 「戦史叢書　マリアナ沖海戦」昭四三　三六五頁
(161) 上原益夫〈松根油の由来〉「日本海軍燃料史　下」一〇五五頁
(162) 伊藤清三〈あの当時の思い出〉「日本海軍燃料史　下」一〇六三頁

(163)「日本産業経済新聞」昭二〇・一月二三日
(164) 森田穰〈阿吾地石炭直接液化の展開を〉「日本窒素史への証言　第二十九集」昭六一　三四―三五頁
(165) 参謀本部指導班〈大本営機密戦争日誌（完）〉「中央公論　歴史と人物」昭四六・一一月号　二八五頁
(166)「愛媛県史資料編近代4」愛媛県　昭六一　八〇二頁
(167)「朝日新聞」昭一九・一一月一二日
(168) 江波洋三郎〈本省勤務雑記帳〉「滄溟」一〇五四頁
(169)「雄物川町郷土史」昭五五　六四八頁
(170)「日本海軍燃料史　下」一二二四―一二二七頁
(171) 森春男〈窯造りの兵隊さん〉「海軍火薬廠追想録」同書刊行会　昭六〇　四九一―四九二頁
(172) 流山市教育委員会編纂室「流山市史　近代資料篇　新川村関係文書」昭五九　九〇―九一頁
(173)「流山市史　近代資料篇　新川村関係文書」九三頁
(174)「小山源吉日記」昭和二〇・二月一九日　私家版
(175) 清沢洌「暗黒日記」五九七頁
(176)「日本経営史料大系　第七巻」三一書房　昭六二　二九三―二九四頁
(177) 服部卓四郎「大東亜戦争全史」原書房　昭四〇　八二五頁
(178)「北越製紙70年史」昭五二　一一一頁
(179)「本州製紙社史」昭四一　二三九―二四〇頁
(180) 川上長治〈戦時輸送船で四たび遭難〉「聞き書き・海上の人生」農山漁村文化協会　平二　五三頁

(181) 梶谷憲雄〈海軍の燃料戦備〉「日本海軍燃料史　下」九八〇頁
(182) 「野田醬油株式会社三十五年史」一九七頁
「キッコーマン醬油史」昭四三　五一七頁
(183) 「市原市史　下巻」昭五七　三二七頁
(184) 「日本産業経済新聞」昭二〇・一月二三日「本社側　巷間には実際に使っている、否そうでないという両説があるが　原田中佐　試験研究の程度で実用していないと思います　金崎中佐　そうです」なお、原田は陸軍、金崎は海軍将校である。
(185) 中田金市〈航空燃料〉「航空技術の全貌（下）」原書房　昭五一　五三二頁
(186) 「日本産業経済新聞」昭二〇・一月二七日
(187) 「大協石油四十年史」昭五五　六七頁
(188) 「日本石油百年史」昭六三　三八〇頁
(189) 石崎重郎「石油日記『戦中・戦後』」日本経済新聞社　昭五四　一一五頁
(190) 石崎重郎「石油日記『戦中・戦後』」一二三頁
(191) 松根油からつくった航空揮発油は飛行機を飛ばすことができたのか。
防衛庁防衛研修所戦史室編纂の「海軍航空概史」はつぎのように述べている。

「軍務局第一課は、六月、松根油からの航揮期待量を次のように見込んだ。（単位・キロリットル）

	航揮生産見込	努力目標
六月	一、三四〇	二、一〇〇
七月	二、四四〇	三、〇〇〇
八月	三、五一〇	六、四六〇

九月　　三、九〇〇　　五、四八〇
十月　　五、〇〇〇　　右以上
右に対する実績は、七月原油一・五万キロリットル（精製三、〇〇〇キロリットル）であったが、これは驚異的数字と関係者を大いによろこばせた。しかし、驚異的数字を示したのはこれが最初で最後、その後は生産見込み量を常に下回り、しかもその開きは飛躍的に増大していった」（四三〇頁。なお同じ戦史叢書「大本営海軍部・聯合艦隊7」三六七頁にもこの表は載っている）
これがどのように使用されたのかについては、つぎのように述べている。
「大本営海軍部・聯合艦隊7」のほうには、「松根油が航空燃料の生産に寄与するところはほとんどなかった」と記す。「海軍航空概史」のほうは「松根油は……精製工場に送れず、そのうち精製工場も被爆するものが続出した。このため現地で自動車燃料に流用されるものが多かった」と信じがたい話を綴っている。
軍需局員だった木山正義氏の回想はつぎの通りである。
「今次大戦の各種戦備中、松根油関係ほど計画通り進展したものは他に例を聞かない。その成功のもとは、全国民が松根油生産の中核となったことと、機器装置の製作を艦本が直接これに当ったことである。
終戦時においては松根油保有量は約五万キロリットルに及び、一カ月生産量も一・五万キロリットル以上（海軍地区のみ）に達した。
このようにして、松根油は日満支燃料自給対策上石油系基礎燃料に代るものとして大きな役割を果した」（「海鷲の航跡」原書房　昭五七　三九四頁）
これを読む限り、松根油から精製した航空揮発油の飛行機を飛ばすことができたかのようである。

第一海軍燃料廠の顧問だった小松茂氏はつぎのように述べる。
「実用化に取掛かって見ると松根タールの蒸留に容器の腐蝕、製品は燃料規格に合致しない。揮発油はゴム質が沈着する。燃料の効果充分ならず等々の不満なる言葉が実用者側から出たのは、松根油の化学的成分の然らしむる処、これが欠陥を改めるに至らずして終戦となったのは頗る遺憾である」(「日本海軍燃料史　上」四七一頁)
「実用者」の不満と記したのは小松氏がはじめてだが、この「実用者」が航空技術廠のテスト・パイロットなのか、部隊の実戦パイロットであるのかは明らかでない。
松根油から精製した航空揮発油は航空技術廠の実用実験をパスしたのだとは海軍技術中佐だった中田金市氏が述べたことであり、本文にもとりあげたが、ここに中田氏が述べたくだりを掲げる。
「松根油の水添分解及び接触分解法によって不充分ながら航空用に使用し得る揮発油が生産されることが明らかとなり、これ等パイロットプラントによる試製揮発油は、空技廠の実用実験を経て横須賀航空隊の飛行試験に合格し、第三燃料廠に於ては約六〇〇〇キロリットルの航揮が水素添加法によって生産せられた」(「航空技術の全貌　下」五三二頁)
海軍省軍需局に勤務したことのある金子恭三氏が述べる第三燃料廠の生産量はずっと少ない。どのように使われたかについても記述していない。
「第三燃料……未だ運転制定しない五月十日空襲に遭遇した。然し熱分解一基と低圧水添及び高圧分解水添は被害僅少であったので、懇意復旧し、四日後に完成し運転を再開し約五百キロリットルの航揮を生産した。これが松根油より生産した唯一の航揮であった」(「日本海軍燃料史　下」三七三頁)
第二次大戦の研究者が松根油について記述するときに必ず引用するのは、これまでに挙げた海軍省軍務局員、その他の回想ではなく、J・B・コーヘン著の「戦時戦後の日本経済　上巻」（大内兵衛訳　岩波書店　昭二七　二一五頁）のつぎのような個所である。

「一九四五年六月には、松根粗油の日産は七〇、〇〇〇バレルに達したが、精製上の難点は解決されていなかった。終戦時までに航空機用の予定で生産されたガソリンは三、〇〇〇バレルに過ぎず、それも実際に飛行機に常用した形跡はなかった。合衆国陸軍が試験的にジープで使ってみると、数日にしてエンジンがとまって使い物にならなくなった」

コーヘン氏のこの記述は、昭和二十年十一月に来日し、昭和二十一年はじめに作成されたアメリカ戦略調査団の石油・化学部報告をそのまま引用したものである。この報告書は「日本における戦争と石油」という題でのちに訳出されている。同じ個所を掲げておこう。

「松根油計画の現実の成果はさしたる重要性をもたなかった。六月には松根粗油の生産量は月間七万バーレルに達した。しかし精製法が満足に確立されていなかったため、航空用として生産されたガソリンはわずか三、〇〇〇バーレル程度にすぎず、松根油からの航空ガソリンは、オクタン価は高かったが、きわめて不安定で、急速に酸化するという欠点があった。このガソリンがかつて航空燃料として使用されたという記録はなく、これをジープに利用しようと試みたアメリカ陸軍は、数日間以上使用すると、エンジンに支障をきたすことに気づいた」（奥田英雄・橋本啓子訳編「日本における戦争と石油」石油評論社　昭六一　五七頁）

三千バーレルはおよそ五百キロリットルである。

ところで、松根油からつくった航空揮発油を飛行機に使った「実用者」の回想がないわけではない。

佐藤忠義氏が第七二一航空隊の主計長となったのは昭和二十年一月だった。のちに佐藤氏はつぎのように振り返る。

「第七二一空の配備は、陸攻隊および櫻花隊は、鹿屋、宇佐基地に、直掩の戦闘機隊は、都城、富高基地に分散していた。一式陸攻機は、櫻花機を目標まで運搬する役目をもっていたため、二隊七十二機の編隊となり、これの整備員を含めると非常な大部隊となり、一時は航空隊総員数約七千名を数えるにいたった。こうなると、万事にわたって機動性を欠き、連結のために必要以上の労力を要するなど、戦力低下の面もでてきた。とくに主計科関係の仕事はおりからの物資不足もあって、各基地に寄宿する飛行隊に対する補給に非常な困難を感じた。わたしは各基地を巡回することが多く、席の暖まる暇もない多忙な毎日を送った。当時は、お蔭で随分飛行機には便乗させられた。練習機は速力も遅く、高度もせいぜい千メートル以下であったためまずまず快適なことが多かったが、零戦はそうはいかなかった。急旋回などでゆさぶられると、船酔に似た状態となり余り気分のよいものではなかったが弱味をみせるのも嫌だったので、痩我慢を張り通した。こうした要務飛行のあるとき、当時、航空燃料が非常に不足していたため、赤とんぼの練習機などは、専ら松根油の燃料をつかっていた。これは不純物があって燃料パイプをつまらせる原因にもなっていたが、たまたま、わたしの便乗機も、着陸態勢に入ったとき、燃料パイプがつまってしまった。今まで勢いよく回転していたプロペラも、発動機の停止とともに、僅かに慣性でパラパラと回転するにすぎない。やがて、プロペラは、はっきりとわかる程になった。万事休すである。操縦は第四期予備学生の出身者、飛行時間はせいぜい八十時間程度、その彼が操縦席から『燃料パイプがつまりました。ただいまから滑走になります。機体にしっかりつかまっていて下さい』といってきた。……」（佐藤忠義〈航空隊主計長奮闘記―七二一空〉「破竹　海軍経理学校第八期補修学生の記録」昭四七　六九四頁）

松島航空隊美幌派遣隊の一員だった天野哲男氏は、昭和二十年八月十四日に九六式陸上攻撃機で飛び立った。松根油精製の航空揮発油を使ったのだという。すでに松根油でなんども飛んでいたのか、そのときがはじめてだったのかは記していない。ところが、オホーツク海上を捜敵中、片方の発動機が故障した。天野氏は「松根油のため、片肺ストップしたのだ」と記している。基地到着寸前にプロペラがとまってしまい、墜落し、氏は重傷を負った。〈天野哲男〈旧海軍航空隊松島基地探訪〉「松島・豊橋海軍航空隊記念誌　鎮魂と回想」平六　四九頁〉

(192) 松尾博志「電子立国日本を育てた男」文藝春秋　平四　三九三頁
(193) 田丸直吉「日本海軍エレクトロニクス秘史」二一五頁
(194) 「五十五年の歩み」日本無線株式会社　昭四六　二四五頁
(195) 「東海パルプ六十年」昭四三　八三―八四頁
(196) 「五十五年の歩み」日本無線株式会社　二四五頁
(197) 「東京芝浦電気株式会社八十五年史」昭三八　七三四頁
(198) 「戦史叢書　海軍軍戦備(2)」三四五頁
(199) 小田稔〈私の履歴書〉「日本経済新聞」平二・二月五日、六日
(200) 竹田政民〈私の水島研究室の回想〉「回想の水島研究室」共立出版株式会社　平二　五六頁
(201) 「東京芝浦電気株式会社八十五年史」昭三八　七二八頁
(202) 「東京芝浦電気株式会社八十五年史」七二七頁
(203) 佐竹金次〈電波兵器〉「陸軍兵器総覧」図書出版社　昭五二　五九八頁
(204) 「朝日新聞」平六・一〇月一五日
(205) 益子洋一郎〈第二次大戦中の水島研究室〉「回想の水島研究室」七九頁
(206) 「大空襲　郷土燃ゆ」静岡新聞社　昭五〇　二四二頁
(207) 清沢洌「暗黒日記」六七九―六八〇頁
(208) 海野十三「海野十三敗戦日記」講談社　昭四六　七二―七四頁

(209) 大木操「大木日記」朝日新聞社　昭四四　三〇八頁
(210) 参謀本部指導班〈大本営機密戦争日誌（完）〉「中央公論　歴史と人物」昭四六・一一月号　三〇二頁
(211) 木戸幸一「木戸幸一日記　下巻」東京大学出版会　昭四一　八二五頁
(212) 木戸幸一「木戸幸一日記　下巻」一一九八頁

*本書は、一九九六年に当社より刊行した著作を文庫化したものです。

草思社文庫

昭和二十年
第6巻 首都防空戦と新兵器の開発

2015年8月10日 第1刷発行

著　者　鳥居　民

発行者　藤田　博

発行所　株式会社 草思社
〒160-0022 東京都新宿区新宿5-3-15
電話 03(4580)7680(編集)
03(4580)7676(営業)
http://www.soshisha.com/

本文印刷　株式会社 三陽社

付物印刷　日経印刷 株式会社

製本所　大口製本印刷 株式会社

本体表紙デザイン　間村俊一

ISBN978-4-7942-2149-0 Printed in Japan

鳥居民著　昭和二十年　シリーズ13巻

第1巻　重臣たちの動き

☆　1月1日〜2月10日

米軍は比島を進撃、本土は空襲にさらされ、日本は風前の灯に。近衛、東条、木戸は正月をどう迎え、戦況をどう考えたか。

第2巻　崩壊の兆し

☆　2月13日〜3月19日

三菱の航空機工場への空襲と工場疎開、降雪に苦しむ東北の石炭輸送、本土決戦への陸軍の会議、忍び寄る崩壊の兆しを描く。

第3巻　小磯内閣の倒壊

☆　3月20日〜4月4日

内閣は繆斌工作をめぐり対立、倒閣へと向かう。マルクス主義者の動向、硫黄島の戦い、岸信介の暗躍等、転機の3月を描く。

第4巻　鈴木内閣の成立

☆　4月5日〜4月7日

誰もが徳川の滅亡と慶喜の運命を今の日本と重ね合わせる。開戦時の海軍の弱腰はなぜか。組閣人事で奔走する要人たちの4月を描く。

第5巻　女学生の勤労動員と学童疎開

☆　4月15日

戦争末期の高女生・国民学校生の工場や疎開地での日常を描く。風船爆弾、熱線追尾爆弾など特殊兵器の開発にも触れる。

第6巻　首都防空戦と新兵器の開発

☆　4月19日〜5月1日

厚木航空隊の若き飛行機乗りの奮戦。電波兵器、ロケット兵器、人造石油、松根油等の技術開発の状況も描く。

第7巻　東京の焼尽

5月10日〜5月25日

対ソ工作をめぐり最高戦争指導会議で激論が交わされるなか帝都は無差別爆撃で焼き尽くされる。市民の恐怖の一夜を描く。

第8巻　横浜の壊滅

5月26日〜5月30日

帝都に続き横浜も灰燼に帰す。木戸を内大臣の座から逐おうとするなど、戦争終結を見据えた政府・軍首脳の動きを描く。

第9巻　国力の現状と民心の動向

5月31日〜6月8日

資源の危機的状況を明らかにした「国力の現状」の作成過程を詳細にたどる。木戸幸一は初めて終戦計画をつくる。

第10巻　天皇は決意する

6月9日

天皇をめぐる問題に悩む要人たち。その天皇の日常と言動を通して、さらに態度決定の仕組みから、戦争終結への経緯の核心に迫る。

第11巻　本土決戦への特攻戦備

6月9日〜6月13日

本土決戦に向けた特攻戦備の実情を明らかにする。グルーによる和平の動きに内閣、宮廷は応えることができるのか。

第12巻　木戸幸一の選択

6月14日

ハワイ攻撃9日前、山本五十六と高松宮はアメリカとの戦いを避けようとした。隠されていた真実とこれまでの木戸の妨害を描く。

第13巻　さつま芋の恩恵

7月1日〜7月2日

高松宮邸で、南太平洋の島々で、飢えをしのぐためのさつま芋の栽培が行われている。対ソ交渉は遅々として進まない。

☆は既刊。以降、各偶数月に1巻ずつ刊行予定。

草思社文庫既刊

鳥居 民
毛沢東 五つの戦争

朝鮮戦争から文革まで、毛沢東が行なった五つの「戦争」を分析し、戦いの背後に潜む共産党中国の奇怪な行動原理を驚くべき精度で解明する。いまなお鋭い輝きを放つ鳥居民氏処女作、待望の文庫化！

鳥居 民
近衛文麿「黙」して死す

昭和二十年十二月、元首相・近衛文麿は巣鴨への出頭を前にして自決した。近衛に戦争責任を負わせることで一体何が隠蔽されたのか。文献渉猟と独自の歴史考察から、あの戦争の闇に光を当てる。

鳥居 民
原爆を投下するまで日本を降伏させるな

なぜ、トルーマン大統領は無警告の原爆投下を命じたのか。なぜ、あの日でなければならなかったのか。大統領と国務長官のひそかな計画の核心に大胆な推論を加え、真相に迫った話題の書。